"十二五"国家重点图书出版规划项目

公共安全应急管理丛书

基于网络大数据的社会经济监测预警研究

许 伟◎著

科学出版社

北 京

内 容 简 介

本书针对网络大数据具有时效性强、分布范围广的特点，提出一个基于网络大数据的社会经济监测预警的研究框架，对网络大数据进行深入分析和挖掘，在此基础上就社会转型中的社会经济关键指标进行实时监测和智能预测，为政府和相关管理部门提供有效的分析工具与决策支持。本书结构完整，思路清晰，语言流畅，是网络大数据应用于社会经济预测的首本专著，同时也是大数据分析和监测预警等相关领域不可多得的一本体系性参考书。

本书可供从事预测科学、监测技术和大数据应用研究的科研人员，政府有关决策和管理部门的工作人员，金融公司、电子商务企业等的从业人员参考，也可供高等院校管理学院、信息学院、金融学院等相关专业的师生阅读。

图书在版编目(CIP)数据

基于网络大数据的社会经济监测预警研究 / 许伟著. --北京：科学出版社，2016
（公共安全应急管理丛书）
ISBN 978-7-03-047281-6

Ⅰ.①基… Ⅱ.①许… Ⅲ.①经济预测—数据处理 Ⅳ.①F201

中国版本图书馆 CIP 数据核字(2016)第 025432 号

责任编辑：马 跃 / 责任校对：王艳利
责任印制：霍 兵 / 封面设计：无极书装

科学出版社 出版
北京东黄城根北街 16 号
邮政编码：100717
http://www.sciencep.com

中国科学院印刷厂印刷
科学出版社发行　各地新华书店经销

*

2016 年 3 月第 一 版　开本：720×1000　1/16
2017 年 12 月第二次印刷　印张：16 3/4
字数：338 000

定价：146.00 元
（如有印装质量问题，我社负责调换）

丛书编委会

主　编

　　范维澄　教　　授　清华大学
　　郭重庆　教　　授　同济大学

副主编

　　吴启迪　教　　授　国家自然科学基金委员会管理科学部
　　闪淳昌　教授级高工　国家安全生产监督管理总局

编　委（按姓氏拼音排序）

　　曹河圻　研 究 员　国家自然科学基金委员会医学科学部
　　邓云峰　研 究 员　国家行政学院
　　杜兰萍　副 局 长　公安部消防局
　　高自友　教　　授　国家自然科学基金委员会管理科学部
　　李湖生　研 究 员　中国安全生产科学研究院
　　李仰哲　局　　长　国家发展和改革委员会经济运行调节局
　　李一军　教　　授　国家自然科学基金委员会管理科学部
　　刘　克　研 究 员　国家自然科学基金委员会信息科学部
　　刘铁民　研 究 员　中国安全生产科学研究院
　　刘　奕　副 教 授　清华大学
　　陆俊华　副 省 长　海南省人民政府
　　孟小峰　教　　授　中国人民大学
　　邱晓刚　教　　授　国防科技大学
　　汪寿阳　研 究 员　中国科学院数学与系统科学研究院
　　王飞跃　研 究 员　中国科学院自动化研究所
　　王　垒　教　　授　北京大学
　　王岐东　研 究 员　国家自然科学基金委员会计划局
　　王　宇　研 究 员　中国疾病预防控制中心
　　吴　刚　研 究 员　国家自然科学基金委员会管理科学部
　　翁文国　教　　授　清华大学
　　杨列勋　研 究 员　国家自然科学基金委员会管理科学部
　　于景元　研 究 员　中国航天科技集团710所

张　辉　教　授　清华大学
张　维　教　授　天津大学
周晓林　教　授　北京大学
邹　铭　副部长　民政部

总　序

自美国"9·11事件"以来，国际社会对公共安全与应急管理的重视度迅速提升，各国政府、公众和专家学者都在重新思考如何应对突发事件的问题。当今世界，各种各样的突发事件越来越呈现出频繁发生、程度加剧、复杂复合等特点，给人类的安全和社会的稳定带来更大挑战。美国政府已将单纯的反恐战略提升到针对更广泛的突发事件应急管理的公共安全战略层面，美国国土安全部2002年发布的《国土安全国家战略》中将突发事件应对作为六个关键任务之一。欧盟委员会2006年通过了主题为"更好的世界，安全的欧洲"的欧盟安全战略并制订和实施了"欧洲安全研究计划"。我国的公共安全与应急管理自2003年抗击"非典"后受到从未有过的关注和重视。2005年和2007年，我国相继颁布实施了《国家突发公共事件总体应急预案》和《中华人民共和国突发事件应对法》，并在各个领域颁布了一系列有关公共安全与应急管理的政策性文件。2014年，我国正式成立"中央国家安全委员会"，习近平总书记担任委员会主任。2015年5月29日中共中央政治局就健全公共安全体系进行第二十三次集体学习。中共中央总书记习近平在主持学习时强调，公共安全连着千家万户，确保公共安全事关人民群众生命财产安全，事关改革发展稳定大局。这一系列举措，标志着我国对安全问题的重视程度提升到一个新的战略高度。

在科学研究领域，公共安全与应急管理研究的广度和深度迅速拓展，并在世界范围内得到高度重视。美国国家科学基金会（National Science Foundation，NSF）资助的跨学科计划中，有五个与公共安全和应急管理有关，包括：①社会行为动力学；②人与自然耦合系统动力学；③爆炸探测预测前沿方法；④核探测技术；⑤支持国家安全的信息技术。欧盟框架计划第5~7期中均设有公共安全与应急管理的项目研究计划，如第5期（FP5）——人为与自然灾害的安全与应急管理，第6期（FP6）——开放型应急管理系统、面向风险管理的开放型空间数据系统、欧洲应急管理信息体系，第7期（FP7）——把安全作为一个独立领域。我国在《国家中长期科学和技术发展规划纲要（2006—2020年）》中首次把公共安全列为科技发展的11个重点领域之一；《国家自然科学基金"十一五"发展规划》把"社会系统与重大工程系统的危机/灾害控制"纳入优先发展领域；国务院办公厅先后出台了《"十一五"期间国家突发公共事件应急体系建设规划》、《"十二五"期间国家突发事件应急体系建设规划》、《"十二五"期间国家综合防灾减灾规划》和《关于加快应急产业发展的意见》等。在863、973等相关科技计划中也设立了一批公共安全领域的重大项目和优先资助方向。

针对国家公共安全与应急管理的重大需求和前沿基础科学研究的需求，国家自然科学基金委员会于2009年启动了"非常规突发事件应急管理研究"重大研究计划，遵循"有限目标、稳定支持、集成升华、跨越发展"的总体思路，围绕应急管理中的重大战略领域和方向开展创新性研究，通过顶层设计，着力凝练科学目标，积极促进学科交叉，培养创新人才。针对应急管理科学问题的多学科交叉特点，如应急决策研究中的信息融合、传播、分析处理等，以及应急决策和执行中的知识发现、非理性问题、行为偏差等涉及管理科学、信息科学、心理科学等多个学科的研究领域，重大研究计划在项目组织上加强若干关键问题的深入研究和集成，致力于实现应急管理若干重点领域和重要方向的跨域发展，提升我国应急管理基础研究原始创新能力，为我国应急管理实践提供科学支撑。重大研究计划自启动以来，已立项支持各类项目八十余项，稳定支持了一批来自不同学科、具有创新意识、思维活跃并立足于我国公共安全核应急管理领域的优秀科研队伍。百余所高校和科研院所参与了项目研究，培养了一批高水平研究力量，十余位科研人员获得国家自然科学基金"国家杰出青年科学基金"的资助及教育部"长江学者"特聘教授称号。在重大研究计划支持下，百余篇优秀学术论文发表在SCI/SSCI收录的管理、信息、心理领域的顶尖期刊上，在国内外知名出版社出版学术专著数十部，申请专利、软件著作权、制定标准规范等共计几十项。研究成果获得多项国家级和省部级科技奖。依托项目研究成果提出的十余项政策建议得到包括国务院总理等国家领导人的批示和多个政府部门的重视。研究成果直接应用于国家、部门、省市近十个"十二五"应急体系规划的制定。公共安全和应急管理基础研究的成果也直接推动了相关技术的研发，科技部在"十三五"重点专项中设立了公共安全方向，基础研究的相关成果为其提供了坚实的基础。

重大研究计划的启动和持续资助推动了我国公共安全与应急管理的学科建设，推动了"安全科学与工程"一级学科的设立，该一级学科下设有"安全与应急管理"二级学科。2012年公共安全领域的一级学会"（中国）公共安全科学技术学会"正式成立，为公共安全领域的科研和教育提供了更广阔的平台。在重大研究计划执行期间，还组织了多次大型国际学术会议，积极参与国际事务。在世界卫生组织的应急系统规划设计的招标中，我国学者组成的团队在与英、美等国家的技术团队的竞争中胜出，与世卫组织在应急系统的标准、设计等方面开展了密切合作。我国学者在应急平台方面的研究成果还应用于多个国家，取得了良好的国际声誉。各类国际学术活动的开展，极大地提高了我国公共安全与应急管理在国际学术界的声望。

为了更广泛地和广大科研人员、应急管理工作者以及关心、关注公共安全与应急管理问题的公众分享重大研究计划的研究成果，在国家自然科学基金委员会管理科学部的支持下，由科学出版社将优秀研究成果以丛书的方式汇集出版，希望能为公共安全与应急管理领域的研究和探索提供更有力的支持，并能广泛应用到实际工作中。

为了更好地汇集公共安全与应急管理的最新研究成果，本套丛书将以滚动的方式出版，紧跟研究前沿，力争把不同学科领域的学者在公共安全与应急管理研究上的集体智慧以最高效的方式呈现给读者。

重大研究计划指导专家组

前　言

目前，我国正处于社会经济的转型期，在社会经济快速发展的同时也存在着风险和挑战，如何进行风险管理、防止突发事件对社会经济造成冲击，是社会经济发展的一个重大课题。社会经济稳定与否可以通过关键社会经济指标去判断、分析，以对社会经济进行监测预警，为社会经济稳定健康运行提供科学合理的决策支持。随着信息技术的不断发展，社会经济突发事件能够在网络上快速传播，对社会经济运行产生一定的影响。对社会经济进行实时监测预警，必然会为风险规避提供有力支持，实时把握经济发展状况，尽早发现经济运行中的问题，及时对政策方向纠偏，是一个既合理又必要的选择。

然而，在当前经济全球化和信息产业飞速发展的形势下，传统的社会经济数据统计与分析方法显得力不从心，在实时性和准确性上暴露出许多不足。在这样的形势下，需要有新的工具对社会经济走势进行更精细的刻画和建模，为社会经济运行勾画出一幅简明的过程图，用数据揭示经济运行的真实现状和发展趋势，避免不必要的社会矛盾和经济损失。社会经济实时监测预警已成为学术界研究的一个热点和实业界关注的一个焦点问题，在这一背景下，本书提出一个大数据分析研究框架，对社会经济监测预警进行深入的研究，并将其运用于社会、经济和金融等领域。

本书从理论上提出了基于网络大数据的社会经济监测预测理论与方法，可以为社会经济实时监测与智能预测提供了有效工具和决策支持，是大数据分析应用于社会经济监测预警领域的首本专著。同时，本书在应用中将大数据分析落到实处，给出了面向社会经济监测预警的应用实例，取得了较好的应用效果，表明大数据分析在社会经济领域大有可为。

本书是笔者和笔者近几年来指导的研究生和高年级本科生的研究成果的结晶，这些学生包括程成、袁慧、张黛玲、林娜娜、张利宽、王小宁、王轶博、孙道元、刘已铫、蒋冰、李拓、刘令宇、吕思琦、张涛、王佳倩、杨远博、秦宇泉、马步云等，感谢他们！同时，本书的研究工作得到了国家自然科学基金（71001103，91224008，91324015）、教育部人文社会科学研究规划基金（14YJA630075，15YJA630068）、北京市社会科学基金（13JGB035）和北京市科技新星（Z131101000413058）的资助。

本书在写作过程中得到了许多同行与朋友的鼓励、支持与帮助，包括清华大学的范维澄院士、张辉教授、刘奕副教授、杨锐副教授，中国人民大学的杜小勇教授、梁循教授、孟小峰教授、文继荣教授、左美云教授、付虹蛟副教授、蒋洪迅副教授、王明明副教授、孙彩虹副教授、杜忠朝老师，香港城市大学的马建教授、Raymond Lau副教授，中国科学院的汪寿阳研究员、郭旦怀副研究员，北京化工大学的余乐安教授、汤玲副教授，悉尼科技大学的张成奇教授，纽约州立大学的孟卫一教授等，在此一并致谢！此外，还要特别感谢科学出版社经济管理分社马跃先生以及本书责任编辑李莉女士的鼓励、帮助和支持。

最后，本书献给我的父母、妻子和刚出生的女儿，是他们一直以来的默默支持与帮助，才使得本书得以完成，感谢他们！

由于本书研究的是一个崭新的领域，研究的时间角度、研究的深度和广度有待进一步提高，书中难免存在不足之处，恳请领域专家和广大读者批评指正。

中国人民大学信息学院　许伟
2014 年春

目 录

第1章 绪论 ··· 1
  1.1 社会经济监测预警研究意义 ·································· 1
  1.2 社会经济监测预警国内外发展现状 ···························· 3
  1.3 社会经济监测预警研究发展动态分析 ························· 10
  1.4 本书的技术路线 ··· 10
  1.5 本书的内容结构 ··· 12
  1.6 本书的特色与创新 ······································· 14

第2章 网络大数据挖掘 ·· 16
  2.1 数据挖掘概述 ··· 16
  2.2 大数据概述 ··· 17
  2.3 网络大数据 ··· 21
  2.4 网络大数据挖掘 ··· 21
  2.5 网络大数据挖掘技术 ····································· 26

第3章 基于网络大数据监测预警的一般框架 ······················ 31
  3.1 引言 ··· 31
  3.2 社会经济监测预警的一般框架 ····························· 31
  3.3 基于网络大数据的社会经济监测预警关键科学问题 ············ 35
  3.4 本章小结 ··· 35

第4章 基于网络搜索数据的失业率预测研究 ······················ 36
  4.1 引言 ··· 36
  4.2 基于网络搜索数据的失业率预测建模 ······················· 37
  4.3 实证分析 ··· 42
  4.4 本章小结 ··· 47

第 5 章　基于网络搜索数据的流行性感冒预测研究 ………………… 48
5.1　引言 ……………………………………………………………… 48
5.2　流感预测的数据挖掘方法 ……………………………………… 49
5.3　基于网络搜索信息的流感预测 ………………………………… 50
5.4　实证分析 ………………………………………………………… 51
5.5　本章小结 ………………………………………………………… 54

第 6 章　基于网络新闻的混合模型的 CPI 预测 ……………………… 55
6.1　引言 ……………………………………………………………… 55
6.2　方法介绍 ………………………………………………………… 56
6.3　混合模型的建立 ………………………………………………… 57
6.4　实证分析 ………………………………………………………… 61
6.5　本章小结 ………………………………………………………… 64

第 7 章　基于双语本体的汇率预测 …………………………………… 65
7.1　引言 ……………………………………………………………… 65
7.2　基于双语本体网络挖掘方法的外汇预测建模 ………………… 67
7.3　实证分析 ………………………………………………………… 69
7.4　本章小结 ………………………………………………………… 71

第 8 章　基于网络新闻的国际原油价格预测模型研究 ……………… 72
8.1　引言 ……………………………………………………………… 72
8.2　基于网络新闻的国际原油价格预测建模 ……………………… 75
8.3　实证分析 ………………………………………………………… 78
8.4　本章小结 ………………………………………………………… 82

第 9 章　基于网络信息传导机制的黄金期货市场价格联动模型研究 … 83
9.1　引言 ……………………………………………………………… 83
9.2　媒体源与媒体因素 ……………………………………………… 86
9.3　黄金期货信息传导机制 ………………………………………… 88
9.4　本章小结 ………………………………………………………… 96

第 10 章　房地产价格指数预测研究 …………………………………… 98
10.1　引言 …………………………………………………………… 98
10.2　数据挖掘方法介绍 …………………………………………… 101
10.3　房地产价格预测建模 ………………………………………… 102
10.4　实证分析 ……………………………………………………… 106
10.5　本章小结 ……………………………………………………… 108

第 11 章　基于评论的主体模型的电子商务销售量预测研究 ………… 109
11.1　引言 …………………………………………………………… 109

11.2 数据分析方法介绍 ······ 110
11.3 销售量预测模型建立 ······ 111
11.4 实证分析 ······ 114
11.5 本章小结 ······ 117

第 12 章 基于网络大数据的住宿行业监测预警研究 ······ 118
12.1 引言 ······ 118
12.2 统计方法与数据获取技术 ······ 120
12.3 监测预警建模方案 ······ 122
12.4 监测预警实证分析与评价 ······ 126
12.5 本章小结 ······ 129

第 13 章 基于网络大数据的餐饮市场景气指数编制 ······ 130
13.1 引言 ······ 130
13.2 景气指数 ······ 132
13.3 网络数据 ······ 134
13.4 本章小结 ······ 136

第 14 章 基于网络新闻的股票市场预测 ······ 137
14.1 引言 ······ 137
14.2 基于新闻的股票市场预测背景知识概述 ······ 139
14.3 预测建模过程及结果 ······ 141
14.4 本章小结 ······ 144

第 15 章 基于多源媒体信息的股票市场预测 ······ 145
15.1 引言 ······ 145
15.2 股票预测方法现状 ······ 147
15.3 网络新闻可预测性分析 ······ 148
15.4 数据分析技术基础 ······ 150
15.5 预测模型构建及流程 ······ 155
15.6 预测模型设计与实验结果分析 ······ 161
15.7 本章小结 ······ 163

第 16 章 基于众包的社会媒体情感分析研究 ······ 165
16.1 引言 ······ 165
16.2 国内外情感分析研究现状和发展趋势 ······ 166
16.3 数据的获取和处理 ······ 168
16.4 情感智能分类算法 ······ 170
16.5 实证分析 ······ 177
16.6 本章小结 ······ 181

第 17 章　基于数据挖掘的金融微博情感分析研究 …………………… 183
　17.1　引言 ………………………………………………………… 183
　17.2　金融微博情感模型构建 …………………………………… 185
　17.3　实证分析 …………………………………………………… 188
　17.4　本章小结 …………………………………………………… 189

第 18 章　基于微博情感的股市预测 …………………………………… 190
　18.1　引言 ………………………………………………………… 190
　18.2　基于微博情感的股市预测建模 …………………………… 191
　18.3　实证分析 …………………………………………………… 193
　18.4　本章小结 …………………………………………………… 195

第 19 章　基于微博用户的股市预测 …………………………………… 196
　19.1　引言 ………………………………………………………… 196
　19.2　集成学习理论背景 ………………………………………… 198
　19.3　预测模型构建 ……………………………………………… 199
　19.4　实证分析 …………………………………………………… 202
　19.5　本章小结 …………………………………………………… 204

第 20 章　基于网络视频的股市预测 …………………………………… 206
　20.1　引言 ………………………………………………………… 206
　20.2　网络内容挖掘方法介绍 …………………………………… 207
　20.3　基于网络视频的股市预测模型构建 ……………………… 209
　20.4　实证分析 …………………………………………………… 212
　20.5　本章小结 …………………………………………………… 215

第 21 章　基于网络信息的股票自动交易系统 ………………………… 216
　21.1　引言 ………………………………………………………… 216
　21.2　股票自动交易方法介绍 …………………………………… 218
　21.3　基于网络信息的股票拐点预测建模 ……………………… 219
　21.4　交易策略 …………………………………………………… 227
　21.5　网络情感指标对实验结果的影响 ………………………… 228
　21.6　本章小结 …………………………………………………… 230

第 22 章　基于网络大数据的社会经济监测预警研究总结与展望 …… 231
参考文献 …………………………………………………………………… 233

第1章

绪　　论

1.1　社会经济监测预警研究意义

我国经济经过三十多年的高速发展，取得了举世瞩目的成就。根据国家统计局发布的数据，2012年我国国内生产总值(GDP)达519 322亿元，按可比价格计算，比上年增长7.8%，保持了平稳持续增长，社会主义市场经济体制日趋成熟。同时我们也要看到，尽管我国已经成为全球第二大经济体，但我国经济发展水平的落后还是比较明显的，人均GDP全球排名不高，在结构、效率、机制等方面仍然需要进一步提升，经济社会中的矛盾和问题已经凸显出来，迫切需要经济转型。当前在复杂多变的国际政治经济环境中和国内改革发展任务艰巨繁重的情况下，我国经济正处于发展的关键期和改革攻坚时期。加快转变经济发展方式，解决发展不平衡、不协调、不可持续的问题，推进经济结构战略性调整，实现社会成功转型，既是一个长期过程，也是当前最紧迫的任务。党的十八大报告明确提出要实施创新驱动发展战略，这为下一步以创新驱动经济发展方式转变指明了方向。在国家经济社会转型的关键期，实施创新驱动发展战略无疑是关系到我国发展战略布局的重中之重，应在积极践行这一重大战略的同时，保证我国社会主义社会的平稳发展。

在当前社会经济转型的形势下，国民经济的运行复杂多变，不同部门、不同生产环节都存在错综复杂的联系，对经济运行准确地了解和把握更不容易，需要借助敏捷有效的工具，而对社会经济指标的统计核算就是这样一种工具。社会经济的指标能够把复杂的国民经济运行过程勾画成一幅简明的图像，是经济发展状况的直接体现，能够大大增强人们了解和把握经济运行的能力。

社会经济数据挖掘(data mining, DM)分析能真实地反映国民经济运行状况。经济数据统计分析用事实说话，用数据揭示经济运行的真实现状和发展趋势，能彻底改变凭印象、凭感觉乱拍板做出错误决策的现象，避免国民经济的损失。通过对经济指标数据的分析而发现问题，对问题进行监测预警，可以为科学合理的决策提供可靠依据。

社会经济数据挖掘分析是宏观经济管理的重要依据，能够为政府提供决策支持。如果没有 GDP、居民消费价格指数(consumer price index，CPI)、采购经理指数(purchasing managers' index，PMI)、失业率、投资、对外经济往来等国民经济的关键指标，是不可能制定出正确合理的国家中长期规划和年度计划以及金融政策、收入分配政策、产业政策等一系列经济政策的。

社会经济数据挖掘分析可以为行业发展提供指导方向。企业需要进行生产、消费和投资决策，而社会经济状况是它们的重要决策依据之一，经济数据的准确性直接影响到它们的决策科学性。

目前我国正处于社会转型时期和矛盾凸显时期，伴随着经济的发展，也必然会有风险和挑战，规避风险已经成为社会经济发展的一个必要课题。对社会经济进行实时监测预警必然会为风险规避提供有力支持，实时把握经济发展状况，尽早发现经济运行中的问题，及时对政策方向纠偏，是一个既合理又必要的选择。

然而，在当前经济全球化和信息产业飞速发展的形势下，传统的社会经济数据统计与分析方法显得力不从心，在实时性和准确性上暴露出许多不足。

当前，信息行业飞速发展，网络数据正以爆炸式的速度增长并渗透到社会生活的各个角落，大数据的时代已经到来。在信息行业，大数据已经成为业界最时髦的一个词汇，并且正在对各个领域造成影响。2009 年，谷歌公司的研究人员提出利用网络搜索数据监测流行性感冒(简称流感)的发生，为流感监测提供了一个实时预警系统。该系统可以实现短时间的精确预警，较美国疾病控制中心(Centers for Disease Control，CDC)的传统监测方式具有较大的优势。2012 年 3 月，美国总统奥巴马宣布启动大数据研究和发展计划，旨在提高从庞大而复杂的科学数据中提取知识的能力，从而加快科学与工程发现的步伐，应对包括国防安全、能源等在内的一些最紧迫的挑战。

在我国社会转型时期，充分利用跨平台网络大数据，通过网络大数据分析，利用经济学原理建立数学模型，对社会经济进行实时监测和智能预测的优势是显而易见的。

首先，在实时反应速度上，基于网络大数据的社会经济预测的实时反应速度是传统经济预测方法远远不能比拟的。传统的经济统计数据，如 GDP 数据，是通过基层调查、逐层上报、综合核算的方式最终得出的，由于牵涉部门多而庞大，必然对时间效率有所影响。然而，利用网络大数据的预测，从数据获取到数据分析都是实时的，尤其是微博数据更具有更新快的特点，在实时反应速度上，较传统方法有了极大的提高。

其次,网络大数据具有实时、海量、真实的特点,使许多传统领域不能预测度量的数据变为可能预测,尤其是在社交网站、微博等网络平台中,大量的数据都是网民随时随地更新发布的。传统预测数据的获取多采用问卷调查的方式,这种方式属于抽样分析,很难精确地反映真实情况,而且有些调查不具有可操作性,如社会对股市的预期。而网络数据在很大程度上是社会的真实态度反映。例如,对于股指的下降,有人会在微博上发牢骚;对于物价的升高,也会有人在网络上抱怨。通过对网络数据的筛选和融合,完全可以做到对经济市场的情感挖掘,从而更准确、实时地反映出经济状况,这些是传统的统计分析预测方法难以做到的。

最后,使用网络大数据进行分析挖掘,能够分析出更多的难以预料到的知识规律。数据挖掘在管理决策上的优势已经在许多行业得以体现。常人看来,尿布与啤酒风马牛不相及,但在尿布与啤酒的案例中,若不是借助数据挖掘技术对大量交易数据进行挖掘分析,沃尔玛很难发现尿布和啤酒具有很强相关性。例如,李双江之子李天一事件,导致股票 ST 天一(A 股代码 000908)大幅下跌,这在以前也是难以预料的。

由此看来,基于跨平台网络大数据的社会经济实时监测和智能预测研究能够紧随国家经济发展转型新形势,抓住信息化革命的机遇,从而对国民经济的发展和社会主义建设产生重大影响。

1.2 社会经济监测预警国内外发展现状

如何对社会经济宏观、微观方面进行实时监测与智能预测,一直是国内外学者们的研究课题。在社会转型这样一个背景下,宏观的经济指标(包括 GDP、CPI、失业率、汇率等)、微观的市场情况(包括股市、房地产等)的监测预测是学者们关心的焦点。

从国内外研究文献的总体分布来看,按照文献研究中用于预测相关指标或者市场情况的特征因素的多少来划分,文献可以分为三类,包括基于时间序列的预测分析、基于特征因素的预测分析和基于网络大数据的预测分析。下面对各类文献进行详细综述。

1.2.1 基于时间序列的预测分析

在对宏观经济指标采用时间序列方法监测与预测方面,Tkacz(2001)采用神经网络(neural networks)对加拿大的 GDP 增长进行了预测,研究指出,相对于时间序列模型及线性模型,神经网络模型能够提供更好的拟合效果。刘云忠和宣慧玉(2004)将混沌时间序列模型应用于 GDP 预测当中,实验结果显示,混沌时间序列模型与指数平滑模型相比在短期预测上更为准确。Schumacher 和 Breitung(2008)使用动态因素模型建模，从数据出发比较了月度与季度混合数据和平衡数据对预测效果的影响，发现使用混合数据的预测效果更好。熊志斌(2011)将自回归单整移动平均(autoregressive integrated moving average，ARIMA)模型与神经网络模型进行集成之后应用于 GDP 时间序列预测，实证结果表明，集成模型在预测效果上要显著好于单一模型。Antipa 等(2012)比较了基于GDP 月度数据桥模型与动态因素模型对于 GDP 的预测能力，结果显示，桥模型的预测误差要小于动态因素模型。

全冰(2009)对比了向量自回归预测和主观判断性预测(朗润预测)，发现在未来经济预测中货币没有预测能力，并指出向量自回归预测在 CPI 预测方面要优于朗润预测。桂文林和韩兆洲(2010)通过指数平滑法 Holt-Winters 模型分析了CPI 月度数据，并将其分解为季节与趋势波动，在此基础上对 CPI 进行了预测。杨新臣和吴仰儒(2010)采用小波变换对 CPI 时间序列进行了降噪，并使用支持向量回归(support vector regression，SVR)对处理后的时间序列数据进行建模，发现该方法能够有效预测 CPI 的变化方向并显著提高预测的准确程度。崔百胜(2012)采用动态模型平均方法以 CPI 和 GDP 作为通货膨胀的衡量指标进行通货膨胀实时预测，研究表明，动态模型平均方法在通货膨胀预测方面优于贝叶斯模型和向量自回归模型。吴岚等(2012)使用 X-12-ARIMA 方法研究了我国 CPI 时间序列数据问题，通过分离时间序列中的春节因素对 CPI 进行了短期预测。

Panagiotidis 和 Pélloni(2003)采用统计学方法检验了德国和英国两个国家的失业率增长率的线性情况，通过自回归模型剔除两个时间序列的线性结构部分之后，研究发现德国劳动力市场失业率存在非线性结构，而英国不存在。Dahl 和 Hylleberg(2004)对比了神经网络等四种非线性回归模型在美国失业率预测中的准确度。Harvill 和 Ray(2005)将单变量和多变量的系数自回归模型应用于美国失业率预测，并对不同方法进行比较，发现基于 Boostrap 的方法在非线性预测方面优于其他方法。Chen(2008)使用非线性灰度伯努利模型对 10 个国家的失业率进行预测，结果表明该模型可以用于帮助政府制定相关劳动力及经济政策。Milas 和 Rothman(2008)使用平滑转换向量误差纠正模型模拟并预测了美洲、欧洲等地区多个国家的失业率，实证结果表明该模型在失业率预测方面优于基准模型——自回归模型。Lahiani 和 Scaillet(2009)发现美国失业率数据的分整自回归移动平均(autoregressive fractionally integrated moving average，ARFIMA)模型表达存在显著的阈值效应，并提出了一种新的阈值 ARFIMA 方法对美国失业率数据进行预测，结果好于门限自回归(threshold autoregression，TAR)模型与对称 ARFIMA 模型。Vijverberg(2009)探索了 G-Lambda 模型的时变行为，并应用该模型分析了美国失业率数据的时变行为。Schanne 等(2010)使用不同的单变量空间广义向量自回归模型对德国176个地区的劳动力市场的失业率水平进行了预测,研究结果表明该模型在预测准确率上要好于单变量时间序列方法。黄波和王楚明(2010)使用Logit模型对我国就业风险进行度量预测,结果表明比照1997年亚州金融危机情形,2009～2010年我国城镇失业率大于6.545%的可能性几乎为100%。

Wilkie和Pollock(1996)改进了已有概率评价准确度度量方法,用以评价汇率时间序列分析预测的准确程度。R. M. Shazly和E. E. H. Shazly(1999)采用集成神经网络和遗传训练的混合系统来预测英镑、马克、日元和瑞士法郎的三个月汇率。董景荣和杨秀苔(2001)提出基于模糊神经网络模型对汇率进行非线性组合建模预测,研究表明该方法具有较强的学习与泛化能力,且具有很好的应用价值。Boero和Marrocu(2002)使用多种非线性模型对汇率预测效果进行比较,研究发现在仅考虑预测的均方差时线性模型的预测效果更好。Yu等(2005)采用广义线性自回归与神经网络的混合集成模型对汇率情况进行了预测分析,实证结果表明混合集成模型的效果好于单一模型。苏岩和杨振海(2007)检验并证实了人民币对日元汇率存在简单根过程及条件异方差性,且使用GARCH(1,1)模型拟合效果最好,并将其用于人民币对日元汇率的条件异方差预测。Anastasakis和Mort(2009)采用参数自组织模型以及非参数自组织模型对汇率市场进行预测,发现二者的混合集成算法能够提高预测效果。倪禾(2010)使用自组织混合模型预测了非平稳汇率波动性,该模型提高了对数据异构的适应性,并在预测金融数据方面具有较高价值。Khashei和Bijari(2012)使用混合集成模型对英镑等对美元的汇率进行了成功的预测,并指出混合集成模型在汇率预测当中具有准确性高的优势。

在微观市场的时间序列研究方面,由于有证据表明资产回报在一定程度上的可预测性,Mei和Liu(1994)应用条件超额回报预测模型对金融市场进行了投资分析,结果表明该方法优于买-持股策略。杨一文等(2001)构建了一种结合延迟-嵌入定理以及神经网络的模型,并将其用于股票指数和价格的预测。殷光伟和郑丕谔(2005)运用基于小波变换和混沌理论构建的混合集成方法对原始收益率序列进行了预测,实证研究结果表明该方法具有较高精度。Cao等(2005)使用神经网络预测股票价格收益,并与金融预测文献中的线性模型进行比较,研究结果指出神经网络优于与之相比的线性模型。Pai和Lin(2005)基于股票价格时间序列包含线性和非线性成分,提出使用ARIMA模型和支持向量机(support vector machine,SVM)的混合模型预测股票价格的方法。Kim(2006)构建了利用遗传算法(genetic algorithm,GA)进行实例选择并使用神经网络学习预测的新模型,并将其用于金融数据挖掘中,实证研究表明遗传算法在神经网络实例选择中具有优越性。Hassan等(2007)提出了一种基于隐马尔可夫模型、神经网络模型和遗传算法的混合模型，用于预测股票市场行为。王志刚等(2009)使用前向神经网络实证检验了我国股票市场技术分析的非线性预测能力，实验结果表明基于移动平均规则的神经网络模型样本外预测能力要优于各种移动平均规则线性模型，表明了我国股票市场存在异质性特征。Chiu 和 Chen(2009)提出了一种新的与 SVM 结合的动态模糊模型用以探索股票市场的动态，该模型使用遗传算法动态调整变量权重，实证结果显示该模型较传统模型预测准确率更高。Yao 和 Herbert(2009)构建了用于金融时间序列数据分析与预测的粗糙集模型，在通过粗糙集模型获得决策规则之后，他们采用一套独有的基于决策规则的健壮性与稳定性的排名系统，用于支持用户决策。Yeh 等(2011)意识到 SVR 的多核学习(multiple kernel learning，MKL)可以解决 SVR 学习中核函数的参数调节问题，进一步优化提出一种两阶段多核学习算法用于股票价格预测，实证结果显示该算法优于 ARIMA 等其他算法。

Wilson 等(2002)采用国家房屋交易时间序列数据，应用神经网络模型对房屋市场进行预测。"房地产价格发展趋势研究"课题组(2008)从房地产需求、供给、金融和宏观调控等角度对影响房价的因素进行分析，并基于季度数据通过时间序列模型进行价格预测。Peterson 和 Flanagan(2009)采用神经网络方法对房地产价格进行预测，并指出单层神经网络模型的预测效果与最小二乘法相仿，而多层神经网络模型能够用于房地产价格的复杂非线性建模。李大营等(2009)建立了基于粗糙集和小波神经网络的房地产价格走势预测模型，采用房地产价格及其他影响因素的月度数据对房地产价格进行预测，研究结果表明该模型具有较高精度。Pesaran 等(2009)从全球各个国家经济状况的角度出发，着眼于经济预测问题，采用全局向量自回归模型预测房地产价格、通货膨胀率、汇率、利率等多种经济指标，结果表明，该方法相比于基准算法在通货膨胀率及房地产价格预测方面表现突出。

在其他方面，Guo 等(2013)采用多变量智能决策模型预测零售业销售额，实证结果表明新模型相对于简单机器学习算法与线性模型预测效果更好。Cao 等(2012)对比了线性自回归移动平均模型与非线性神经网络模型对于医药花费通货膨胀率的预测效果，实验结果表明非线性神经网络模型效果好于线性自回归移动平均模型。

1.2.2 基于特征因素的预测分析

高辉(2003)使用正反馈模型，将我国货币供应量数据用于年度 GDP 预测，研究表明，货币供应量预测精度高、误差小，可以应用于实际预测。Hansson 等(2005)以动态因素模型作为基础探讨了从商业倾向调查中获取的数据是否有助于 GDP 预测，实验结果表明此特征因素具有有效性。Qin 等(2008)比较了自动领先指标模型与宏观经济结构模型在通货膨胀与GDP预测方面的表现,指出在短期内自动领先指标模型的预测能力要强于宏观经济结构模型。Golinelli和Parigi(2008)采用自适应模型搜寻获得GDP替代指标,发现采用替代指标的模型与单纯时间序列模型预测相比在单步预测效果上有显著提高,但是在多步预测时效果下降。Graff(2010)采用瑞士的经济数据进行实证分析,通过对比发现多产业混合指数(multi-sectional composite indicator)相对于单产业混合指数(uni-sectional composite indicator)能够更好地反映GDP增长率。Barnbura和Runstler(2011)通过Kalman平滑模型解决月度数据的发布延迟问题,并通过动态因素模型对欧元区GDP进行预测,指出及时有效的数据在GDP预测中具有巨大作用。Angelini等(2011)将不同发布延迟的GDP月度数据回归处理抽取预测因子,比较了广泛使用的传统桥模型与采用预测因子的桥模型的预测能力,实证研究表明新方法预测结果更为准确。刘汉和刘金全(2011)将混合数据抽样模型用于我国GDP季度预测,发现造成我国在金融危机时期经济增长减速的主要原因是出口量,并指出混合数据抽样模型在短期预测方面具有优势。何黎和何跃(2012)建立了引入PMI指标的自回归条件异方差(autoregressive conditional heteroskedasticity,ARCH)模型对我国季度GDP进行预测,并建立数据分组处理方法(group method of data handling,GMDH)和ARIMA模型进行对比,结果表明引入PMI指标的ARCH模型预测结果更优。

Wang等(2012)使用基于SVM的回归模型构建经济条件指数(financial conditions index,FCI)用以进行经济预测,发现在小数据集中新模型能够更加准确地预测CPI。Bhattacharya和Thomakos(2008)将汇率作为特征因素代入预测模型中,发现考虑汇率特征因素的模型能够有效地提高模型预测准确程度。Keilis-Borok等(2005)研究了失业率的动态性,即失业加速度,研究指出宏观经济指标的"预监视"模式可用于失业加速度的预测。Pelaez(2006)通过寻找识别失业率的领先指标,采用神经网络模型和计量经济学方法对失业率进行预测,结果显示两者都优于专家预测结果。向小东和宋芳(2009)选取了19个影响失业率的指标,采用核主成分分析与加权支持向量机对失业率进行预测,结果表明,由于预测方法考虑了指标相关性与指标在不同时期的不同重要性,其拟合及预测精度都较高。此外,Ibarra(2012)探讨了采用CPI数据对通货膨胀率预测的准确率是否具有提高作用。

微观市场方面,Hsu等(2009)意识到股票时间序列和它们的先行预测指标之间存在动态关系,提出了一种新的基于自主映射和SVR回归的两阶段模型用于股票价格预测,实证结果显示该方法优于单纯使用SVR对股票价格的预测结果。Nair等(2010)采用基于决策树(decision tree,DT)和粗糙集的混合系统,使用技术指标进行股票预测,实证结果表明,混合系统的预测结果与神经网络和贝叶斯模型的结果相比较表现更优。Chang 等(2012)采用了一种新型的进化偏链接神经网络模型，以技术指标作为输入对股票价格进行预测，实验结果表明该方法对大多数数据集中的股票都具有很高的准确率。

Kettani 等(1998)基于房地产市场数据以及房地产代理主观感知数据对房地产市场进行估值预测，并通过加拿大阿尔伯塔省会爱德蒙顿市的实证数据验证了其有效性及可应用性。Pace 等(2000)采用 14 个变量的空间时间回归模型对房地产价格进行预测，结果表明采用空间时间多维变量的回归要比单纯使用时间维度变量预测效果更优。Yan 等(2007)基于粗糙集理论选取了 114 个指标，并根据自相关分析选取了领先指标，最后将这些指标通过回归与灰度模型对房屋价格进行预测，发现了政府房屋政策对房屋价格的影响，指出 2005 年中国政府的宏观经济政策抑制了房屋价格的增长。

1.2.3 基于网络大数据的预测分析

随着互联网的迅猛发展，网络数据具有了大数据特征。Chen 等(2012)研究表明，大数据将产生巨大的影响力；Gobble(2013)指出，大数据将是下一个极具创新的研究领域。在监测和预测领域，学者们已经意识到网络大数据能够为社会经济预测提供更多数据来源，从而能更加深层次地挖掘社会经济方面的关系，为社会经济预测提供新的思路。这方面的研究分别建立在网络内容、网络结构及用户行为大数据上。

在基于网络内容大数据的预测分析方面，Antweiler 和 Frank(2004)研究了雅虎财经等多种财经网站上的信息对于股票的影响，结果表明，股票信息有助于预测市场波动性，虽然它们对于股票收益的影响在统计学上是显著的，但是实际经济收益较小，同时还发现，股票信息与交易量的增加无关。Mittermayer(2004)提出了一种可以在相关出版物出版之后即时预测股票趋势的系统，研究结果表明该系统的出版物分类可以用于预测股票价格，相应的交易策略对有效利用出版物分类结果具有重要影响。Das 和 Chen(2007)提出一种从股票信息栏提取小投资者情绪的方法，用于评估管理层声明、媒体消息等对投资者的影响，实证结果表明，股票价值和技术板块信息的关系与股票指数、交易量及波动性相关。Schumaker 和 Chen(2009a)采用 Arizona 财经文本系统，使用统计学方法对财经新闻信息进行分析，从而进行股票价格预测，并根据预测结果进行投资决策，结果表明该系统优于市场平均水平。Sehgal 和 Song(2007)提取财经信息板块中的个人情感用于预测股票价格，他们通过实证研究表明个人情感与股票价格是高度相关的。Li 等(2010)提出了一种获取新闻文章密度并采用信息熵挖掘潜在关系的新模型，用于探究新闻文章对市场的影响，实证研究表明在研究新闻的长远影响方面这种新模型效果更优。Gilbert 和 Karahalios(2010)研究了网络中负面情绪内容与股票市场之间的因果关系，实证结果显示，焦虑情绪的表达增多能够预测标普 500 指数的下降。Oh 和 Sheng(2011)研究并评估了股票微博情感对于未来股票价格波动方向的预测能力。Chan 和 Franklin(2011)认识到现有基于财经新闻的交易决策系统需要手工构建字典的缺陷，提出了一种新的基于文本的决策支持系统，该系统从文本模式中提取时间顺序并预测在某段时间发生的概率，实验结果表明该系统的预测准确率更高。Bollen 和 Mao(2011)分析了 Twitter 上的文本内容，并从六个维度出发测量了文本内容的情感，用以探索公众情绪是否能够影响财经市场决策，甚至作为经济预测指标，研究结果表明，当包含特定公共情绪维度数据时，股票价格预测准确率显著提高。Xu 等(2012a)采用网络挖掘及情感分析方法对社交网络文本进行分析，用以预测股票指数，结果表明该方法优于传统预测方法，且该方法能够简单、迅速地获取财经市场的个人行为。Hagenau 等(2012)通过引入特征选择及市场反馈，提高了已有的基于财经新闻的投资决策系统在复杂特征类型条件下的分类准确率。Schniederjans 等(2013)采用文本挖掘方法，收集分析社交网络中的文本，用以评估公司印象管理战略对公司财务表现的影响，回答了印象管理战略是否会对公司财务表现产生影响以及哪种社交媒体战略会影响公司财务表现两个问题，实证结果表明社交媒体对印象管理具有积极影响。Bollen 等(2011a)认为微博能够反映公众心情，通过比较微博公众情绪与股票市场和原有价格指数市场的波动，以及如总统选举等媒体主要事件，他们发现社会、政治、文化、经济等事件确实对六种不同维度的公众情绪具有显著影响。

基于网络结构方面的预测分析文献还很少，Qiu 等(2013)研究了社交网络对市场预测效率的影响，并设计了专门用于收集和集成分散信息的信息集成机制，用以提高市场预测效果，实证研究结果表明，该网络嵌入预测优于其他非网络预测。

在基于用户行为的预测分析中，Askitas 和 Zimmermann(2009)使用谷歌搜索数据对失业率进行了预测分析，取得了较好的预测效果。类似地，D'Amuri 和 Marcucci(2010)采用多种预测模型，使用互联网和与工作相关的谷歌搜索词来预测美国失业率，实证结果表明工作指数的引入能够有效地提升美国失业率预测的准确度。Choi 和 Varian(2009a)也利用搜索关键词对失业率进行了建模，并取得了较好的研究效果。Xu 等(2011，2012a，2012b)采用神经网络技术改进传统基于计量经济模型的不足，用于基于网络搜索的失业率预测模型，实证研究表明，基于非线性分析的网络搜索预测模型可以提高时间序列预测的准确性。Joseph 等(2011)检验了在线股票搜索对于股票收益及交易量的影响，研究结果表明，一周内在线搜索强度能够可靠地预测股票收益及交易量，并指出了在线搜索数据在其他领域应用的潜力。Bordino 等(2012)研究表明，与在纳斯达克

(NASDAQ)上市的股票相关的日常搜索查询语句的数量与该股票的交易量呈相关关系。

1.3 社会经济监测预警研究发展动态分析

到目前为止，社会经济监测预警已经取得了丰硕的研究成果，但是社会经济监测和预测的实时性和有效性仍然面临着巨大的挑战。首先，目前已有的研究中考虑时间序列特征的研究较多，而进行因素分析找出预测结果背后隐藏的原因的研究比较少。其次，虽然目前的研究在因素分析和预测特征等方面取得了一定的进展，包括重大事件对社会经济的影响(Zhang et al., 2009)，但在对监测和预测结果的实时和快速反应方面仍存在不足。而大数据分析技术的兴起，为基于网络大数据的社会经济实时监测和智能预测提供了技术支持(李国杰和程学旗，2012)。目前，基于网络大数据的社会经济实时监测和智能预测研究方兴未艾，取得了一批高水平的研究成果，但在目前的研究中，网络大数据的来源比较单一，而且主要集中在单一平台(如新闻或微博)，基于多源异构网络大数据的实时监测和智能预测研究仍有很大的空间。此外，网络大数据中关于社会经济相关信息的抽取研究以及网络大数据爬取和可视化技术的研究仍显不足。

鉴于目前基于网络大数据的社会经济监测预警研究面临的困难和挑战，本书以我们已有的研究(Xu et al., 2010, 2011, 2012a, 2012b, 2012c, 2012d)为基础，利用大数据分析方法在社会经济预测中的优势(Schumaker and Chen, 2010)，提出了基于网络大数据的社会经济监测预警的一般框架，对社会、经济、行业和金融等关键指标进行了实时监测预警。本书的研究成果可以为政府提供有效的决策支持，为企业和用户提供可靠的分析工具，具有重要的理论价值和实践意义。

1.4 本书的技术路线

本书以跨平台网络大数据分析研究框架为基础，以模型分析与数值计算为核心，综合运用大数据分析方法、网络挖掘技术、预测与监测理论、计量经济模型等理论方法，深入研究跨平台社会经济网络大数据提取、社会经济网络大数据特征挖掘与社会经济实时监测和智能预测的关键技术模型，通过实证分析验证提出方法的有效性，为政府和相关企业提供有效的分析工具与决策支持。

本书的技术路线如图1.1所示。从图1.1中可以看出，本书的具体技术路线包括以下六个方面。

(1)文献综述，理论研究。跟踪和整理社会经济监测预警最新进展，根据数

图 1.1 本书的技术路线

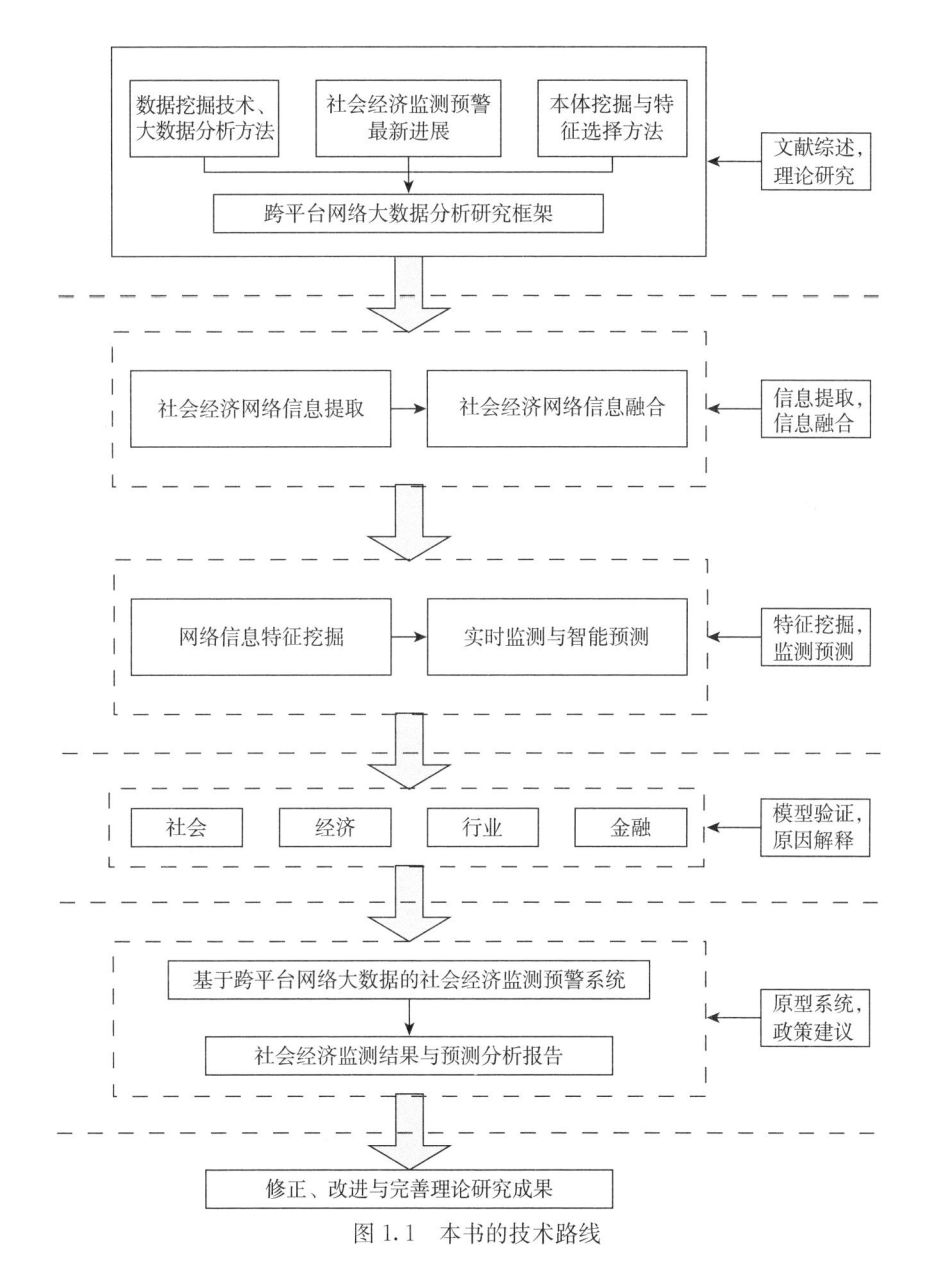

据挖掘技术、大数据分析方法、本体挖掘与特征选择方法，提出一个跨平台网络大数据分析研究框架，拟对社会经济开展实时监测和智能预测。

(2) 信息提取，信息融合。面对跨平台网络大数据，利用本体挖掘理论、文本挖掘技术等提取网络大数据中与社会经济有关的信息，同时，利用评价理论与方法、数据挖掘技术对跨平台多源社会经济网络信息进行融合，为社会经济网络信息特征挖掘和模型构建提供丰富的数据基础。

(3)特征挖掘，监测预测。利用已经得到的社会经济网络信息，从网络内容、网络结构和用户行为三个维度挖掘社会经济信息特征。首先，利用潜在语义分析(latent semantic analysis，LSA)、粗糙集等技术提取网络内容特征；其次，通过链接分析、社会网络分析等提取网络链接特征；最后，通过模糊本体、相关性分析等构建用户行为特征。进一步地，以上述研究为基础，利用商务智能理论、计量经济模型和集成学习方法，提出一类基于跨平台网络大数据的社会经济实时监测和智能预测方法，并根据大数据分析的最新进展，构造新的实时监测和智能预测模型。

(4)模型验证，原因解释。利用社会、经济、行业、金融等在社会转型期中重点考察的社会经济关键指标对建立的模型和算法进行验证，并进一步对建立的模型进行参数优化和特征选择，确定建立模型的有效性和适用性。

(5)原型系统，政策建议。综合上述研究成果，利用 Web 技术，构建一个基于跨平台网络大数据的社会经济监测预警系统。该系统不仅包括社会经济实时监测和智能预测模型，而且能实现网络大数据的实时、并行、增量式爬取，开发社会经济网络大数据可视化技术，将结果实时展示与更新，并能够及时给出对结果的解释和背后隐藏的原因。同时，将获得的重要政策分析结果整理成书面报告，呈报政府和相关企业，提供有效的分析工具和决策支持。

(6)修正、改进与完善理论研究成果。

1.5 本书的内容结构

本书提出了一个基于网络大数据的社会经济监测预警研究框架，基于该研究框架和技术路线，对基于网络大数据的社会经济监测预警进行深入的研究，并成功地应用于社会、经济、行业和金融等关键指标的监测预警中。

全书可分为六大部分，包括监测预警一般框架、社会监测预警、经济监测预警、行业监测预警、金融预测决策和总结与展望，共 22 章。

第 1 章为绪论，对社会经济监测预警面临的主要问题和国内外发展现状进行分析，指出现有研究的不足和未来的发展方向，介绍本书的技术路线、内容结构、特色与创新。

第 2 章介绍网络大数据挖掘，为本书的技术基础。本章介绍数据挖掘、大数据和网络大数据，在此基础上详细论述网络大数据挖掘和网络大数据挖掘技术。

第 3 章给出基于网络大数据监测预警的一般框架，为第二部分至第四部分提供理论支撑。

第 4 章基于网络搜索信息，提出一个失业率预测模型，为社会突发事件的监测预警提供了有效的分析工具。实证结果表明，基于网络搜索信息的失业率预警方法较传统方法在实时性和拐点预测上具有明显的优势。

第 5 章基于网络搜索信息，提出了一个流感监测模型，该模型首次将数据挖掘方法引入基于网络搜索信息的监测中，为社会突发事件的监测预警提供了有效的分析工具。实证结果表明，基于网络搜索信息的流感监测方法较传统方法在实时性和拐点预测上具有明显的优势。

第 6 章提出一个基于网络新闻的混合模型的 CPI 预测方法，通过提取网络新闻中的关键事件对 CPI 运行进行监测，取得了较好的预测效果。

第 7 章提出一个双语本体模型，对汇率进行预测，该方法分别考虑双边信息对汇率的影响，是汇率预测中的一种新方法。

第 8 章基于网络新闻，提出一个国际原油油价的神经网络预测模型，对国际油价进行预测分析，取得了较好的预测效果。

第 9 章考虑不同市场黄金期货的联动，通过网络新闻获取关键事件来增加预测的效果，该方法在黄金期货价格预测上具有很高的应用价值。

第 10 章建立了一个融合网络新闻和用户行为的房地产价格指数（house price index，HPI）预测模型，该模型在考虑网络新闻对房地产市场的影响的同时，加入了网络用户搜索信息，刻画了新闻关注度的影响差异，实证分析结果表明该模型在房地产预测分析中具有很好的应用价值。

第 11 章提出一个基于评论的电子商务销售量预测模型，该模型考虑了用户评论对电商商品销售量的影响，是电商商品销售量预测的新方法。

第 12 章提出一种基于网络大数据的住宿行业监测预警指数构建方法，从大数据角度为国内贸易、对外经济贸易统计提供了新的思路。

第 13 章提出基于网络大数据的餐饮市场景气指数构建方法，从大数据角度为国内贸易、对外经济贸易统计提供了新的思路。

第 14 章提出一个基于网络新闻的股票市场预测方法，该方法将网络信息引入股市预测中，取得了较好的预测效果。

第 15 章基于已有研究基础，融合多源媒体信息，提出一个基于多源媒体信息的股票市场预测方法，该方法应用网站排名对不同来源的媒体信息进行加权，充分考虑了不同影响力媒体对金融市场的影响差异，是股市预测中的一种新方法。

第 16 章提出一个基于众包（crowdsourcing）的社会媒体情感分析研究方法，该方法克服了人工标注的困难，采用社会化的方法准确获取社会化媒体的情感，是情感标注的新方法。

第 17 章提出一个基于数据挖掘的金融微博情感分析研究方法，该方法采用多种数据挖掘技术对网络情感进行分析，是情感分析中的新方法。

第 18 章提出一种基于微博情感的股市预测方法，该方法将微博情感引入金融市场预测中，充分体现了人们的预期对金融市场的影响，具有很好的应用价值。

第 19 章提出一个基于微博用户的股市预测方法，该方法平衡了微博用户在金融预测中的活跃度和准确性，提高了金融市场的预测效果。

第 20 章提出一个基于网络视频的股市预测方法。随着人们对视频信息的关注，金融视频对金融市场产生了一定的影响，基于网络视频的股市预测考虑了网络视频对金融市场的影响，是一个基于大数据分析的股市预测新方法。

第 21 章在股市预测的基础上提出一个基于网络信息的股票自动交易系统，该系统融合了包括技术指标和基础指标在内的网络信息，充分捕捉社会信息，提高了自动交易的利润，为股票自动交易提供了新的思路，具有很高的应用价值。

第 22 章为总结与展望，总结本书的研究内容，剖析存在的问题和未来的研究热点，指出未来的一些研究方向。

1.6 本书的特色与创新

本书针对目前监测预警在实时性和准确性上存在的不足，提出一个基于网络大数据的社会经济监测预警研究框架。这个研究框架以大数据分析为核心，监测、预警技术为手段，将定量方法与专家经验相融合，发挥各种方法的优势，将不同方法进行综合集成，在监测预警的方法论上取得了一定的突破。

首先，站在方法论的高度，提出一个跨平台网络大数据分析研究框架。该框架建立了从大数据获取、建模到可视化的流程，克服了已有研究只是针对单一平台单一数据源的不足，可以为社会经济实时监测和智能预测提供方法论和技术上的保障。在这个研究框架下，综合运用大数据分析方法、网络挖掘技术和计量经济模型，抽取网络大数据中社会经济相关的网络数据，构建一类新的基于跨平台网络大数据的实时监测和智能预测模型，实时监测社会转型期下的社会经济发展动态。

其次，着重于智能挖掘理论与技术研究，发展和扩充基于网络大数据的社会经济实时监测和智能预测技术。本书基于跨平台网络大数据分析研究框架，利用特征挖掘模型、社会网络分析方法、本体挖掘技术，构造适用于不同情况的社会经济实时监测和智能预测算法，并通过数值模拟与实验测试模型方法的有效性和适用性。

最后，理论研究与应用研究相结合，兼具理论性与实用性。本书不仅从理论研究的角度在深度和广度上研究不同类型的智能挖掘模型和方法，而且基于这些理论研究的结果开发了一个基于跨平台网络大数据的社会经济监测预警系统，使理论研究与应用研究相结合，为企业的快速响应和政策制定提供决策支持，兼具理论性与实用性。

本书结构完整，思路清晰，语言流畅，尤为重视理论与实践相结合，是目前将网络大数据应用于社会经济监测预警的首本专著，同时，本书也是大数据分析与应用方面不可多得的一本体系性参考书。

第 2 章

网络大数据挖掘

2.1 数据挖掘概述

数据挖掘是从大量实际应用中产生的数据中提取出隐藏的但又确实有用的信息的过程,这些提取出来的信息都是可以解释的,数据挖掘是一个非平凡的过程。由于实际生产生活中产生的大量数据具有数据量庞大、数据不完整、干扰性及模糊性较大、随机性等特点,数据挖掘的工作量往往是巨大的。

数据挖掘是这样一个过程,即利用相应的分析工具,从大数据中发现所创建模型与这些数据之间存在的关系,并将得到的这种关系应用到预测之中。它主要用于发现那些往往被人们忽略的潜在性因素,可以较为有效地解决在大数据时代难以寻找到有用信息这一难题。将数据挖掘技术应用到电子商务中,可以对商家存储的大量用户及商品的数据进行挖掘分析,结合建立的数学模型,帮助商家进行业务预测与决策,大大促进电子商务的发展。

数据挖掘是一门新兴的技术,它与传统的数据分析有着很大不同。传统的数据分析只是对于数据库的查询、分析、处理等,而数据挖掘在没有一个明确的假设作为指引的情况下进行数据的挖掘分析,所以数据挖掘得到的结果有着未知性、有效性及实用性的特点。其中首要的就是未知性,未知性是指数据挖掘得出的信息是事先不曾知道的,往往是人们所始料未及的,是那些潜藏在数据背后的真正有用的东西。同时,数据挖掘并非一个线性过程,需要对数据进行反复处理分析,真正挖掘隐藏在其中的价值,需要用到相应的处理工具。

数据挖掘当前也面临着诸多挑战。由于数据挖掘技术的多样性,在实际应用这门技术时需要考虑诸多因素,如何设计数据挖掘所用的语言、如何提高数据挖掘的效率、如何建立交互式的数据挖掘的环境、如何将数据挖掘技术运用到拥有大量数据的实际生产生活的问题中等。

2.1.1 数据挖掘的对象

在不同数据库中，数据的存储方式与表达格式是不同的，有时即便是在同一个数据库中，也因实际应用的数据不同而与使用者习惯不同，从而造成数据间的差异巨大，这使得数据挖掘的对象也是多种多样的。为了便于数据挖掘技术的实现，我们主要将其应用到关系数据库（其存储的数据都是非常典型的结构化数据）中。我们研究这类关系数据库中各个属性之间的关系，发现隐藏在这些关系之下的信息。要知道，数据挖掘技术不仅能应用在关系数据库上，还可以应用在更为复杂的数据类型上，如网页数据、文本型数据、多媒体影音数据等，这些数据的数量都极其庞大，进行数据挖掘时难度更大。对于不同种类的数据，应用的数据挖掘技术也不同。

2.1.2 数据挖掘的功能

数据挖掘主要有两方面的功能，即描述与预测检验。也就是说，数据挖掘不但可以对实际存在的数据进行查找搜索，更重要的是，还可以对还未发生的信息、数据进行预测，并进行检验。这个过程可以产生前所未有的新模式，对决策过程有着极好的辅助作用。这些通过数据挖掘得到的信息可以被应用到很多领域，如对信息进行管理、查询，辅助人们做出决策，对生产过程进行调控等。数据挖掘技术主要涉及分类预测，关联、聚类、偏差分析，时间序列模式等，应用到实际生产生活中的数据挖掘技术通常要综合运用所有功能才能更加准确有效。

2.2 大数据概述

21 世纪是数据信息的时代，社交网络、电子商务、移动互联大大拓展了互联网的应用领域，同时也产生了越来越多的数据。例如，谷歌公司通过大规模集群和 MapReduce 软件，每个月处理的数据量超过 400 拍字节；百度每天要处理几十拍字节数据；Facebook 注册用户超过 10 亿人，每月上传的照片超过 10 亿张，每天生成 300 太字节以上的日志数据；淘宝网会员超过 3.7 亿人，在线商品超过 8.8 亿个，每天交易千万笔，产生约 20 太字节数据。据国际数据公司（International Data Corporation，IDC）统计，2011 年全球被创建和被复制的数据总量为 1.8 泽字节，其中 75% 来自于个人（主要是图片、视频和音乐），远远超过人类有史以来所有印刷材料的数据总量（约 200 拍字节）。传感网和物联网的蓬勃发展是大数据的又一推动力，各个城市的视频监控每时每刻都在采集巨量的流媒体数据。工业设备的监控也是大数据的重要来源。例如，劳斯莱斯公司对全世界数以万计的飞机引擎进行实时监控,每年传送拍字节量级的数据。

《纽约时报》2012年2月的一篇专栏称,大数据时代已经降临,在商业、经济及其他领域中,决策将日益基于数据和分析而做出,而并非基于经验和直觉。大数据时代对人类的数据驾驭能力提出了新的挑战,也为人们获得更为深刻、全面的洞察能力提供了前所未有的空间与潜力。哈佛大学社会学教授加里·金说:"这是一场革命,庞大的数据资源使得各个领域开始了量化进程,无论学术界、商界还是政府,所有领域都将开始这种进程。"

大数据已经引起科技界和企业界的广泛关注,在政府层面也受到了重视。2012年3月,美国政府宣布投资两亿美元启动"大数据研究和发展计划",这是继1993年美国宣布"信息高速公路计划"后的又一次重大科技发展部署。美国政府认为大数据是"未来的新石油",决定将"大数据研究"上升为国家意志。一个国家拥有数据的规模和运用数据的能力将成为综合国力的重要组成部分,对数据的占有和控制也将成为国家间和企业间新的争夺焦点。数据是与自然资源、人力资源一样重要的战略资源,隐含巨大的经济价值。如果有效地组织和使用大数据,将对经济发展产生巨大的推动作用,孕育出前所未有的机遇。

2.2.1 大数据的概念

"大数据"这个术语最早期的引用可追溯到Apache的开源项目Nutch。当时,大数据用来描述为更新网络搜索索引需要同时进行批量处理或分析的大量数据集。随着谷歌MapReduce和谷歌文件系统(Google file system,GFS)的发布,大数据不仅用来描述大量的数据,还涵盖了处理数据的速度。目前,关于大数据还没有准确权威的定义。IDC报告对大数据进行了一个简单的描述:大数据是一个看起来似乎来路不明的大的动态过程。但是实际上,大数据并不是一个新生事物,虽然它确确实实正在走向主流和引起广泛的注意。大数据并不是一个实体,而是一个横跨很多信息技术边界的动态活动。按照维基百科上的定义,所谓的"大数据"在当今的互联网业中是指这样一种现象:一个网络公司日常运营所生成和积累的用户网络行为数据"增长如此之快,以至于难以使用现有的数据库管理工具来驾驭,困难存在于数据的获取、存储、搜索、共享、分析和可视化等方面"。这些数据量是如此之大,已经不是以我们所熟知的多少吉和多少太为单位来衡量,而是以拍、艾或泽为计量单位,所以称为大数据。

具体地说,量已经从太字节级别跃升到拍字节、艾字节乃至泽字节级别。IDC的研究结果表明,2008年全球产生的数据量为0.49泽字节,2009年的数据量为0.8泽字节,2010年增长为1.2泽字节,2011年的数量更是高达1.82泽字节,相当于全球每人产生200吉字节以上的数据。而到2012年为止,人类生产的所有印刷材料的数据量是200拍字节,全人类历史上说过的所有话的数据量大约是 5 艾字节。IBM 的研究称，整个人类文明所获得的全部数据中，有 90% 是过去两年内产生的，而到了 2020 年，全世界所产生的数据规模将达到今天的 44 倍。所有的数据都表明，在大数据时代，量的激增将是不可改变的事实。

《著云台》的分析师团队认为，大数据通常用来形容一个公司创造的大量非结构化和半结构化数据，这些数据在下载到关系数据库用于分析时会花费过多时间和金钱。大数据分析常和云计算联系到一起，因为实时的大型数据集分析需要像 MapReduce 一样的框架来向数十、数百甚至数千的电脑分配工作。也有人认为，大数据是指那些超过传统数据库系统处理能力的数据，它的数据规模和传输速度很高，或者其结构不适合原本的数据库系统。为了获取大数据中的价值，我们必须选择另一种方式来处理它。数据中隐藏着有价值的模式和信息，在以往需要相当长的时间和相当高的成本才能提取这些信息。例如，沃尔玛或谷歌这类领先企业都要付出高昂的代价才能从大数据中挖掘信息。而当今的各种资源，如硬件、云架构和开源软件，使得大数据的处理更为方便和廉价，即使是在车库中创业的公司也可以用较低的价格租用云服务时间。对于企业组织来讲，大数据的价值体现在两个方面——分析使用和二次开发。对大数据进行分析能揭示隐藏其中的信息。例如，零售业中对门店销售、地理和社会信息的分析能提升对客户的理解。对大数据的二次开发则是那些成功的网络公司的长项。例如，Facebook 通过分析大量用户信息定制出高度个性化的用户体验，并创造出了一种新的广告模式。这种通过大数据创造出新产品和服务的商业行为并非巧合，谷歌、雅虎、亚马逊和 Facebook 都是大数据时代的创新者。

2.2.2 大数据的特点

关于什么是"大数据"，现在还没有统一的定义。维基百科上有人对大数据做了如下的描述：数据增长如此之快，以至于难以使用现有的数据库管理工具来驾驭，困难存在于数据的获取、存储、搜索、共享、分析和可视化等方面。任何一个企业(尤其是金融企业)每天都会产生各种各样的数据，这些数据数量庞大、类型复杂，并且需要被快速处理。因此，大数据应具有如下特征。

(1) 海量性，即数据的量要大。这种大已经不仅是前面数字的改变或者膨胀，而是后面单位的急剧变化。企业面临着数据量的大规模增长，如 IDC 报告预测称，到 2020 年全球数据量将扩大 50 倍。目前，大数据的规模尚是一个不断变化的指标，单一数据集的规模范围从几十太字节到数拍字节不等。简而言之，存储 1 拍字节数据将需要 2 000 台配备 500 吉字节硬盘的个人电脑(personal computer，PC)。此外，各种意想不到的来源都能产生数据。

(2) 多样性。一个普遍观点认为，人们使用互联网搜索是形成数据多样性的主要原因，这一看法部分正确。然而，数据多样性的增加主要是由新型多结构数据,以及包括网络日志、社交媒体、互联网搜索、手机通话记录及传感器网络等在内的数据类型造成的。其中,部分传感器安装在火车、汽车和飞机上,每个传感器都增加了数据的多样性。

与以往数据的表达和结构相比,在大数据时代,数据存在的形式变得更加多样,以往的存在于关系数据库中的结构化数据的量虽然还会继续增长,但是,新的半结构化、非结构化数据的产生将会爆炸式增长。大量的数据是非结构化的办公文档、文本、图片、可扩展标记语言(extensible markup language,XML)、超文本标记语言(hyper text markup language,HTML)、报表、图片、音频、视频等,在企业的所有数据中这样的非结构化数据将成为主要的数据形式。企业80%的数据是非结构化或半结构化的,结构化数据仅有20%,并且全球结构化数据增长速度约为32%,而非结构化数据增速高达63%。这种数据质的变化必然改变原有的对于数据的认识和管理。

(3)高速性。高速描述的是数据被创建和移动的速度。在高速网络时代,通过基于实现软件性能优化的高速处理器和服务器,创建实时数据流已成为流行趋势。企业不仅需要了解如何快速创建数据,还必须知道如何快速处理、分析并返回给用户,以满足他们的实时需求。根据 IMS Research 关于数据创建速度的调查,据预测,到 2020 年全球将拥有 220 亿部互联网连接设备。

(4)需要新的、快速的挖掘方法。大数据的价值密度低,导致大数据挖掘需要新的、快速的方法。大数据一般是 1 拍字节以上的数据。如果按照一般的机器配置,要存 1 拍字节的话,需要上千台机器。在数据分析时,如果在上千台机器上设计挖掘算法,将非常不方便。如何把数据的潜在价值发挥出来,是一个挑战。

同时,大数据涉及的广度和深度发生了重大变化。随着数据收集手段的更加先进,存储手段的突破,数据的产生来源、影响的范围都将进一步向更广泛、更深入的区域延伸,越来越多的组织和个人被纳入大数据的范畴,社会各个方面的联系在不断增强,社会进化的步伐将变得越来越快。此外,大数据具有易变性。大数据具有多层结构,这意味着大数据会呈现出多变的形式和类型。传统的业务数据随着时间的演变已拥有标准的格式,能够被标准的商务智能软件识别。相较传统的业务数据,大数据存在不规则和模糊不清的特性,造成很难甚至无法使用传统的应用软件进行分析。目前,企业面临的挑战是如何处理各种形式的复杂数据并从其中挖掘价值。值得注意的是,云计算给大数据提供了一个开放式的、分布式计算的技术支撑,促进了大数据分析的快速发展。

2.3 网络大数据

目前，包括新闻、论坛、微博等在内的网络大数据迅猛增长，其中，微博数据已经达到拍字节级，一般以文本、图片、音频、视频形式存在，具有典型的大数据特征。

事实上，华尔街的金融家们已经使用了各类大数据分析挖掘方法，不断找出互联网上的"数据财富"。例如，金融机构先人一步利用广大股民在互联网上的信息预判市场走势，并且取得了很大收益。包括：①金融机构可以挖掘微博中的民众情绪，以抛售股票；②对冲基金可以依据购物网站的顾客以自然语言形式存在的评论分析企业产品销售状况；③银行通过收集挖掘求职网站上的岗位数量推断就业率；④投资机构通过文本挖掘分析上市企业声明，从中寻找破产的蛛丝马迹。通过这些大数据挖掘手段，金融机构把大数据成功地转化成了"财富"。IBM估测，这些微博大数据值钱的地方主要是时间性。先人一步地掌握这些互联网信息，对于华尔街金融机构至关重要。几年前，华尔街只有2%的金融机构搜集和挖掘微博等平台的海量数据，而目前已有一半金融机构使用这种手段。

虽然目前大数据的研究与应用还处于初级阶段，但是其价值已经显现出来，未来大数据可能成为最大的金融交易商品。我们深信，未来大数据应用将会如基础设施一样，有大数据提供方、监管者，同时，还会有大数据的交叉复用等，最终将成为行业内进行重要活动的一个基础设施。

2.4 网络大数据挖掘

2.4.1 网络大数据挖掘的意义

网络数据挖掘是数据挖掘的一个重要分支。如今互联网上的信息正处于大爆炸时期，网络数据具有了大数据特征，通过网络大数据挖掘我们可以从这些浩如烟海的信息中提取出有意义的数据。

首先，我们可以从难以想象的大量数据中找到自己需要的信息。网络中最常用的获取信息的方式是浏览页面及关键词查找。但是，在浏览页面时看到的只不过是一个单一页面上的信息，不能与其他相关页面进行较好的关联。同时，传统的搜索方法——关键词查找法有着本身固有的缺陷，如结果无排序、精确度低等。这些都意味着我们需要通过网络大数据挖掘来更高效更准确地获取网络上的信息。

其次，我们不能仅停留在获取这些有用信息上，还可以更进一步通过它们创造价值。不同于关键词查找法,网络大数据挖掘技术是面向网页上的数据进行分析挖掘的,而不是面向查询这一处理过程。网页上、网页之间均隐含了极其丰富的有用信息,但是用户很难发掘这些隐藏的信息。我们必须通过网络大数据挖掘来获取这些有价值的信息,或许这才是这一项技术的真正意义所在。

最后,网络大数据挖掘最重要的用途就是向用户提供个性化的信息服务。网络上有着不计其数的数据,面对这些大量信息,不同用户需要的信息是不同的,但要花费大量时间、精力在搜索自己想要的信息上。在电子商务活动中,如何为用户节约这些时间与精力已经关系到能否保留住客户甚至吸引新用户,乃至能否为企业创造利益。个性化的信息推荐服务正好可以解决这一难题。我们可以利用网络大数据挖掘技术分析用户访问的网页、购买的商品以及对商品的评价,得到用户的偏好信息,并针对不同用户特供专门的个性化服务。

2.4.2 网络大数据挖掘的定义

最早的网络数据挖掘概念是由 Oren Etioni 于 1996 年提出来的,他认为网络数据挖掘是数据挖掘技术在网络上的应用,这项技术综合了数据挖掘、网络、计算机技术、信息技术等诸多领域,是一种综合性的数据挖掘技术。

国内外专家学者对于网络数据挖掘的定义也是众说纷纭,本书选取一个认同率较高的定义:网络数据挖掘就是指从大量网络数据集中找到隐藏的信息,如果将大量网络数据作为这一过程的输入,将隐藏信息作为这一过程的输出,则整个网络数据挖掘过程就是从输入到输出的一个映射,即从大量网络数据集到隐藏信息的一个映射。

网络数据挖掘是数据挖掘的一个重要分支,但是相比于数据挖掘,网络数据挖掘有着一些特殊之处。

首先,网络数据挖掘的对象是大量的网络数据集,这些数据集大多是文档形式,而且具有异质性及分散式的特点,如服务器上保存的日志文件、用户发生行为留下的个人信息等,处理起来比传统的数据挖掘更加困难。

其次,从逻辑上来讲网络可以看做一个文档节点以及节点间的链接构成的图,因此通过网络数据挖掘可能会得到网络内容,也可能会得到网络结构,具有一定的不确定性。

另外,网络数据本身不是结构化的(机器不容易理解),但是传统的数据挖掘是基于结构化的数据进行的,是建立在关系数据库的基础上的。因此,有些时候数据挖掘技术与网络数据挖掘技术并不通用,即便要用也需要预先对网络数据进行处理,使其转化为传统数据挖掘技术可用的结构化数据结构,这也是网络数据挖掘技术的发展方向之一。

由于数据不断增长,类型不断复杂,网络数据具有了大数据特征,这时的网络数据挖掘已成为网络大数据挖掘了。

2.4.3 网络大数据挖掘的分类

由于网络上的数据具有多样性的特征，所以在进行网络大数据挖掘时所面临的任务也是多种多样的，这里我们根据网络大数据挖掘的对象不同进行分类，网络大数据挖掘技术可以分为三类，即网络结构挖掘、网络内容挖掘和网络应用挖掘。

网络结构挖掘技术是指在挖掘过程中关注网络上隐含的链接结构，根据网络结构之间的关系（如链接间的关系与组织结构）得到隐含信息的过程。这种方式通过分析网页之间的某个链接及与这个链接相关的网页数和相关对象，建立起一个网络链接结构模型。网络结构挖掘可以用来对网页进行分类，从而进一步得到网页之间的相关联程度及近似程度，同时还可以帮助用户快速地找到与自己相关的网页。前文已经说过，逻辑上网络可以看做一张图，一张庞大的有向图。每个网络网页就是图中的一个节点，而页面之间的链接就是图中的边，可以是单向的，也可以是双向的。这样我们可以很方便、快捷地找到一个节点到另一个节点的最短路径，应用到现实生活中就是可以花费最小的时间和精力从一个页面访问另一个目标页面。

网络内容挖掘技术是指对页面的本身内容进行挖掘，页面内容的主要形式有文本、图片、多媒体音响等，我们要从多种形式的内容中挖掘出有价值的信息。目前，广泛应用的一些搜索引擎与推荐系统都是网络内容挖掘技术的现实应用，这些应用都是帮助用户从大量数据中快速找到自己需要的信息。网络内容挖掘技术的关键是对网络页面的分类及聚类。分类是指网络页面具有不同的特征，我们根据这些特征将网络页面划分为不同的类别；聚类是指，由于不同类别的网络页面之间或多或少都有着某种联系，我们将这些页面聚合到一起，形成不同的簇，尽可能使得同一个簇内的网络页面有着最为相近的内容，而不同簇之间的网络页面内容没有多大的相近性与关联度。

网络应用挖掘技术是运用在挖掘网络服务器的日志文档过程中获取的用户行为信息来对用户未来行为进行预测的网络数据挖掘技术。这种挖掘技术从记录用户行为的网络日志中分析推测出用户的行为。不同于前面提到的网络结构挖掘、网络内容挖掘，其对象都是网络上存在的原始网络数据，网络应用挖掘的对象是用户在浏览网页过程中产生的交互式数据，这些数据并非原始数据，而是用户在网络上活动后留下的数据。这类交互式数据主要包括网络服务器及代理服务器的访问日志、浏览器上的记录文件、用户在使用过程中留下的注册与对话信息等。目前，网络应用挖掘主要用到的是网络日志文档。现在很多电子商务个性化服务运用的都是网络应用挖掘技术。因为网络结构挖掘技术与网络内容挖掘技术均不涉及与用户有关的信息，网络结构挖掘关注的是如何最快地由一个页面到达另一个页面，并不关注这条最短路径是否有用户通过，有多少用户通过；网络内容挖掘关注的是网络页面的主题是什么，并不关注是否有用户访问这些页面，有多少用户实际访问这些页面。所以在实际生产生活中网络应用挖掘技术应用更为广泛，它关注的是用户在浏览网站时实际发生的行为，而且这种模式还会随着时间的推移不断改进，具有长效性与及时性等优点。

2.4.4 网络大数据挖掘特点

随着信息技术的发展，特别是网络技术的发展，网络上正在不断积累越来越多的数据，我们现在正处于一个大数据时代。由于网络上数据的庞大、复杂，现有的网络查询搜索技术已经逐渐不能适应这个信息爆炸的环境，不能满足人们对于快速准确地获得需要内容的内在需求。

相对于网络上这种极其庞大复杂的数据信息来说，那些传统的数据库结构之中存储的数据都是完全结构化的，这种完全结构化的数据更加有利于在传统的数据库结构中进行存取。但是网络上的数据不能存储于传统的数据库之中，一方面是由于其庞大、复杂的特点；另一方面是因为其存储结构不是完全结构化的，而是一种被称为半结构化的数据形式，而这正是网络上存储数据的最显著特点。在这种半结构化数据模式下，存储的数据并没有严格的结构，其中包含的数据格式多种多样，有文本格式、图片格式及影音格式等，而展示给用户的网页是无法区分这些复杂的数据格式的。

1. 异构的数据库环境

如果我们从数据库的角度来看，可以将网络上的大量信息作为一个数据库来研究，这个数据库比任何数据库都要巨大、都要复杂。同时，网络中的每一个网站都可视为一个数据源，由于每一个站点之间所包含的信息与组织结构都不相同，所以这些网站形成的数据源之间都是异构的，所有这些网站构成了一个异常庞大的异构数据库环境。我们在使用这些庞大的数据进行网络数据挖掘时，首先一定要解决不同站点在异构环境下的集成问题，将各个站点上的数据都集合到一起，为用户提供统一的集成化视图，以有助于从如此庞大的数据集合中找到自己想要的信息。其次，我们面临的是网络上信息的检索问题，只有在能快速、有效地获取有用信息的前提下，才能对这些获取的信息进行集成分析、处理、计算等一系列网络数据挖掘的操作。

2. 半结构化的数据结构

网络上存在的数据不同于传统结构下的数据库环境存储的数据，那些传统的数据库结构均有一些固定的数据模型，这些数据模型是用来描述一些特定数据的。但是网络上存在的数据数量巨大，而且复杂度极高，我们并不能找到一种或几种固定的数据模型对它们进行合理的描述。虽然网络上的数据具有一定的结构化特征，但是因为其时时刻刻都在动态变化，并且有着自述性这一特殊性质，所以网络数据并不是一种真正的结构化数据，而是一种非完全性的结构化数据，我们可以称其为半结构化数据。这种半结构化的数据结构是网络上所存储数据的一个最为重要的特点。

2.4.5 解决半结构化的数据问题

既然网络上存储的数据是半结构化的，不能通过传统的数据库进行存取、分析处理等，那么我们就要解决这种半结构化的数据问题。网络数据挖掘技术首先要解决这些半结构化的数据源及其相关联信息的搜索查找、数据集成问题。由于这些网络数据都是异构化的，想解决异构网络数据的搜索查找与数据集成问题，必须要建立一个适当的模型来对这些网络数据源进行合理描述。鉴于网络数据显著的半结构化特征，我们的方向是建立一个同属于半结构化的数据模型来解决这一问题。另外，我们不仅要建立这样一个半结构化的模型来描述数据，还需要一种与这种模型相适应的半结构化抽取模型的技术。这种抽取技术使得系统可以自动地从网络上大量的数据源之中将半结构化的模型抽取出来。也就是说，在解决网络数据挖掘技术的问题时，必须有半结构化的模型以及相适应的半结构化模型抽取技术作为支撑。

下面我们来举一个例子。近些年来兴起了一种称为 XML 的数据结构，XML 数据就是一种半结构化数据。用户可以通过 XML 数据对网络文档进行自定义标记，这样原本半结构化的网络数据就被转化成一种有序的、相互嵌套的数据组织，这种数据组织已经有了一定的结构性，并且是面向数据的。如今的新一代网络环境均是以这种 XML 数据为基础的，在这种网络环境下是直接面对网络上存储的数据的。这种构建模式不但能够非常友好地兼容包含原先存在于网络上的一些应用程序，而且在网络数据信息的共享与相互交换方面，基于 XML 的新网络环境比之前实现得更好。XML 是一种半结构化的数据，它可以作为一种数据模型，通过它就可以较方便地将网络上的数据描述与传统的结构化关系数据库的属性进行相互对应，在虚拟的关系数据库中进行基本操作，实现网络数据的快速、准确查找以及数据结构模型的抽取与建立等。XML 数据结构使得使用网络数据挖掘技术解决半结构化数据源等难题拥有了可能，同时，由于这种数据模式的出现，电子商务、数据信息共享、网络浏览等诸多方面的网络应用也得到了极大发展，大大解决了网络数据挖掘技术中有关网络数据方面的难题。

2.5 网络大数据挖掘技术

2.5.1 网络大数据处理技术框架

MapReduce 是一种针对处理大规模数据集而提出的程序设计模式（programming model），首先由谷歌公司命名和实现。MapReduce 典型的用法是在集群计算机上进行分布式计算。Map 和 Reduce 分别代表了映射和简化，它们的概念都来自于函数式编程和矢量编程语言。

迄今为止，MapReduce 技术已有多个实现系统，除了谷歌系统外，还有著名的 Hadoop 系统等。这些系统可以管理多个大规模计算过程，并且能同时保证在软硬件上的容错性，故通常用户只需要编写 Map 和 Reduce 函数即可，至于 Map 和 Reduce 任务的并行执行以及任务之间的协调都交由系统处理。简而言之，基于 MapReduce 的计算过程框架应包含如下三个部分。

(1) Map 任务。假设存在多个 Map 任务，对于每一个 Map 任务，其输入是分布式文件系统（distributed file system，DFS）中的一个或多个文件块内的数据，其输出是基于这些数据产生的一系列键-值对（key-value pairs）。从输入数据到生成键-值对的具体方式则由用户的 Map 函数所决定。

(2) 分组任务。对于由每一个 Map 任务所产生的一系列键-值对，主控进程（master controller）按照键的值（注意不是键-值）进行排序，然后根据键的值分配键-值对到相应的 Reduce 任务中，具有相同键的键-值对会被分配给同一个 Reduce 任务。

(3) Reduce 任务。每一个 Reduce 任务每次作用于一个键，并将包含此键的所有键-值对的值以某种方式组合起来存入文件中，具体的组合方式取决于用户所编写的 Reduce 函数代码。

图 2.1 是 MapReduce 的计算过程框架示意图。

2.5.2 MapReduce 技术

1. Map 任务

Map 任务的目标是将一个需要大量计算的问题（problem）拆分成可以并行执行的子问题（sub-problems）。这一过程是通过将输入文件中的数据转化成一系列键-值对来完成的。

Map 任务的输入文件数据可以看做由多个元素（element）组成，并且元素的类型可以是任意的，如整型、字符串和元组等。文档中的文档块（chunk，通常为 64 兆字节）可以认为是一系列元素的集合，并且一个元素不允许跨文件块存储。

图 2.1 MapReduce 的计算过程框架示意图

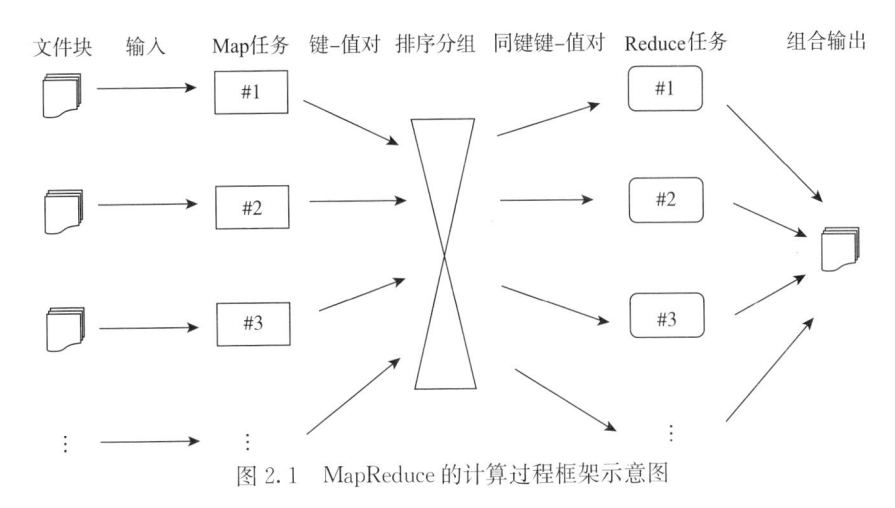

Map 函数将输入文件中的每一个元素转换成键-值对，且键和值都可以为任意类型。这里"键"的概念有别于传统数据库中的"主键"的概念，即并不要求它们具有唯一性。一个 Map 任务通常情况下可以生成多个具有相同键的键-值对，如果两个键-值对的键相同则说明它们来自同一个元素。对于键-值对当中的"值"，它通常就是用户想要计算的形式，当然这种计算可以是简单的数字运算，也可以是字符串处理等。实际上，所有的 Map 及 Reduce 任务的输出都是键-值对的形式，之所以采用键-值对的形式，主要是希望数据在 Map 任务之后拆分为不同的键-值对，这样一个计算问题可以被转化为多个可并行计算的子问题，并且在经过 Reduce 任务后，又可以方便地合成最终计算结果，这个情况我们会在后面的章节中讲到。

一个 MapReduce 计算的简单例子是，计算每个英文单词在整个文档集中的词频(term frequency)，也就是该词出现的次数。假设一个文档集 D 中的所有文档都被输入给多个 Map 任务，每一个单词都被视作一个元素，并且 Map 函数使用的键类型是字符串，值类型是整数。这样，对于一个文件 $d_i = \{w_1, w_2, \cdots, w_n\}$，其对应的一系列键-值对是$\{(w_1, 1), (w_2, 1), \cdots, (w_n, 1)\}$。这里需要注意的是，单个 Map 任务通常会处理多篇文档，而每篇文档可能又会分为一个或多个文件块。也就是说，其输出的键-值对不仅只来自于一篇文档。另外，如果一个单词 w 在文档集 D 中出现的次数为 m，那么输出的结果将会有 m 个键-值对$(w_1, 1)$。

2. 分组任务

获得全部键-值对并根据键的值排序以后(Map 任务之后)，下一步就是将这些键-值对分配给多个 Reduce 任务。实际上，主控进程事先已经知道 Reduce(Map)任务(工作站)的数目，这是事先由用户给定的，需要均匀分配计算工作量到每一个 Reduce 任务，除此之外还有一个必须坚持的原则是，所有具有相同键的键-值对必须分配给同一个 Reduce 任务。

传统的做法是主控进程选择一个哈希函数（Hash function）来解决这一问题。哈希函数 H 的输入是一个哈希键（Hash-key），其值可以为任意类型的数据，输出是一个桶编号（bucket number）。假设桶的个数为正整数 r，则桶编号通常在 0 至 $r-1$ 之间。哈希函数的一个直观特性是将哈希键随机化，也就是说，如果哈希键随机地从某一个合理的哈希键值分布中抽样而来，那么函数 H 会将数目近似相等的哈希键分配到所有的桶中。例如，所有的哈希键都是正整数，如果 $H(x)=x \bmod r$，即 x 除以 r 之后的余数，那么所有输入的正整数都将会均匀地分配到 r 个桶内。正是利用了这一特性，主控进程首先选择一个哈希函数 H，将每一个键-值对的键作为输入并产生一个 0 至 $r-1$ 的桶编号，r 是 Reduce 任务的数量。然后，将每一个 Map 任务所产生的所有的键-值对都均匀地放入 r 个本地文件当中，每个文件内的键-值对最终都会被分派给一个 Reduce 任务。

当所有 Map 任务都结束后，主控进程将每个 Map 任务输出的面向某个特定 Reduce 任务的本地文件合并，并将合并文件以键-值表形式传递给相应的 Reduce 任务。即对每一个键 k_i，处理它的 Reduce 任务的输入为 $(k_i, [v_1, v_2, \cdots, v_n])$，它来自所有 Map 任务的键值为 k 的键-值对 (k_i, v_1)，(k_i, v_2)，$\cdots$，(k_i, v_n)。

3. Reduce 任务

与 Map 任务相比，Reduce 任务相对简单。Reduce 函数仅将输入的键-值表中具有相同键的值以某种方式组合起来，然后以键-值对序列的形式输出。在键-值对序列中，每个键-值对中的键 k_i 是 Reduce 任务接受到的一个输入键，而值是其接受到的与 k_i 关联的值的组合结果。还是以计算词频的例子加以说明，这里 Reduce 函数仅是将所有具有相同键的键-值对的值相加，因此，Reduce 任务的输出为 (w_i, m_i) 键-值对序列，其中 w_i 为所有输入文档中出现至少一次的词，而 m_i 为 w_i 在所有这些文档当中出现的次数。

值得注意的是，通常 Reduce 函数中的计算满足交换率和结合率，即 $v_1 \cdot v_2 = v_2 \cdot v_1$ 和 $(v_1 \cdot v_2) \cdot v_3 = v_1 \cdot (v_2 \cdot v_3)$（"·"代表某种运算）。如若不然，作为 Reduce 函数的输入数据，其输入顺序就会变得至关重要，这样就会给 Map 任务和分组任务带来额外的负担。如果一个 Reduce 函数满足交换率和结合率，就可以将 Reduce 任务中的部分工作放到 Map 任务中来完成。例如，在词频计算中，在分组任务之前，可以在 Map 任务当中使用 Reduce 函数，这样，原本在 Map 任务中产生的键-值对 $(w_i, 1)$，$(w_i, 1)$，$\cdots$，$(w_i, 1)$ 就可以直接替换为 (w_i, m)，m 为 w_i 在文档集中出现的次数。

4. 执行过程

图 2.2 展示了 MapReduce 程序的执行过程，解释如下。

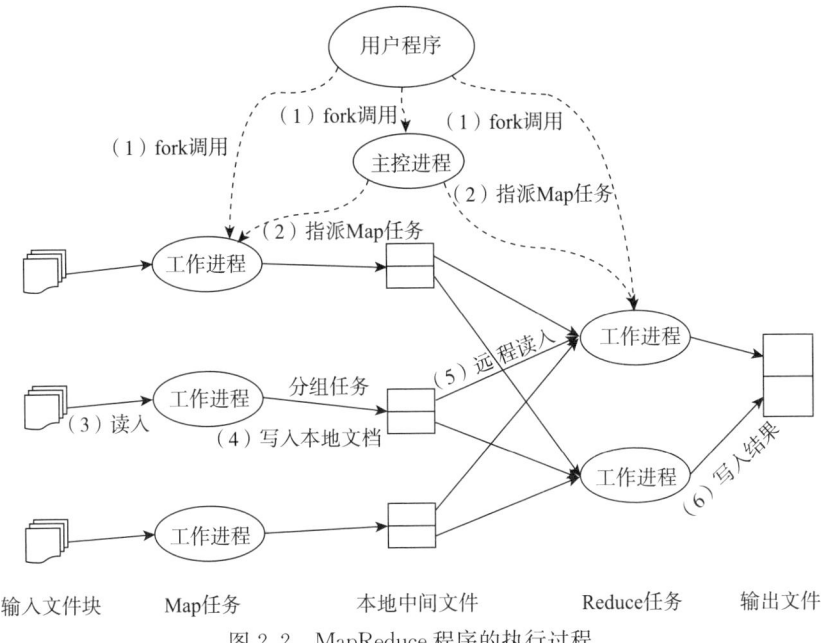

图 2.2　MapReduce 程序的执行过程

(1)用户程序 fork 调用一个主控进程和几个工作进程在计算节点上。
(2)主控进程指定一定数量的 Map 和 Reduce 任务给工作进程。
(3)Map 任务开始读入输入的文件块。
(4)Map 任务将分组结束的键-值对写入相应的本地文档中。
(5)Reduce 任务获得指定给它的所有 Map 任务的输出文档，并合为输入文件。
(6)Reduce 任务将结果键-值对写入文件中并最终合并为一个文档。

在整个执行过程当中，我们需要注意以下一些问题：①第二步中，工作进程既可以承担 Map 任务也可以承担 Reduce 任务，但很少同时承担。Map 和 Reduce 任务数量是由用户程序决定的。实际上，Map 和 Reduce 的任务数量不应过多，因为每一个 Map 任务都会为每一个 Reduce 任务创建一个本地文件存放键-值对，这样需要创建的文件个数就相当于 Map 和 Reduce 的任务数量的乘积，如果 Map 和 Reduce 的任务数量过多，则会导致文件数量过于庞大，系统效率显著下降。②第三步中，Map 任务通常会读入网络中距离它最近的输入文件，以此来减少数据传输负荷。③第六步中，当所有 Reduce 任务完成后，它们的输出文档将被合并成一个文档，此文档是整个分布式文件系统的一部分。④从第二步至第六步，主控进程监控着工作进程的状态(如闲置、工作、结束)，一旦有工作进程任务结束，主控进程会给其安排新的任务。

2.5.3 Hadoop 系统

Hadoop 是 Apache 软件基金会开发的开放源代码并行运算编程工具和分布式文件系统，与 MapReduce 和谷歌文件系统的概念类似。Hadoop 是一个能够对大量数据进行分布式处理的软件框架，而且它是以一种可靠、高效、可伸缩的方式进行处理的。Hadoop 是可靠的，因为它假设计算元素和存储会失败，因此它维护多个工作数据副本，确保能够针对失败的节点重新进行分布处理。Hadoop 是高效的，因为它以并行的方式工作，通过并行处理加快处理速度。Hadoop 还是可伸缩的，能够处理拍字节级数据。此外，Hadoop 依赖于社区服务器，因此它的成本比较低，任何人都可以使用。

Hadoop 是一个能够让用户轻松架构和使用的分布式计算平台，用户可以轻松地在 Hadoop 上开发和运行处理海量数据的应用程序。它主要有以下几个优点。

(1)高可靠性：Hadoop 按位存储和处理数据的能力值得人们信赖。

(2)高扩展性：Hadoop 是在可用的计算机集簇间分配数据并完成计算任务的，这些集簇可以方便地扩展到数以千计的节点中。

(3)高效性：Hadoop 能够在节点之间动态地移动数据，并保证各个节点的动态平衡，因此处理速度非常快。

(4)高容错性：Hadoop 能够自动保存数据的多个副本，并且能够自动将失败的任务重新分配。

Hadoop 带有用 Java 语言编写的框架，因此运行在 Linux 生产平台上是非常理想的。同时，Hadoop 上的应用程序也可以使用其他语言编写，如 C++。

2.5.4 网络大数据处理方法

目前，MapReduce 技术和 Hadoop 软件在社会经济行业中已经开始运用。社会经济数据类型的多样化以及社会经济数据量的迅猛增长对我们提出了巨大挑战，研究机构和业界目前正针对社会经济网络大数据的特征，分析研究下一代数据挖掘技术，而 MapReduce 技术和 Hadoop 软件是解决方案之一，具有广阔的应用前景。

第 3 章

基于网络大数据监测预警的一般框架

3.1 引言

本章针对社会经济智能监测和预测分析,构建一个基于网络大数据的社会经济监测预警研究框架,对社会经济网络大数据的提取和融合、基于社会经济网络大数据的特征挖掘、社会经济实时监测和智能预测模型等进行研究,具体的研究目标包括理论和应用两个方面。

在理论方面,构建一个跨平台网络大数据分析研究框架,提出社会经济网络大数据提取和融合方法,建立一类基于跨平台网络大数据的社会经济实时监测和智能预测模型,研究社会经济实时监测预警系统中的数据获取和可视化新技术。希望本章的研究,可以切实解决社会经济监测预警中的关键科学问题,增强监测预警的实时性和准确性,建立基于网络大数据的社会经济预测理论与方法,发展和扩充基于网络大数据的社会经济实时监测和智能预测技术。

在应用方面,开发一个基于跨平台网络大数据的社会经济实时监测预警系统,对社会经济关键指标进行实时监测和智能预测,分析实时监测和智能预测结果,给出结果背后的原因,提出切实可行的稳定社会经济发展的政策建议和措施,为政府和相关企业管理部门提供有效的分析工具和决策支持。

3.2 社会经济监测预警的一般框架

基于社会转型中利用跨平台网络大数据进行社会经济实时监测和智能预测理论研究与现实应用的重要意义,我们拟建立一个跨平台网络大数据分析研究框架,对社会经济网络大数据的提取和融合、基于社会经济网络大数据的特征挖掘、社会经济实时监测和智能预测模型等方面进行系统研究，研究内容之间的关系如图 3.1 所示。

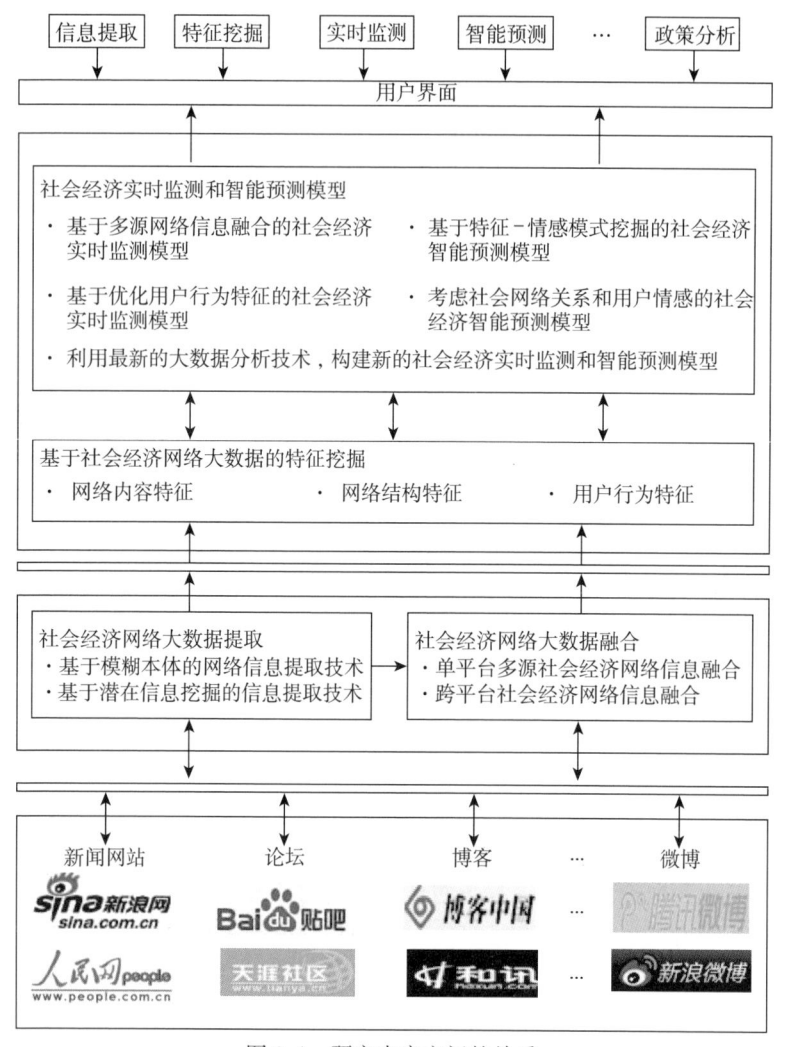

图 3.1　研究内容之间的关系

从图 3.1 中可以看出，利用跨平台网络大数据分析研究框架，提取社会经济相关信息并进行有效融合，在此基础上对社会经济网络信息的特征进行挖掘并构建一类新的基于跨平台网络大数据的社会经济实时监测和智能预测模型，可以对社会转型中社会经济关键指标进行实时分析，及时发现问题并制定相关的政策措施。

3.2.1 社会经济网络大数据的提取与融合研究

具体而言,利用本体挖掘、社会网络分析等理论与方法对社会经济网络信息进行提取及融和。

(1)单源社会经济网络大数据的提取。构建基于模糊本体和潜在信息挖掘的模型和算法,分别提取显性和隐性的社会经济信息,从而获得单源的社会经济网络信息(包括网络内容信息、网络结构信息和用户行为信息)。

(2)跨平台社会经济网络信息的融合。由于社会经济网络信息可以有不同的平台,可以来自新闻网站、论坛、博客、微博等,而且不同平台的信息又有很多数据来源,如新闻网站有新浪、搜狐、腾讯等,而不同来源的网络信息的质量和侧重点也有所不同,所以,为了更好地反映社会经济活动,需要对单源社会经济网络信息进行融合,构建跨平台的多源网络社会经济信息。首先,根据每个单源信息质量的不同,建立一个综合网络结构(如链接数等)和行为特征(如搜索量等)的信息影响力评估模型,将一个平台上的多源信息进行有效整合。其次,根据跨平台社会经济信息的特点,对跨平台社会经济网络信息进行融合。

3.2.2 社会经济网络大数据的特征挖掘与实时监测和智能预测模型构建研究

具体而言,利用大数据分析技术、维数约简技术、特征选择方法、监测和预测理论与方法挖掘社会经济网络大数据的特征,并融合时间序列模型和因素模型对社会经济关键指标进行实时监测和智能预测的主要研究内容包括以下两个方面。

1. 社会经济网络信息的特征挖掘

本书从网络内容、网络结构和用户行为三个方面提取社会经济网络信息的特征。

(1)网络内容特征。利用文本挖掘技术对网络内容信息进行分析,构建网络内容的向量空间模型(vector space model,VSM),然后利用潜在语义分析、粗糙集等最新的维数约简方法对高维向量进行维数约简,在相对低维空间再利用特征选择方法(如遗传算法等)提取网络内容特征。同时,挖掘内容中包含的情感特征,不仅包含目前广泛采用的正向、负向、中性情感特征,而且利用情感心理学等理论构建更为细腻的情感库(如高兴、愤怒、平静等),并根据不同的社会经济关键指标修正已有的情感库,进而提取网络内容包括的情感特征。

(2)网络结构特征。利用链接分析、社会网络分析等,挖掘社会经济网络结构特征。由于网络大数据结构复杂,而且数量非常大,直接运算相当困难,所以,针对网络结构和用户社会网络提出基于分解-集成思想的网络节点计算方法。

首先，构造恰当的网络分块算法，分别度量每块的整体重要性和每块内各节点的重要性，然后再根据每块的重要性对各节点进行加权。在此基础上，通过定量计算网络的结构动态变化（如股市在繁荣和低迷时金融网络用户紧密程度的差异，房地产新闻随着重要性的不同而出现的位置差异，等等）构造相应的特征指标。

（3）用户行为特征。利用模糊本体、相关性分析等理论与方法，提取社会经济相关的用户行为特征。用户行为包括搜索、点击、浏览等。通过模糊本体的构建，可以避免网络行为大数据的大规模计算问题，较为准确地确定与社会经济关键指标相关的用户行为指标。例如，网络用户搜索工作职位与社保信息的关键词和失业率有关。通过相关性分析技术和其他特征选择方法，如遗传算法等，可以有效地提取用户行为特征。

2. 社会经济实时监测和智能预测建模

本书利用提取的社会经济网络信息特征，结合传统的时间序列特征和影响社会经济关键指标的其他宏观经济特征，基于商务智能理论、数据挖掘技术、计量经济学方法，构建一类新的基于网络特征的社会经济混合和集成实时监测和智能预测模型，包括基于多源信息的社会经济实时监测模型、基于优化用户行为特征的社会经济实时监测模型、基于特征-情感模式挖掘的社会经济智能预测模型、考虑社会网络关系和用户情感的社会经济智能预测模型等。

基于多源信息的社会经济实时监测模型解决了已有模型数据源选取单一的问题，而且通过不同来源的重要性（如通过链接分析或搜索信息对来源的重要性进行排序）定量整合不同来源的信息，增强了数据来源的可靠性。

基于优化用户行为特征的社会经济实时监测模型，针对目前专家预测在成本、精度方面的不足提出主观预测模型，充分利用用户量具有大数据特征的特点，可以根据用户在网络中的表现（如对某社会经济关键指标进行预测的频率、质量等）建立数学规划模型，确定最优的网络用户，并给出相应的预测结果，具有节约成本、拐点预测较为灵敏的特点。

基于特征-情感模式挖掘的社会经济智能预测模型针对已有只是利用特征（如以房地产新闻中的事件名词作为特征）预测的不足，通过构造特征及将在此特征下表现出来的情感进行配对形成二元组，将其看做一个特征来处理，通过模式挖掘方法确定二元组最优的支持度，从而提高预测效率和结果的解释力。

考虑社会网络关系和用户情感的社会经济智能预测模型综合运用用户社会网络分析、情感分析等技术，充分考虑不同用户的影响力和传播能力，同时采用更为细腻的情感分类指标，更加客观地反映用户对社会经济走势的态度，具有较好的理论价值。

同时，本书跟踪网络大数据分析技术的最新成果，构建新的社会经济实时监测和智能预测模型。这些模型较传统模型不仅可以增加实时性、提高准确性，而且可以快速给出监测和预测结果背后的原因,具有重要的理论意义和时间价值。

3.3 基于网络大数据的社会经济监测预警关键科学问题

本书对基于网络大数据的社会经济监测预警方法进行了系统研究,具体来说,本书要解决的关键科学问题包括以下三个方面。

(1)如何科学地建立跨平台网络大数据分析研究框架,准确提取并融合社会经济网络大数据?

(2)如何利用大数据分析方法,挖掘社会经济关键指标的网络特征,提高监测预警模型的准确性,并有效解释结果背后的原因?

(3)如何构建实时监测预警系统中数据获取和可视化的关键技术,为政府和相关部门提供决策支持?

3.4 本章小结

本章提出了基于网络大数据的社会经济监测预警的一般框架,对社会经济网络大数据的提取和融合、社会经济网络大数据的特征挖掘与实时监测和智能预测模型构建以及基于跨平台网络大数据的社会经济实时监测预警系统构建等方面进行系统研究。在此基础上,提出了基于网络大数据的社会经济监测预警的关键科学问题,为后面的研究提供了理论框架和思维模式。

第 4 章

基于网络搜索数据的失业率预测研究

本章利用网络搜索数据构建预测模型,对失业率进行预测。本章的研究涵盖若干数据挖掘技术的应用,包括神经网络和 SVR,结合启发式算法对参数与属性集进行优化选择,最后构建一个能够更有效地对失业率进行预测的模型。

4.1 引言

失业率的预测在政府工作中至关重要,尤其是在衰退的经济形势下。因为失业率预测不仅能够帮助政府做出相关决策以及推出相关政策,还能够帮助相关的实践者(投资人等)更加深入地了解未来经济趋势。因此,近些年失业率的预测吸引了政府、企业、研究机构及研究人员的广泛关注。学者们提出了很多相关预测方法和模型,其中包括用于失业率预测的单变量时间序列模型(Chen,2008;Lahiani and Scaillet,2009;Tashman,2000;Vijverberg,2009)。例如,有研究发现,将时间形变模型用于失业率预测的实证结果表明该模型好于其他常用模型,如移动平均自回归模型(Vijverberg,2009)。

此外,一些宏观经济变量也被引入失业率预测模型当中。这些变量包括货币供给、生产者价格指数(producer price index,PPI)、利率及 GDP 等(Harvill and Ray,2005;Keilis-Borok et al.,2005;Krolzig et al.,2002;Milas and Rothman,2008;Proietti,2003;Schanne et al.,2010;Terui and van Dijk,2002)。例如,Milas 和 Rothman(2008)采用宏观经济变量基于平滑转换向量错误纠正模型(smooth transition vector error-correction model,STVECM)对英国、美国、日本、加拿大四个国家的失业率情况进行了预测。相似的,Krolzig 等(2002)采用马尔可夫转换向量纠错模型分析了英国劳动力市场。此外,还有学者将单变量与多变量的功能系数自回归(functional coefficient autoregressive,

FCAR)模型用于对失业率进行多步预测(Harvill and Ray,2005),将模式识别方法用于分析失业率增速加速的现象(Keilis-Borok et al.,2005)。

自从网络数据被视为分析社会经济热点[如流感疫情检测(Ginsberg et al.,2009;Xu et al.,2010)、金融市场预测(Blasco et al.,2005;Lan et al.,2005;Schumaker and Chen,2009a,2009b)]的有效信息源后,利用网络数据对失业率进行预测的研究受到了越来越多的研究者与实践者的关注(Askitas and Zimmermann,2009;Choi and Varian,2009a,2009b;D'Amuri,2009;D'Amuri and Marcucci,2010;Suhoy,2009)。Askitas和Zimmermann(2009)关于网络行为数据的研究发现,网络关键字搜索与失业率具有很强的相关性,实证结果指出该研究方法在失业率预测方面潜力极大。D'Amuri(2009)研究发现谷歌指数(Google index,GI)是用于美国失业率预测的最佳指数,实证结果表明在有效控制数据窥探效应的前提下,GI的引入能够切实提升模型的预测效果。类似地,Suhoy(2009)发现谷歌搜索的关键字热点程度可以用做官方发布或者修正前的当代经济行为指数。同时,谷歌趋势(Google trends)的数据也被用于美国失业率时间序列预测,研究结果指出,采用谷歌趋势的数据能够显著提高预测的准确率(Choi and Varian,2009a,2009b)。此外,结合搜索引擎数据的神经网络模型也被提出用于失业率的预测,其实证研究结果表明该模型好于传统的方法。最后,结合搜索引擎数据与时间序列数据的混合预测模型也被指出能够有效地提高失业率预测的准确率。

数据挖掘技术在信息科学、管理科学、经济与金融领域中的特征选择、知识发现、预测、检测等领域做出了巨大的贡献。此外,结合网络数据,数据挖掘技术被用于许多研究领域,包括金融市场预测(Schumaker and Chen,2009a,2009b)与流感疫情检测(Xu et al.,2010)。然而,据我们所知,结合数据挖掘技术与网络数据用于失业率预测的研究较少。因此,本章提出利用网络数据的数据挖掘预测模型对失业率进行预测研究,并探究该模型的效率与有效性。

4.2 基于网络搜索数据的失业率预测建模

4.2.1 总体思路框架

本章模型的构建主要采用神经网络与SVR方法,基于网络搜索数据(网络行为数据)对失业率进行预测,其整体框架可以分为四个部分,即数据收集、特征筛选、模型建立与选择、预测,其整体框架如图4.1所示。

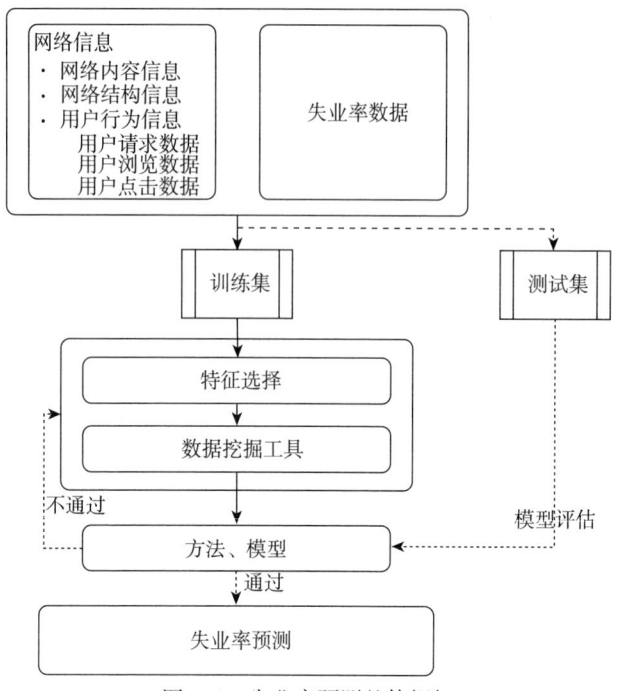

图 4.1 失业率预测整体框架

4.2.2 数据收集

数据收集主要包括收集网络搜索数据与美国失业率数据。在网络搜索数据方面有两类请求数据，分别是"Local/Jobs"和"Society/Social Services/Welfare & Unem-ployment"，其被认为是与失业率相关的搜索数据（Choi and Varian，2009a）。2004 年以来的搜索请求数量数据可以在 Google Insight（http://www.google.com/insights/#）中获得。此外，美国失业率数据可以从美国劳动部的网站（http://www.ows.doleta.gov/unemploy/claims.asp）上获取。

4.2.3 特征筛选

从 Google Insight 中得到的搜索数据量较大，且并不是所有搜索数据都与失业率数据相关，即与我们的预测目标相关性较低，因此，我们需要利用特征选择排除离群值以提高模型的预测效果。在这里，我们采用相关系数对所选择的特征的线性拟合程度进行排序（Guyon and Elisseeff，2003）。通过对网络搜索数据与失业率数据进行相关性分析，能够得出一组拟合程度最高的特征集合。通过确认最高拟合程度的特征集合，我们可以通过启发式算法（如遗传算法）从中选择最优特征集合，用于失业率的预测。

4.2.4 模型建立与选择

基于不同参数设置与特征集合的多个神经网络与 SVM 模型在这一步中进行训练,并从中选择表现最好的模型用于下一步的预测过程。我们采用遗传算法在这一步中进行进一步的模型特征选择和参数寻优,以寻找能够达到最佳预测效果的特征集合与参数设置。

1. 误差后向传播神经网络算法

误差后向传播神经网络(back propagation neural network,BPNN)又称为 BP 神经网络,是由 Rumelhart 等(1986)提出的。它是一种按照误差逆向传播算法训练的多层前向型神经网络,同时也是目前应用最为广泛的神经网络模型之一。BPNN 模型的拓扑结构包括输入层(input layer)、隐藏层(hide layer)和输出层(output layer)。BPNN 能学习和存储大量的输入-输出模式映射关系,而无须事前揭示描述这种映射关系的数学方程。其结构示意图如图 4.2 所示。

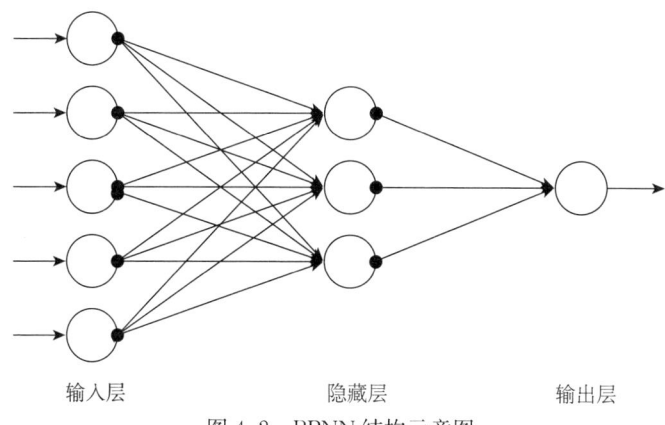

图 4.2 BPNN 结构示意图

BPNN 由信息的前向传播和误差的后向传播两个过程组成。输入层各神经元负责接收来自外界的输入信息,并传递给隐藏层各神经元。隐藏层是内部信息处理层,负责信息变换,根据信息变化能力的需求,隐藏层可以设计为单隐藏层或多隐藏层结构。最后隐藏层传递到输出层各神经元的信息,经进一步处理后,完成一次学习的前向传播处理过程,由输出层向外界输出信息处理结果。当实际输出与期望输出不符时,进入误差的后向传播阶段。

误差计算公式为

$$E(t) = \frac{1}{2}\sum [a_j(t) - y_j(t)]^2 \tag{4.1}$$

其中,$y_j(t)$ 为网络预测值;$a_j(t)$ 为实际值。

误差通过输出层,按误差梯度下降的方式修正各层权值,向隐藏层、输入层逐层反传。周而复始的信息前向传播和误差后向传播过程,是各层权值不断调整的过程,也是神经网络学习训练的过程,此过程一直进行到网络输出的误差减小到可以接受的程度或者预先设定的学习次数用完为止。

权重调整的方程为

$$\Delta w_{ji}(t) = \sum_{s=1}^{\varepsilon} \{\eta(a_{j_s} - y_{j_s})f'y_{i_s}\} + \mu \Delta w_{ji}(t-1) \quad (4.2)$$

其中,η 为学习率(learning rate);μ 为动量值;ε 为迭代次数;f 代表激发函数;$a_{j_s} - y_{j_s}$ 表示预测值与实际值的误差。

本章选择三种激发函数用于建模,分别是双曲正切函数、径向基(radical basis function,RBF)函数与小波函数,其函数形式分别如式(4.3)~式(4.5)所示。

双曲正切函数为

$$f(x) = \frac{2}{1 + e^{(-2x)}} - 1 \quad (4.3)$$

RBF 函数为

$$f(x - \theta) = e^{-\frac{(x-\theta)^2}{\sigma^2}} \quad (4.4)$$

其中,$x - \theta$ 为 Gauss 分布的均值;σ^2 为方差。

小波函数为

$$f(x) = e^{-\frac{x^2}{2}} \cos(1.75x) \quad (4.5)$$

2. 支持向量回归

SVR 是一种 SVM 的改进算法。SVM 是一种用于分类的统计学算法,由 Vapnik 提出。SVR 的基本思想是将数据从输入空间投影到高维特征空间,并在高维特征空间采用线性回归的方法进行数据拟合。

给定训练集$\{(x_i, y_i)\}$,$i = 1, 2, \cdots, n$。其中,x_i 表示输入数据;y_i 表示相应的输出数据;n 表示数据实例的总数量。则 SVR 的回归方程为

$$f(\boldsymbol{x}) = (\boldsymbol{w} \cdot \boldsymbol{\phi}(\boldsymbol{x})) + b \quad (4.6)$$

其中,w 和 b 分别表示权重向量和偏移常数;$\boldsymbol{\phi}(\boldsymbol{x})$ 表示将输入空间的数据投影到高维特征空间的函数。

在 ε-SVR 中,回归方程的系数 w 和 b 通过最小化下面的规范化风险方程得到。

$$R(C) = C\sum_{i=1}^{n} L_{\varepsilon}(f(\boldsymbol{x}_i), y_i) + \frac{1}{2}\|\boldsymbol{w}\|^2 \quad (4.7)$$

其中,$C\sum_{i=1}^{n} L_{\varepsilon}(f(\boldsymbol{x}_i), y_i)$ 表示实证风险;$\frac{1}{2}\|\boldsymbol{w}\|^2$ 表示规范化风险;规范化常数

C 用以保持实证风险与规范化风险之间的平衡。$L_\varepsilon(f(\boldsymbol{x}), y)$ 为 ε 不敏感损失方程，其定义如下：

$$L_\varepsilon(f(\boldsymbol{x}), y) = \begin{cases} 0, & |y - f(\boldsymbol{x})| \leqslant \varepsilon \\ |y - f(\boldsymbol{x})| - \varepsilon, & 其他 \end{cases} \quad (4.8)$$

通过引入松弛变量 ξ，该问题可以转变成如下的优化问题。

$$\begin{aligned} \min \quad & C \sum_{i=1}^{N} (\xi_i + \xi_j^*) + \frac{1}{2} \|\boldsymbol{w}\|^2 \\ \text{s.t.} \quad & y_i - (\boldsymbol{w} \cdot \boldsymbol{\phi}(\boldsymbol{x})+b) \leqslant \varepsilon + \xi_i \\ & y_j - (\boldsymbol{w} \cdot \boldsymbol{\phi}(\boldsymbol{x})+b) \geqslant \varepsilon + \xi_j^* \\ & \xi_i、\xi_j^*、\varepsilon \geqslant 0, \; i=1, 2, \cdots, n \end{aligned} \quad (4.9)$$

在 ε-SVR 中，选择合适的 ε 是一件较为困难的事，因此，引入新的变量 $v \in (0, 1]$ 用以控制支持向量个数的 v-SVR 被提出。在 v-SVR 中，引入松弛变量 ξ 后式(4.9)转变为

$$\begin{aligned} \min \quad & C\Big(v\varepsilon + \frac{1}{n}\sum_{i=1}^{N}(\xi_i + \xi_j^*)\Big) + \frac{1}{2}\|\boldsymbol{w}\|^2 \\ \text{s.t.} \quad & y_i - (\boldsymbol{w} \cdot \boldsymbol{\phi}(\boldsymbol{x})+b) \leqslant \varepsilon + \xi_i \\ & y_j - (\boldsymbol{w} \cdot \boldsymbol{\phi}(\boldsymbol{x})+b) \geqslant \varepsilon + \xi_j^* \\ & \xi_i、\xi_j^*、\varepsilon \geqslant 0, \; i=1, 2, \cdots, n \end{aligned} \quad (4.10)$$

方程(4.9)和方程(4.10)都可以通过它们的对偶问题求解。具体来说就是，通过引入拉格朗日乘子，并利用如下优化约束可以解决它们的对偶问题。

$$f(\boldsymbol{x}, \lambda_i, \lambda_j^*) = \sum_{i=1}^{Nsv} (\lambda_i - \lambda_j^*) K(\boldsymbol{x}, \boldsymbol{x}_i) + b \quad (4.11)$$

其中，$K(\boldsymbol{x}, \boldsymbol{x}_i) = \boldsymbol{\phi}(\boldsymbol{x}) \cdot \boldsymbol{\phi}(\boldsymbol{x}_i)$ 为核函数；λ_i 和 λ_j^* 分别为拉格朗日乘子。

需要注意的是，核函数的值域特征空间向量的内积相等，即 $K(\boldsymbol{x}_i, \boldsymbol{x}_j) = \boldsymbol{\varphi}(\boldsymbol{x}_i)^\mathrm{T} \boldsymbol{\varphi}(\boldsymbol{x}_j)$。因为 SVR 仅是通过核函数解决了高维特征空间的问题，实际上对于 $\boldsymbol{\varphi}(\boldsymbol{x})$ 的值我们是不知道的。四种常用的核函数如下。

线性核函数：

$$K(\boldsymbol{x}_i, \boldsymbol{x}_j) = \boldsymbol{x}_i^\mathrm{T} \boldsymbol{x}_j \quad (4.12)$$

多项式核函数：

$$K(\boldsymbol{x}_i, \boldsymbol{x}_j) = (\gamma \boldsymbol{x}_i^\mathrm{T} \boldsymbol{x}_j + r)^d, \quad \gamma > 0 \quad (4.13)$$

RBF 核函数：

$$K(\boldsymbol{x}_i, \boldsymbol{x}_j) = \exp(-\gamma \|\boldsymbol{x}_i - \boldsymbol{x}_j\|^2), \quad \gamma > 0 \quad (4.14)$$

Sigmoid 核函数：

$$K(\boldsymbol{x}_i, \boldsymbol{x}_j) = \tanh(\gamma \boldsymbol{x}_i^\mathrm{T} \boldsymbol{x}_j + r) \quad (4.15)$$

4.2.5 预测

通过交叉验证的方式，我们将从 4.2.4 小节介绍的所有模型当中选择出预测效果最好的模型，用以进行失业率的预测。主要的性能评估指标为均方根误差（root mean square error，RMSE）、平均绝对误差（mean absolute error，MAE）与平均绝对百分比误差（mean absolute percentage error，MAPE），这些评估指标的计算公式分别为

$$\text{RMSE} = \sqrt{\sum_{i=1}^{n}(A_i - P_i)^2 \Big/ n} \tag{4.16}$$

$$\text{MAE} = \sum_{i=1}^{n} |A_i - P_i| \Big/ n \tag{4.17}$$

$$\text{MAPE} = \sum_{i=1}^{n} \frac{|A_i - P_i|}{A_i} \Big/ n \tag{4.18}$$

其中，A_i 为真实值；P_i 表示预测值；n 表示预测个数。

4.3 实证分析

4.3.1 数据收集

美国政府仅向公众提供月度失业率数据，因此，为了提高模型预测的准确率，本章采用初次失业救济（unemployment initial claims，UIC）数据替代失业率作为我们的预测目标。初次失业救济是美国劳动部用以对失业率进行估计的重要指数，且为周度数据。因此，我们可以从美国劳动部的网站获取该数据。我们从美国劳动部网站收集了 2004 年 1 月至 2011 年 3 月的初次失业救济数据。

此外，本书使用 Google 关键词工具（http://adwords.google.com）对两类请求数据"Local/Jobs"和"Society/Social Services/Welfare & Unemployment"进行收集。共收集两个类别 500 个关键词，作为最初的待筛选特征集合，该数据集包含 2004 年 1 月至 2011 年 3 月的所有关键词搜索请求量的时间序列。

4.3.2 数据筛选

本章采用 Person 相关系数计算特征与预测目标的相关性排名，并根据计算结果初步筛选出相关性排前 100 名的特征集合，将其作为后续建模中采用遗传算法进行特征选择的初始集合。

4.3.3 模型建立与选择

1. 模型建立

如前文所述，本章采用遗传算法对相关性排前 100 名的特征集合进行特征选择，并且同时对各模型的各项参数进行优化。具体来说，本章采用的遗传算法最大遗传代数为 100，初始人口数量为 60 人，且初始随机选择 60 组特征作为特征集合。同时，本章采用五折交叉验证的方式计算模型的平均预测效果，根据健壮性函数来得到预测效果的平均值。

表 4.1 给出了不同模型中需要优化的参数。

表 4.1 不同模型中需要优化的参数

模型	激发函数或核函数	参数
BPNN	双曲正切	学习率 1(用于调整网络权重)以及学习率 2(用于调整比例因子与替换率)
	RBF	学习率
	小波	学习率
ε-SVR	线性	方程(4.8)～方程(4.10)中的 ε，方程(4.7)、方程(4.9)、方程(4.10)中的 C，以及作为训练停止条件的 e
	多项式	方程(4.13)～方程(4.15)中的 γ，方程(4.13)中的 d，方程(4.13)、方程(4.15)中的 r，方程(4.8)～方程(4.10) 中的 ε，方程 (4.7)、方程(4.9)、方程(4.10) 中的 C，以及作为训练停止条件的 e
	RBF	方程(4.13)～方程(4.15)中的 γ，方程(4.8)～方程(4.10)中的 ε，方程(4.7)、方程(4.9)、方程(4.10)中的 C，以及作为训练停止条件的 e
	Sigmoid	方程 (4.13)～方程(4.15)中的 γ，方程 (4.13)、方程(4.15)中的 r，方程 (4.8)～方程 (4.10) 中的 ε，方程 (4.7)、方程 (4.9)、方程 (4.10)中的 C，以及作为训练停止条件的 e
ν-SVR	线性	方程 (4.10) 中的 v，方程 (4.7)、方程 (4.9)、方程 (4.10) 中的 C，以及作为训练停止条件的 e
	多项式	方程(4.13)～方程(4.15)中的 γ，方程(4.13)中的 d，方程(4.13)、方程(4.15)中的 r，方程 (4.10) 中的 v，方程 (4.7)、方程(4.9)、方程(4.10) 中的 C，以及作为训练停止条件的 e
	RBF	方程 (4.13)～方程(4.15)中的 γ，方程 (4.10) 中的 v，方程 (4.7)、方程(4.9)、方程(4.10) 中的 C，以及作为训练停止条件的 e
	Sigmoid	方程 (4.13)～方程(4.15)中的 γ，方程 (4.13)、方程(4.15)中的 r，方程 (4.10) 中的 v，方程 (4.7)、方程 (4.9)、方程 (4.10) 中的 C，以及作为训练停止条件的 e

2. 模型选择

根据上述实验设计，进行相应的建模与对比实验，表 4.2、表 4.3、表 4.4 分别以 RMSE、MAE、MAPE 为评价标准反映了各个模型的实验结果。

表 4.2　以 RMSE 为评价标准的实验结果

模型	激发函数或核函数	1	2	3	4	5	均值
BPNN	双曲正切	77 957.73	79 619.08	76 909.18	88 358.48	79 610.98	80 491.09
	RBF	106 410.07	136 737.73	255 692.73	177 538.48	126 402.07	160 556.22
	小波	164 882.24	144 489.20	218 489.45	180 275.99	196 644.55	180 956.29
ε-SVR	线性	53 194.09	56 290.26	550 20.55	54 680.86	57 409.90	55 319.13
	多项式	55 193.32	55 788.99	53 336.77	59 073.74	56 444.20	55 967.40
	RBF	67 840.33	57 772.81	57 925.41	57 730.18	55 707.13	59 395.17
	Sigmoid	100 893.90	336 514.17	110 264.82	121 147.52	114 994.74	156 763.03
υ-SVR	线性	53 691.49	51 854.42	54 903.67	55 957.82	51 358.71	53 553.22
	多项式	52 578.54	51 799.83	52 961.33	55 934.42	50 330.03	52 720.83
	RBF	54 326.95	56 733.23	50 505.49	51 385.02	52 649.24	53 119.98
	Sigmoid	119 182.46	102 275.04	111 150.78	112 942.50	99 708.12	109 051.78

表 4.3　以 MAE 为评价标准的实验结果

模型	激发函数或核函数	1	2	3	4	5	均值
BPNN	双曲正切	58 010.78	60 887.08	56 901.86	66 254.51	56 909.93	59 792.83
	RBF	64 166.28	87 371.29	110 593.98	99 175.90	76 442.86	87 550.06
	小波	145 274.03	124 797.69	200 542.05	161 490.04	175 488.29	161 518.42
ε-SVR	线性	41 401.69	44 171.93	41 214.89	41 702.17	44 037.61	42 545.14
	多项式	42 718.27	41 770.96	41 412.89	44 187.66	44 018.46	42 782.05
	RBF	53 664.54	43 167.90	43 324.22	43 446.21	42 147.97	45 150.17
	Sigmoid	79 626.90	205 544.91	93 198.05	94 959.17	93 480.45	113 361.90
υ-SVR	线性	38 918.37	39 442.63	40 536.70	41 618.78	38 218.97	39 747.09
	多项式	38 353.66	39 649.21	39 951.25	40 081.89	37 886.79	39 184.56
	RBF	38 638.26	39 689.48	36 305.30	36 687.78	37 753.21	37 814.81
	Sigmoid	93 814.35	88 568.73	78 217.22	84 028.40	77 205.05	84 366.75

表 4.4 以 MAPE 为评价标准的实验结果

模型	激发函数或核函数	1	2	3	4	5	均值
BPNN	双曲正切	14.82	15.84	14.30	16.95	14.24	15.23
BPNN	RBF	16.32	21.26	28.21	24.46	18.36	21.72
BPNN	小波	43.78	35.20	60.92	49.14	53.58	48.53
ε-SVR	线性	10.96	11.55	10.82	10.77	11.61	11.14
ε-SVR	多项式	11.34	11.14	11.00	11.31	11.96	11.35
ε-SVR	RBF	14.68	11.53	11.50	11.40	11.04	12.03
ε-SVR	Sigmoid	21.17	50.59	26.36	23.96	25.69	29.56
v-SVR	线性	9.91	10.22	10.18	10.72	9.76	10.16
v-SVR	多项式	9.74	10.63	10.70	10.04	10.06	10.24
v-SVR	RBF	9.89	10.10	9.18	9.29	9.46	9.58
v-SVR	Sigmoid	23.86	24.95	17.84	20.63	19.17	21.29

从表 4.2 中可以看出，以 RMSE 作为评价标准，总体来说，遗传算法-支持向量回归(genetic algorithm-support vector regression，GA-SVR)模型的预测表现要好于遗传算法-神经网络(genetic algorithm-neural networks，GA-NN)模型(Sigmoid 核函数的 SVR 模型除外)。此外，以双曲正切函数为激发函数的 BPNN 模型的预测表现要明显好于以 RBF 函数与小波函数作为激发函数的 BPNN 模型。同时，进行 SVR 模型间的比较发现，在核函数相同的条件下 v-SVR 的表现效果要好于 ε-SVR 模型。此外，平均表现最好的模型为基于多项式核函数的 v-SVR 模型；就单次实验的表现来看，最优的预测来自基于多项式核函数的 v-SVR 模型的第 5 次实验。

从表 4.3 以 MAE 作为评价标准的实验结果中可以得出类似的结论，GA-SVR 模型的预测表现要好于 GA-NN 模型(Sigmoid 核函数的 SVR 模型除外)。在核函数相同的条件下，v-SVR 的表现效果要好于 ε-SVR 模型。此外，平均表现最好的模型为基于 RBF 核函数的 v-SVR 模型，这与以 RMSE 作为标准的实验结果不同。我们同样可以看出，就单次实验的表现来看，最优的预测来自基于 RBF 核函数的 v-SVR 模型的第 3 次实验。

当采用 MAPE 作为评价标准时，我们可以获得与以 MAE 作为评价标准相同的结论：①GA-SVR 模型的预测表现要好于 GA-NN 模型(Sigmoid 核函数的 SVR

模型除外);②在核函数相同的条件下,v-SVR 的表现效果要好于 ε-SVR 模型;③平均表现最好的模型为基于 RBF 核函数的 v-SVR 模型,就单次实验的表现来看,最优的预测来自基于 RBF 核函数的 v-SVR 模型的第 3 次实验。

4.3.4 预测

根据上文的实证实验结果分析,我们选择基于 RBF 核函数的 v-SVR 模型的第 3 次实验的训练模型作为最终的预测模型。尽管基于多项式核函数的 v-SVR 模型的第 5 次训练模型在以 RMSE 作为评价标准时预测表现最好,但是我们在这里不选择这个模型作为最终的预测模型。这是因为,一方面,以 MAE 与 MAPE 为评价标准,基于 RBF 核函数的 v-SVR 模型的第 3 次训练模型预测表现更好;另一方面,即使以 RMSE 为评价标准,基于 RBF 核函数的 v-SVR 模型的第 3 次训练模型也与基于多项式核函数的 v-SVR 模型的第 5 次训练模型的预测表现十分接近,分别为 50 505.49、50 330.03。

基于 RBF 核函数的 v-SVR 模型的第 3 次训练模型,即最终的预测模型的特征集合与参数设置如表 4.5 所示。

表 4.5 基于 RBF 核函数的 v-SVR 模型的特征集合与参数设置

参数	γ	v	C	e
	0.125 03	0.563 57	2.362 2	0.108 23
特征集合(序号)	5,8,12,13,16,19,22,24,25,29,30,31,32,35,36,38,39,41,44,45,50,51,52,53,59,60,61,62,67,69,70,73,75,76,77,78,80,81,82,85,87,88,89,91,93,95,97,99,100			

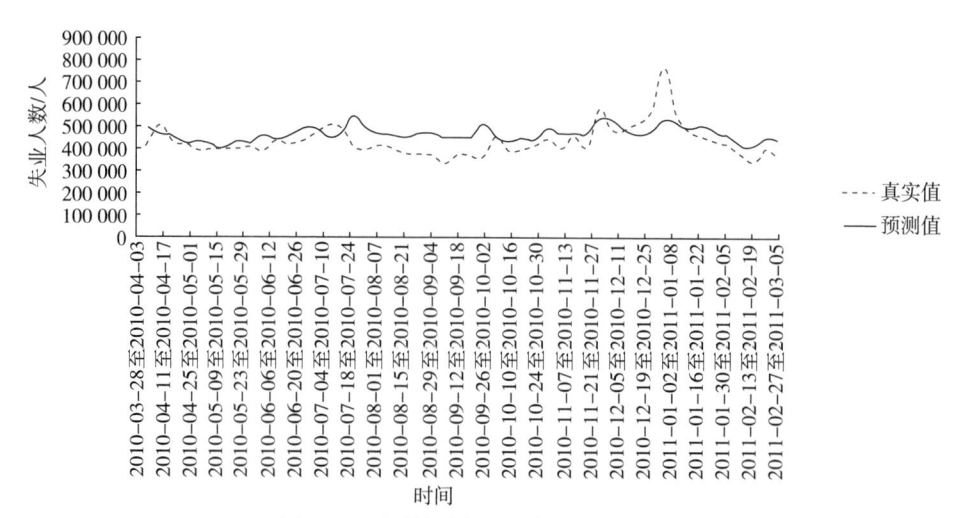

图 4.3 预测结果与失业率真实值的对比

我们将所选择的基于 RBF 核函数的 v-SVR 模型用于测试集，其最终的基于 RMSE、MAE、MAPE 的预测表现为 68 182.55、54 241.10、12.54。该预测结果并不如模型训练实验中的预测表现，也许是由数据中 2010 年 12 月 26 日至 2011 年 1 月 22 日的离群值导致的。

图 4.3 展示了所选模型的预测结果与失业人数真实值的对比情况，我们可以从中看出，所选择模型的预测结果大体上反映了真实失业率时间序列的趋势。

4.4 本章小结

本章展示了使用网络数据以及数据挖掘方法对失业率进行预测的新方式。在研究框架中，首先引用网络搜索数据，并利用基于遗传算法的神经网络与 SVM 对失业率进行预测。从实证结果可以看出，基于 RBF 核函数的 v-SVR 模型的失业率预测表现最好，这也表明本章所提出的方法可以作为失业率趋势分析的备选方案。

此外，本章的研究同样引出了未来的研究问题。首先，是否可以通过引入集成算法等提高模型预测的稳定性与准确率；其次，其他的网络信息，如网络内容数据与网络结构数据，是否可以被引入特征集合中以提高预测的准确率；再次，可以构建相关的在线失业率分析与预测系统，以帮助政府与其他相关组织做出早期警告与决策支持；最后，本章中提出的研究框架同样可以应用于其他的研究领域，尤其是对社会热点的研究，如对房地产市场、原油市场及汇率市场的预测研究。

第5章

基于网络搜索数据的流行性感冒预测研究

本章利用网络搜索引擎的搜索数据构建预测模型,对流感爆发进行预测。本章的研究涵盖若干数据挖掘技术的应用,包括神经网络及 SVM。结合启发式算法对参数与属性集进行优化选择,本章最后构建一个更有效的流感监测模型,并验证模型的有效性。

5.1 引言

流感爆发对社会经济和公众健康具有重大的影响,因此,近几年流感预测成了备受关注的研究领域(Rebelo et al.,2000)。在前期对流感进行预测之后,对预测结果进行快速反应可以有效减少季节性流感和大规模流感带来的影响(Ferguson et al.,2005;Longini et al.,2005;Ginsberg et al.,2009)。目前,针对流感的预测已经有了大量的系统和方法,传统的预测方法依靠病毒学数据和临床数据进行,如流感样疾病(influenza-like illness,ILI)门诊病历数据(Ferguson et al.,2005)。例如,CDC 每周都会公布利用其观测系统所获得的国家和地区数据,其数据大约有 10 天的延迟。为了及时地进行流感预测,一些新的方法建议使用间接数据,即早于传统的检测数据。例如,电子形式的电话疾病分类(telephone triage,TT)数据,包含人口统计资料和呼叫者医疗投诉的情况说明的代码单元(coded elements),也可应用到流感预测的分析之中(Espino et al.,2003)。类似地,如非处方药销售记录(Goldenberg et al.,2002)、旷职记录(O'Reilly and Stevens,2002)、病人主诉(Espino and Wagner,2001)、急救车调度记录(Bork et al.,2006)、医疗诊断(Josseran et al.,2005)等其他类型的数据也都可用于流感的预测之中。

自从网页访问日志、网络文章、网络信息和搜索引擎查询数据都可作为流感预测的有效资源之后，流感预测吸引了越来越多研究人员和从业者的眼球。Johnson等(2004)收集网页访问日志的数据以分析其与传统流感监测数据的相关性，其结果显示流感相关文章的访问频繁程度与CDC的传统流感监测数据之间有着强相关关系。Ginsberg等(2009)利用搜索引擎查询数据，通过简单的统计学模型来进行流感预测，结果显示模型可以根据延迟一天的报告数据准确地估计出流感的活跃程度。Hulth等(2009)提出一个利用网页搜索数据进行症状监测的统计学框架。而Wilson和Brownstein(2009)则利用网络信息来预测疾病的爆发。Conesa等(2009)开发了一个名为FluDetWeb的基于网络的交互式系统，使用统计模型对流感疫情发作进行预测。

数据挖掘技术对信息科学领域做出了重要的贡献，并已应用到许多研究领域，如金融风险管理(Li D Y et al., 2009; Huang et al., 2007; Sinha and Zhao, 2008)、销售(Cui et al., 2006)和欺诈预测(Xu et al., 2008; Liu et al., 2009)等。然而，据我们所知，将基于网络数据的数据挖掘方法或系统应用于流感预测之中是很鲜见的。因此，本章提供了一个利用网络数据的数据挖掘框架以进行流感预测，并对其效率与效果进行检验。我们所使用的是利用搜索引擎搜索数据的基于神经网络的方法，该方法首先使用自动特征选择方法以降低搜索数据的维度；其次使用多种神经网络算法来模拟发病数据和搜索数据之间的联系；再次利用交叉验证的方法选择出最佳的神经网络；最后利用结果最佳的神经网络进行流感的预测。

5.2 流感预测的数据挖掘方法

数据挖掘技术，如神经网络、SVM、决策树等，为信息科学领域做出了重大的贡献并已经应用于众多的研究领域，但据我们所知，截至目前还没有基于网络数据的数据挖掘方法或系统被应用于流感预测之中。因此，本章提供了一个基于网络数据的数据挖掘方法来进行流感预测，本章所提出方法的大致框架如图5.1所示。

从图5.1中我们可以看到，本方法的实施过程如下：第一，收集包含网页访问日志、网络文章、网络信息的网络数据和搜索引擎查询数据(即类似于谷歌、雅虎的搜索引擎的搜索数据)以备使用。第二，使用特征选择算法以在众多的信息当中筛选出有用的信息。第三，使用数据挖掘工具来描述流感样病例数据和搜索数据之间的联系并分析流感的活动趋势。第四，利用多种评价方法和评价标准[如交叉验证法(cross validation)]对该模型进行验证。如果该模型能够在验证过程中表现优异，则可以用于流感预测；如若不能，则需要通过以上步骤对其进行进一步的调整。

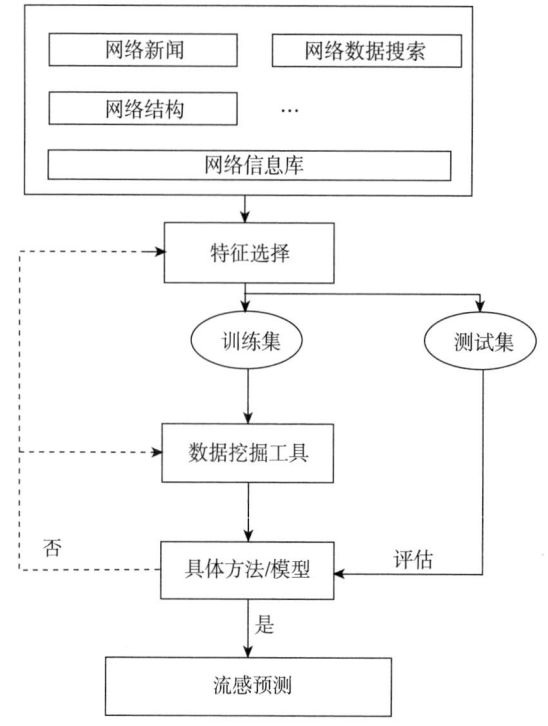

图 5.1 流感预测过程的结构框架

5.3 基于网络搜索数据的流感预测

为说明上述方法的有效性,我们利用传统的数据挖掘工具——神经网络来进行利用搜索引擎搜索数据的流感预测。基于神经网络的流感预测流程图如图 5.2 所示。

如图 5.2 所示,预测的主要过程分为以下四步。

步骤 1:数据收集。搜索引擎数据和流感样疾病病例数据均需要进行数据采集,其中,搜索引擎数据来源于 Nature 网页(http://www.nature.com/nature/journal/v457/n7232/suppinfo/nature07634.html.)。正如 Ginsberg 等(2009)所提到的,最普通的 5 000 万个搜索词可作为输入特征,而这些数据(即搜索词)均是通过对 2003~2008 年美国的周数据进行进一步的计算处理和标准化后得到的。流感样疾病病例数据则是通过美国 CDC 的美国流感监测网(US Influenza Sentinel Provider Surveillance Network),(http://www.cdc.gov/flu/weekly)获得的。

步骤 2:特征选择。输入特征的数量与样本数据的数量相比要大得多,因

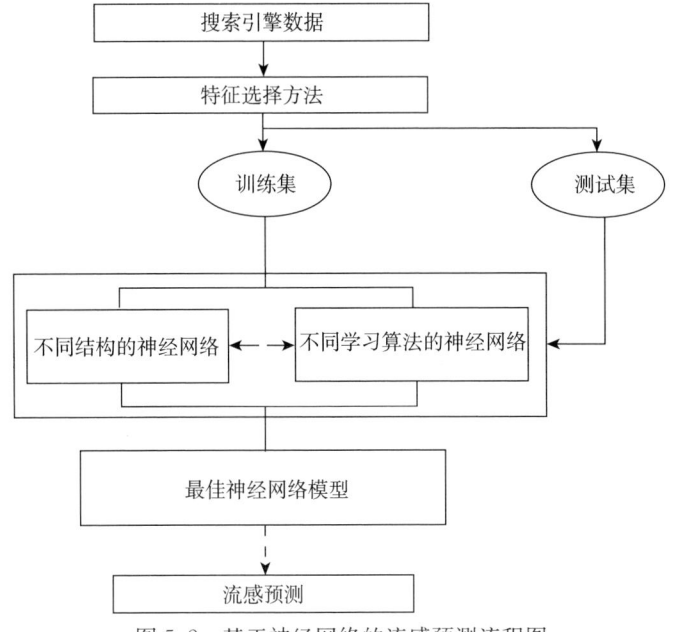

图 5.2 基于神经网络的流感预测流程图

此，减少特征的数量并筛选出重要的特征是十分必要的工作。现如今有许多可用的特征选择方法，如自动化的特征选择算法、偏最小二乘回归(partial least squares regression，PLSR)算法等。Ginsberg 等(2009)采用自动特征选择算法得到了得分前 100 的搜索词。

步骤 3：神经网络建模。运用具有不同结构和学习算法的神经网络测量流感样疾病病例数据和查询数据之间的适应度。

步骤 4：预测。利用交叉验证方法选出具备合适特征集的最优神经网络，并利用该神经网络进行流感活动的预测。

5.4 实证分析

5.4.1 数据描述和评价标准

本章搜索引擎查询数据来自于 Nature 网站，流感样疾病病例数据来自于美国 CDC 的美国流感监测网。本章研究所用数据是 2003～2008 年的周数据，包括加权过的流感样疾病病例数据和标准化后的查询数据，而未将非流感爆发季节的周数据加入模型中。

另外，为了进行模型比较，我们引入准确性指标 AC 来衡量预测结果的准确

性。假设有 N 个实际值(A_i)和预测值(D_i),准确性指标 AC 的计算公式为

$$AC = \frac{1}{N}\sum_{i=1}^{N} D_i/A_i \tag{5.1}$$

5.4.2 实验结果

为验证神经网络模型的有效性,我们使用 10 倍的交叉验证法进行模型验证。其中,我们使用神经网络学习算法 NN-gdx(gradient descent with momentum and adaptive learning rate back pro-pagation,梯度下降动量和自适应学习速率后向传播)、NN-oss(one-step secant back propagation,一步法割线后向传播)、NN-rp(resilient back propagation,弹性后向传播)进行评价。输入层结点(input nodes, IN)使用的是得分前 n(n=1, 2, …, 100)的搜索词,隐藏层结点(hide nodes, HN)的个数是由输入层结点和输出层结点(output nodes, ON)的个数决定的,其计算公式为 HN=2×IN-ON,此公式是依照实验数据分析和相关文献(Mirchandani and Cao,1989)而得出的。另外,所有用到的算法都来自 Matlab 程序包中的神经网络工具箱。

在该实验中,所有网络的训练次数均为 10 次,其结果如表 5.1 和图 5.3 所示。

表 5.1　神经网络模型实验结果

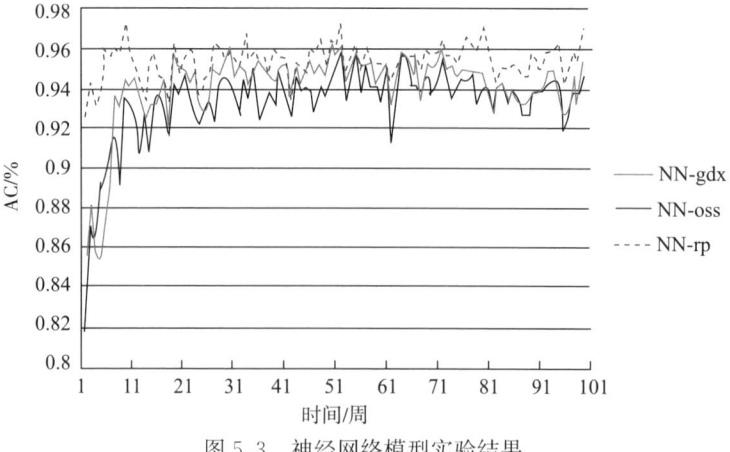

算法	AC 平均值	AC 最大值	AC 最小值
NN-gdx	0.939 6	0.963 6	0.822 5
NN-oss	0.932 9	0.958 5	0.817 1
NN-rp	0.953 2	0.974 8	0.925 6

图 5.3　神经网络模型实验结果

由表 5.1 和图 5.3 可知,NN-rp 算法的 AC 平均值超过了 0.95,最小的 AC 值也超过了 0.9。因此,依照 AC 这一指标,NN-rp 算法远优于其余两种算法。另外,当 n 小于 10 或者大于 80 时,三种算法的结果都不理想。依据以上的讨论分析,最终选中 NN-rp 进行流感预测。

5.4.3 流感预测

在利用 NN-rp 模型对流感进行预测时,首先,将数据集分为训练集和测试集两类。依照 Ginsberg 等(2009)的研究,将 2003~2007 年的数据作为训练集(133 个观察值),2008 年的数据则作为测试集(32 个观察值)。其次,NN-rp 模型的最优结构由指标 AC 决定。输入层结点利用得分前 $n(n=1, 2, \cdots, 100)$ 的搜索词进行测试,n 由 AC 的最大值决定。而隐藏层结点的个数依照公式 $HN=2\times IN-ON$,由输入层结点和输出层结点决定。另外,所使用的 NN-rp 算法来自于 Matlab 程序包中的神经网络工具箱。

在实验中,所有网络的训练次数均为 10 次,其结果如图 5.4 所示。

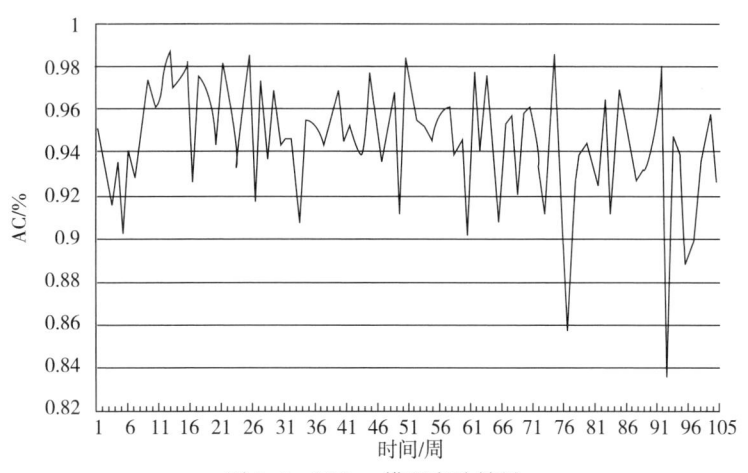

图 5.4 NN-rp 模型实验结果

由图 5.4 可以计算出 NN-rp 模型的准确性指标 AC 的平均值为 0.945 8,最高值达到了 0.987 5,其使用了排名前 13 的搜索词;而最低值则是 0.836 6,使用的输入层结点数据是排名前 93 的搜索词。在使用了前 76 的数据之后,模型的 AC 值出现大幅下降。因此,NN-rp 模型的最佳结构是 13-25-1,其输入特征如表 5.2 所示。

表 5.2　最佳 NN-rp 模型的输入特征

搜索词类别	所包含搜索词个数/个
Influenza complication	4
General influenza symptoms	3
Symptoms of influenza complication	3
Term for influenza	2
Specific influenza symptom	1

使用该模型结构,预测结果如图 5.5 所示。

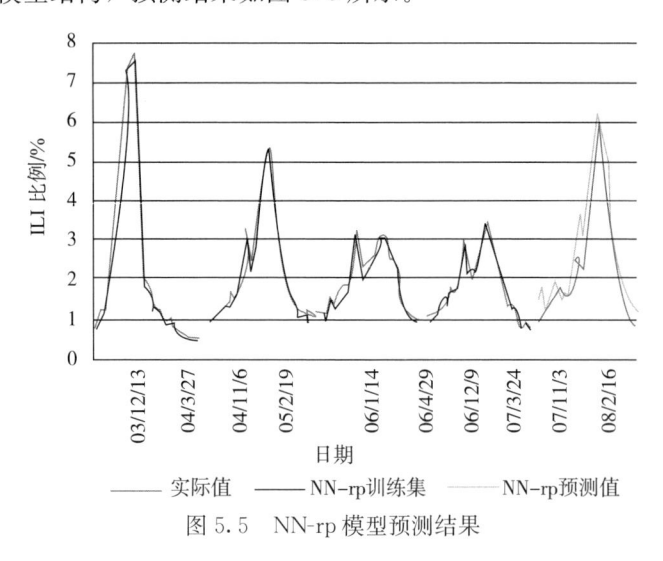

图 5.5　NN-rp 模型预测结果

5.5　本章小结

本章提出了一个新的基于数据挖掘的利用网络数据进行流感预测的模型。在该模型中,应用的数据挖掘方法是神经网络方法。其中神经网络的最优结构和学习算法是从多个神经网络中挑选而来的。依照评价指标,实证分析结果显示 NN-rp 模型在流感预测中有很明显的优势。因此,该模型可以用于流感预测。

此外,本章研究仍然需要在未来进行进一步的拓展。第一,在我们的框架结构之下,如 SVM、混合方法的其他数据挖掘工具等同样可以用于流感预测,以求得更加稳定的结果。第二,可以将如时间延迟的流感样疾病病例数据、网页访问日志、网络文章等信息加入模型中以提高模型的准确度。第三,可以建立线上智能流感预测系统(influenza-intelligent detection system,INF-IDS),以协助政府部门和组织机构进行流感预警和决策支持。第四,该模型可以应用于其他领域,特别是社会热点领域,如证券市场、原油市场和房地产市场。

第 6 章

基于网络新闻的混合模型的 CPI 预测

本章建立在基于计量经济学建立的模型——ARIMA 模型的基础上,通过提取经济相关新闻中的信息对 CPI 波动的影响因素,对 ARIMA 模型无法解释的误差使用神经网络进行建模,修正 CPI 指数的预测。这是经济学中计量模型与神经网络模型相结合预测 CPI 的一种新方式,通过与单独模型预测 CPI 的结果相比较,证明新的混合模型是一种有效并且有用的预测方法,能得到更精确的预测结果。

6.1 引言

CPI 是反映消费者商品及服务的价格变化的经济指标。经济发展及全球化给人们的生活带来了很大的便捷,同时也引起了通货膨胀。CPI 作为通货膨胀的一个指标,在不同的国家有着不同的波动程度。

中国作为一个典型的发展中国家,遭受着 CPI 波动带来的巨大冲力,而 CPI 的频繁波动导致对其衡量很费力、费时,这导致政府公布的每月 CPI 指数都有半个月的延迟时间。基于此,CPI 指数的预测可以给政府制定政策和预测经济走势提供一种参考。

事实上,很多方法和模型已经被用于预测 CPI。其中一部分研究是基于单变量的时间序列模型,其通过寻找 CPI 数据本身的规律来预测下一期的 CPI 指数。例如,Zhen 和 Feng(2009)使用离散的灰色模型(grey model,GM)预测下个月的 CPI 指数,Yu 和 Li(2009)使用 RBF 神经网络建立模型以预测 CPI,Weng (2010)使用 ARIMA 模型寻找 CPI 数据自身的规律。同时,也有很多研究讨论了影响 CPI 指数的因素,然后通过这些相关因素的数据来建立不同的模型以获取更准确的 CPI 预测结果。其中,Wang 等(2009)利用向量自回归模型分析 CPI

指数与原材料燃料价格指数等因素之间的关系，然后使用相应的关系去预测CPI；Wang 和 Fan(2010)使用财政支出以及农业、林业、畜牧业和渔业的固定资产投资与产出总值建立了 BPNN 模型以分析 CPI 的趋势。此外，很多学者也关注于可能对 CPI 波动有影响的单因素，如资产价格、收益率曲线和长期利率，其中，Qin 等(2010)使用遗传算法和 SVM 相结合的方式对 CPI 进行预测。

随着信息化的发展，越来越多的规律隐藏在网络信息中，网络信息成为预测领域的潮流，如金融、经济和电子商务等领域。例如，Chan 和 Franklin(2011)在网络金融报道的基础上，设计了一种基于文本的决策系统以预测金融事件，并且获得了不错的准确率；Bollen 等(2011b)将 Twitter 中反映用户情绪的信息提取出来用于更好地理解和预测股票市场；Yu 等(2012)将文本挖掘应用于电影票房预测领域，在挖掘了电影相关影评之后使用计量模型进行相关的数据拟合，从而对销售量进行预测。

正如我们所了解的，大到宏观经济，小到消费者的日常活动，都与 CPI 的变动相关。本章的一个前提假设是新闻可以在某种程度上反映 CPI 的变动，本章尝试使用新闻中包含的信息去修正 CPI 的变动趋势。同时，我们可以早于官方公布期大致半个月获取 CPI 预测值，为政府提供相关的参考。

本章主要是提出一种新颖的混合模型去预测每个月的 CPI 指数。该混合模型先使用基本的计量模型——季节性自回归单整移动平均(seasonal autoregressive integrated moving average，SARIMA)模型探索 CPI 本身的规律，在得到基础的预测值和误差之后，使用新闻信息建立神经网络模型去修正上一模型得到的误差，将两者结合进而得出混合的预测值。其中，设计了多个实验来验证混合模型的有效性。

6.2　方法介绍

本章主要设计了一种混合模型，使用到了两种基本的模型——SARIMA 模型及 BPNN 模型，下面分别介绍这两种模型。

6.2.1　SARIMA 模型

ARIMA 模型是 Box 和 Jenkins(1970)提出的一种著名的时间序列模型。它是一种可以反映数据本身规律的模型，该模型首先将非平稳时间序列转化为平稳的时间序列，然后对变量的滞后值和随机误差的现值及滞后值进行回归，建立相应的模型。ARIMA 模型的形式是 ARIMA(p, d, q)，其中，p 为自回归项；q 为移动平均项；d 表示为了将时间序列变为平稳序列做的差分次数。

当时间序列具有明显的季节变化时，ARIMA 模型的拟合效果并不理想，这时将 ARIMA 模型与季节模型相结合可得到 SARIMA 模型，SARIMA 模型可以较好地描述具有时间趋势及季节性的数据。

SARIMA 模型可以表示为
$$SARIMA(p,d,q)(P,D,Q)_s$$
其中，p、P 分别表示非季节性、季节性自回归的滞后期；q、Q 分别表示非季节性、季节性移动平均的滞后期；d、D 分别表示非季节性、季节性差分次数。

时间序列 $\{y_t | t=1,2,\cdots,k\}$ 的 SARIMA 模型的组织形式为
$$\Phi_p(L)A_P(L^s)(\Delta^d \Delta^D_S y_t) = \Theta_q(L)B_Q(L^s)v_t$$
其中，v_t 为白噪声；L 为后移算子。

$$\Phi_p(L) = 1 - \Phi_1 L - \Phi_2 L^2 - \cdots - \Phi_p L^p$$
$$A_P(L^s) = 1 - A_s L^s - A_{2s} L^{2s} - \cdots - A_{Ps} L^{Ps}$$
$$\Theta_q(L) = 1 - \Theta_1 L - \Theta_2 L^2 - \cdots - \Theta_q L^q$$
$$B_Q(L^s) = 1 - B_s L^s - B_{2s} L^{2s} - \cdots - B_{Qs} L^{Qs}$$

6.2.2 BPNN 模型

正如第 4 章介绍的，BPNN 根据真实输出值与目标值之间的误差来对神经元的权重进行不断修正，以此达到学习的目的。它先将输出误差从隐藏层传播到输入层，然后将其散播到每层的所有神经元上，最终将得到的神经元的误差作为调节权重的基础。这个训练过程不断重复直到整体的误差在我们设定的误差范围之内。

6.3 混合模型的建立

6.3.1 模型建立框架

混合模型实际上是 SARIMA 模型和 BPNN 模型结合得到的预测模型。混合模型的建立过程如图 6.1 所示，其步骤可以描述如下。

步骤 1：从国家统计局搜集每个月的全国 CPI 指数，同时从新浪网获取相关的网络新闻。

步骤 2：使用 CPI 数据建立 SARIMA 模型。

步骤 3：使用 BPNN 将从网络新闻中获取的相关文本信息与步骤 2 中获取的残差数据进行拟合，建立相应的模型。

步骤 4：建立 SARIMA 和 BPNN 相结合的混合模型。

步骤 5：使用步骤 4 得到的混合模型预测 CPI 指数。

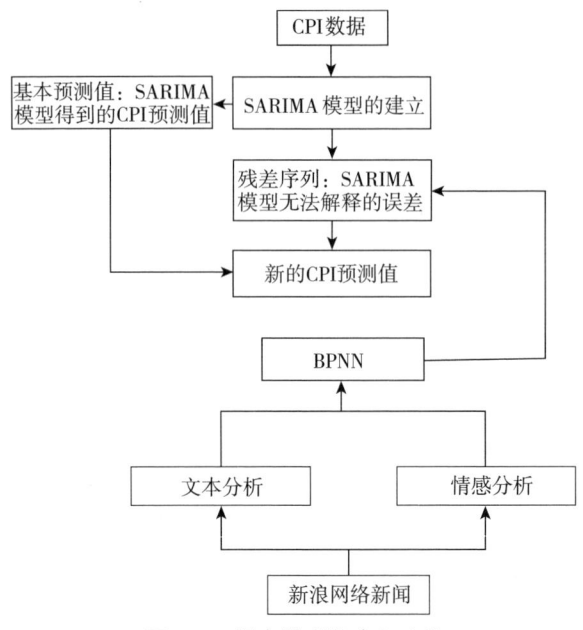

图 6.1 混合模型的建立过程

6.3.2 SARIMA 模型的建立

SARIMA 模型建立在平稳的时间序列基础上，所以首先对序列 y_t 做单位根检验，采用 ADF 方法验证其是否平稳。

首先使用序列相关图中的自相关函数（autocorrelation function，ACF）和偏自相关函数（partial autocorrelation function，PACF）识别 SARIMA 过程中的参数。

ACF 表示如下：

$$\rho_k = \frac{\text{Cov}(y_t, y_{t-k})}{\sqrt{\text{Var}(y_t)}\sqrt{\text{Var}(y_{t-k})}}$$

PACF 排除了中间若干时期的影响，仅是两个滞后变量相关性的度量函数。

由于序列相关图可以呈现序列的趋势与季节性，使用趋势差分和季节性差分消除趋势和季节性，然后再次使用序列相关图中的 ACF 和 PACF，观察其拖尾性和截尾性，从而决定相关系数 p、q、P 和 Q。

在 Eviews 中输入相关的参数从而建立稳定和有效的 SARIMA 模型。在得到相关模型之后，需要验证模型的残差是否为白噪声。如果残差包含多余的信息，则需要重新调整模型。

经过上述步骤可以获得若干符合要求的模型，基于信息熵的赤池信息准则

(Akaike information criterion，AIC)和施瓦茨信息准则(Schwarz information criterion，SIC)挑选最合适的 SARIMA 模型用于基础的预测。

AIC 的计算公式为
$$\text{AIC} = 2k - 2\ln L$$
其中，k 为变量的数量；L 为似然函数。

SIC 的计算公式为
$$\text{SIC} = \ln\left(\frac{\text{RSS}}{n}\right) + \frac{k+2}{n}\ln n$$
其中，RSS 为残差平方和；k 为滞后期；n 为样本量。该验证过程是逐渐增加变量滞后期直到 SIC 值不变。

通过上述步骤可以选择最合适的 SARIMA 模型用以预测 CPI 值。
$$y_t = \text{BPV}_t + v_t$$
其中，t 表示第 t 时间段；BPV_t 为该模型获得的基本 CPI 预测值；v_t 为 SARIMA 模型得到的残差项；y_t 为真实 CPI 值。

6.3.3 BPNN 误差修正

6.3.2 小节运用 SARIMA 模型得到了基本的 CPI 预测值，本节介绍通过网络新闻信息去修正该预测值，从而得到新的 CPI 值。

正如前面提到的，SARIMA 模型得到的残差如果是白噪声，则说明数据本身的信息已经被完全提取，假设包含在网络新闻中的信息可以从某种程度上反映 CPI 的变化，使用 BPNN 去挖掘文本信息与 SARIMA 不能解释的白噪声信息之间的联系。

本章首先从中国著名的门户网站之一新浪网上与 CPI 相关的两个子板块——产业经济和宏观经济挖掘新闻，然后使用中国科学院计算技术研究所研发的汉语词法分析系统 ICTCLAS 将挖掘下来的新闻处理为词汇单元，最后采用两种方法来处理这些单词。

1. 文本分析

在单词分割之后，挑选名词并计算每月其相应的词频-反文档率(term frequency-inverse document frequency，TF-IDF)值。在消除一些无意义的单词之后，我们可以得到一系列有用的可以代表新闻内容的名词。将这些名词当做新闻的特征，其与相应每月的 TF-IDF 值构成了矩阵 $\boldsymbol{A}$，很明显 $\boldsymbol{A}$ 是一个高维矩阵。使用潜在语义分析和奇异值分解(singular value decomposition，SVD)将相近的名词归为一类从而达到降维的目的。

$\boldsymbol{A}$ 的秩是 r，奇异值分解公式为
$$\boldsymbol{A} = \boldsymbol{U} \sum \boldsymbol{V}^t$$

奇异值分解只保留 U 和 V 的前 K 列，从而把秩 r 降到 k。这 k 维矩阵可以代表网络新闻的信息，然后使用 BPNN 来训练和测试这些特征与 v_t 之间的联系。

2. 情感分析

对于每个选取的名词，我们通过浏览原始新闻来获取包含该名词的所有句子。在得到句子之后，使用开源的中文情感分析工具 Hownet 去识别每个单词在句子中的情感值。之后，可以得到与每个名词毗邻的修饰词（如形容词、动词）的情感值，这样每个月中选择的名词的情感值就可以由它们本身的情感及毗邻修饰词情感单纯相加而得到。每个名词的 TF-IDF 可以代表该词的重要程度，所以最终的名词情感可以通过将情感值与 TF-IDF 相乘得到。

$$\text{ISVN}(t)_i = \sum_{j=1}^{T(t)} \text{SVM}(t)_j + \text{SVN}_i$$

$$\text{USVN}(t)_i = \text{ISVN}(t)_i \times \text{TF-IDF}_i$$

其中，$\text{ISVN}(t)_i$ 表示 t 月份名词 i 的情感值；$T(t)$ 为修饰词的数量；$\text{SVM}(t)_j$ 为与名词毗邻的修饰词的情感值；$\text{SVN}(t)$ 为名词本身的情感值，如果名词本身没有情感，SVN_i 可以为 0；$\text{USVN}(t)_i$ 为最终的情感指标值。

同样地，为了降维，我们使用特征选取方法选择最具有代表性的名词及其情感值。

3. 混合模型

文本代表新闻中的客观信息，情感代表新闻中的主观信息，将文本分析和情感分析两种方式相结合，引入一个变量 α 以获取更好的拟合效果。

$$\text{EPV}_t = \alpha \text{TPV}_t + (1-\alpha) \text{SPV}_t$$

其中，EPV_t 表示混合模型得到的残差拟合值；TPV_t 表示文本分析的拟合结果；SPV_t 为情感分析的拟合结果。

6.3.4 TS-SARIMA 模型

本小节引入 TS-SARIMA(text-sentiment SARIMA)模型，其中，T-SARIMA 表示新闻文本分析与 SARIMA 结合，S-SARIMA 表示新闻情感分析与 SARIMA 结合。与 6.3.2 小节得到的基本预测值结合可以得到最终的 CPI 预测值。

$$\text{CPV}_t = \text{BPV}_t + \alpha \text{TPV}_t + (1-\alpha) \text{SPV}_t$$

其中，t 表示时间；CPV_t 表示 TS-SARIMA 模型得到的预测值；BPV_t 表示 SARIMA 模型得到的预测值；TPV_t、SPV_t 分别表示文本分析和情感分析得到的 CPI 修正值；α 和 $1-\alpha$ 分别表示文本分析和情感分析在误差修正中的比例值。通过调整 α 的值可以得到不同的 CPI 预测值，经过比较可以得到最好的预测结果和相应的 α。CPI 真实值为

$$y_t = \text{CPV}_t + \xi_t$$

其中，ξ_t 表示 TS-SARIMA 模型无法解释的误差。

6.4 实证分析

6.4.1 数据准备和评估标准

我们从国家统计局搜集了 2001 年 1 月到 2013 年 3 月的 CPI 月度数据，其中 2001 年 1 月到 2012 年 3 月的数据用于构建最基本的 SARIMA 模型，剩下的数据用于测试预测效果。根据上文所建立模型得到的残差，将 2009 年 3 月到 2012 年 3 月的残差当做训练 BPNN 模型的输出，2012 年 4 月到 2013 年 3 月的数据当做测试集的输出。使用爬虫程序从新浪网的产业经济和宏观经济板块爬取 2008 年 1 月到 2013 年 3 月的新闻报道。

预测值的准确率使用 MAPE 来评估。

$$\text{MAPE} = \frac{1}{n}\sum_{i=1}^{n}\left|\frac{y_i - y_i'}{y_i}\right|$$

其中，y_i 表示 CPI 真实值；y_i' 表示 CPI 预测值；n 表示预测的个数。

6.4.2 实验结果

1. SARIMA 模型结果

使用 Eviews 7.0 建立 SARIMA 模型，其公式为

$$(1-0.2677L)(1+0.3386L^{12})\Delta_{12}y_t = (1+0.2690L^{11})(1-0.6962L^{12})v_t$$

模型的稳定性通过了 T 检验，所有特征根都在单位圆中，残差可以通过 Q 检验。

CPI 的真实值与通过 SARIMA 模型得到的预测值如图 6.2 所示。该预测模型得到的 MAPE 值为 0.0035。我们可以看到 CPI 在 99% 和 101% 之间波动。2012 年 7 月和 2012 年 12 月，SARIMA 模型预测值与真实值很接近，但在其他时间两者之间存在一些差距，这将通过 TS-SARIMA 模型进行修正。

2. TS-SARIMA 模型结果

在文本分析过程中，先输入由 196 个名词及其每个月相应的 TF-IDF 值组成的矩阵。然后用潜在语义分析来对矩阵进行降维，通过奇异值分解将 196 维调整至 8 维。此时 8 维矩阵可以代表网络新闻信息，从而使用 BPNN 模型来训练和测试特征与残差之间的联系。2009 年 3 月到 2012 年 3 月的数据用来训练神经网络，2012 年 4 月到 2013 年 3 月的数据用来验证模型的有效性和效率。

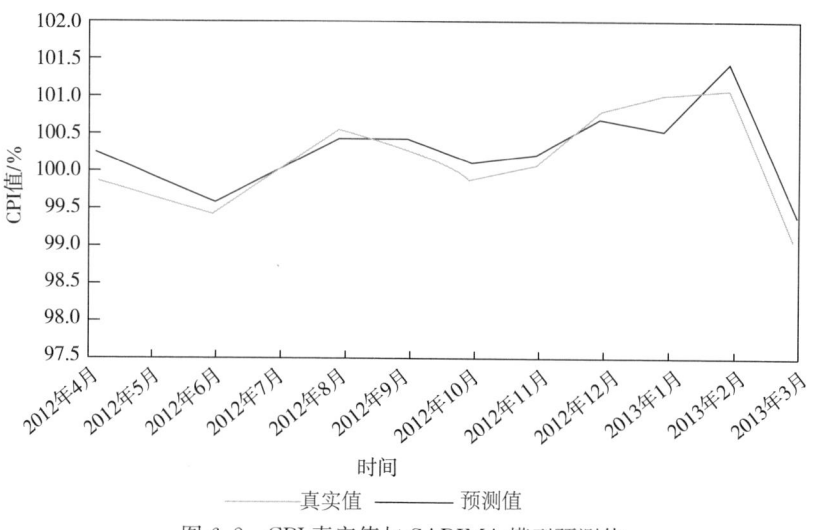

图 6.2　CPI 真实值与 SARIMA 模型预测值

在情感分析中，经过特征选择之后的 8 个名词与相应的情感指标构成了输入矩阵。和文本分析类似，将 2009 年 3 月到 2012 年 3 月的数据作为训练集，剩余数据作为测试集。

为了将单独的文本分析或情感分析与混合模型相比较，我们通过设置 α 为 1 选取最好的 T-SARIMA 模型，通过设置 α 为 0 选取最好的 S-SARIMA 模型。单独混合模型的结果见表 6.1。

表 6.1　单独混合模型的结果

模型	MAPE
T-SARIMA	0.001 5
S-SARIMA	0.001 6

和 SARIMA 模型的结果相比较，T-SARIMA 模型和 S-SARIMA 模型将 MAPE 值降低了 0.002 0 和 0.001 9。这证明无论是新闻中的主观信息还是客观信息都可以提高预测的准确性。接下来我们通过设置不同的 α 尝试将两种分析结合起来，首先将单独文本分析和单独情感分析得到的最好模型混合，得到如图 6.3 所示的预测结果。其 MAPE 为 0.001 4，α 为 0.4，代表文本信息在残差修正中的比例为 0.4。

从图 6.2 和图 6.3 中我们可以直观地看到，混合分析模型可以得到更准确的预测结果。

但需要注意的是，最佳混合模型不一定带来最好的预测结果。所以我们尝试了更多的实验，得到了 MAPE 为 0.001 3 的混合模型，在这个模型中 T-SARIMA 模型的比例为 0.4，S-SARIMA 模型的比例为 0.6。这个结果说明在混

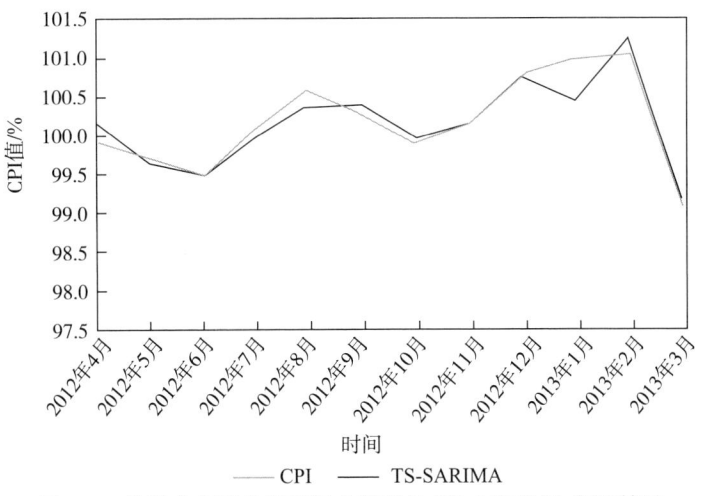

图 6.3 单独分析最佳模型混合得到的 TS-SARIMA 预测结果

合模型中,情感信息比文本信息稍微重要,新闻中的情感信息更能反映 CPI 的变化。通过图 6.4,我们可以看到新的混合模型在 2012 年 8 月和 2013 年 1 月将预测值修正得更加接近真实值。

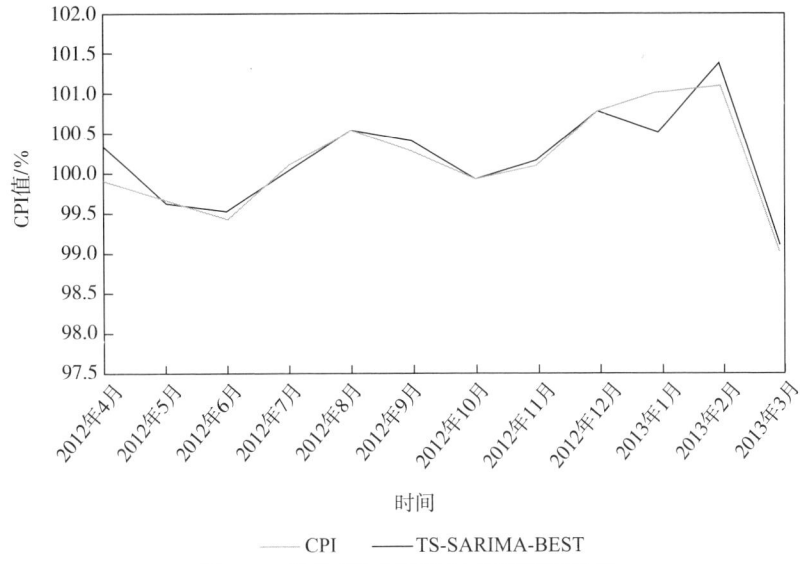

图 6.4 最佳 TS-SARIMA 模型预测结果

从上述实验中可以看出,新闻报道中包含的主观和客观信息都能在一定程度上反映 CPI 的变动、对 CPI 的预测带来帮助、提高 CPI 预测的准确率。

6.5 本章小结

本章提出了一个新颖的混合模型，首先使用一个常用的时间序列模型将 CPI 数据自身的规律提取出来，然后考虑到得到的残差是该时间序列模型所无法解释的变动，假设新闻包含的信息可以一定程度上反映 CPI 的变动，用网络新闻来拟合时间序列得到残差，以修正 CPI 的拟合结果。将两者结合获得混合模型 TS-SARIMA，同时，考虑到网络新闻包含的信息包括主观信息和客观信息，选择中国最具代表性的门户网站——新浪网中与 CPI 相关的两个板块作为新闻源搜集新闻。结果证明，TS-SARIMA 模型获得了比单独的时间序列模型更好的预测结果。

未来的研究可以尝试更复杂的时间序列模型以获取更准确的拟合效果和预测结果；对于新闻信息的拟合，可以使用更多的智能模型，如 RBF、SVM 等；同时，可以尝试将这种混合模型用于其他经济领域，如 GDP 预测，以获取更大的价值。

第 7 章

基于双语本体的汇率预测

本章介绍一个新颖的基于双语本体的网络挖掘方法，通过挖掘网络大数据中的信息，建立预测模型，从而对汇率进行预测。本章将以人民币对美元汇率为例，针对它涉及两国经济背景的特点，提出一个基于双语本体的网络信息挖掘方法，利用中外网络新闻中的信息流，通过神经网络建模，对汇率进行预测。

7.1 引言

外汇市场由于具有巨大的产业潜力以及丰厚的利润，成为金融数据发掘中最具标志性的研究领域之一。但是，因为预测工作本身具有高波动性和不规律性，加之易受金融市场噪声的影响(Yu et al., 2009)，汇率预测极具挑战性。基于以上原因，学者们提出了很多方法和模型用于对不同汇率数值未来变动趋势的研究和预测。此外，各国研究人员不仅追求提高模型的准确性，而且也试图在其之上建立不同的方法论。其中，基本面分析和技术分析方法是被业界广泛接受且普遍应用的方法。随着计算机科学技术的发展和金融理论的延伸，更多复杂的模型和技术被提出来并逐步应用。

汇率又称外汇利率、外汇汇率或外汇行市，是指两种不同货币之间兑换的比率。对于一个国家而言，一国货币的价值会因为各种原因(如利率、通货膨胀、国家的政治和经济等)而发生变动。由于受进出口等活动的影响，一国货币不可避免地会和外国货币进行不同形式的对换，加上两国货币的价值未必相同，所以就产生了一个用于计算对换的比率，这就是汇率。不同国家实行的汇率制度不同。在实行官方汇率的国家，国家货币当局，如财政部、中央银行或外汇管理当局会对本国汇率进行规定，本国一切外汇交易都必须按照这一汇率进行；在实行市场汇率的国家，汇率由外汇市场决定，随着外汇市场上货币的供求关系变化而变化。汇率对国际收支、国民收入等具有重要影响。

在一些国家和地区采取量化宽松政策的背景下，汇率作为一项重要的经济指标，受到了很大的关注。因此，如果能找到一种切实可行的预测方法对汇率在特定时期内的变动进行预测，无论在经济还是政治上都能带来正面的效应。

由于外汇市场预测的重要性，学者们通过不同的模型和方法，提取了许多不同的变量来解释和预测外汇市场的变动。经济基本面分析方法是其中一个重要的方法，Meese和Rogoff(1983)将宏观经济基本面引入多结构和时间序列模型，发现随机行走模型与其他任何预期模型和结构模型一样，均表现不佳。为了改进这个模型，Ehrmann和Fratzscher(2005)使用实时数据进行研究，他们认为这些数据反映了市场参与者在做出交易决定时所接收到的真实信息。相近的研究可以参见Andersen等(2003)、Faust等(2003)、Galati和Ho(2001)，他们以货币政策和重要宏观经济变量作为基本面度量。另外，也有很多学者支持技术指标分析的方法。这个方法是指应用一定的数学公式对原始数据进行处理得出指标值，将指标值绘成图表，从定量的角度对金融市场进行预测。支持此方法的学者认为，市场参与者的行为是趋向于追求技术交易规则的，这导致了外汇汇率的变动。例如，Evans和Lyons(2002)揭示了汇率在短时间内明显地被订单流推动的现象，即过剩的买方或卖方发起的交易反映了市场的信息处理机制，更重要的是，这种现象可能与宏观基本面无关。近期，由于Chen等(2013)的研究，人们也开始利用新闻公告中的信息，通过小波分析法研究不同时间跨度内汇率波动和不寻常的宏观经济消息之间的关系，这一点与本章的研究方法类似，但本章的研究更侧重于观点方面。

近期的研究显示，一些网络社交媒体实时提取的指数和新闻信息可以用来预测不同的经济、贸易指标的变化。在这些研究中，从网络记录上提取观点的方法相对新颖且有相应的理论支持。此外，我们从心理学研究中得知，情绪在人类决策过程中起着重要的作用。例如，Mishne和Rijke(2006)利用对博客观点的评估来预测电影票房的情况。此外，行为金融学为"金融决策明显地受情绪和心情的影响"这一论题提供了进一步的证据。在实践中，Bollen和Mao(2011)的研究调查通过实测提取大规模Twitter用户的情绪状态，找到了这些情绪状态与一段时间内的道琼斯工业指数的相互关联。有很多研究是关于股票市场和这些观点之间关系的，但与外汇汇率关联的研究较少，所以正如前文所述，我们有必要对这一问题进行更深层次的探究。

在本章的研究中，我们使用了网络发掘方法跟踪不同的新闻流及其观点，这些输入变量区别于之前研究的输入变量，如历史时间序列数据、经济基本数据（如GDP、CPI等）、交易流和相应的图表。针对人民币/美元的汇价推测，提出了一个基于双语本体的网络信息挖掘方法，利用中外网络新闻中的信息流，通过神经网络建模对汇率进行预测。

7.2 基于双语本体网络挖掘方法的外汇预测建模

7.2.1 模型框架

本小节将详细阐述基于双语本体网络挖掘方法的原理及步骤。其中，一个以名词为中心的情感分析方法是本模型的核心，将被应用于模型构建。

模型的整体架构及流程如图 7.1 所示，从图 7.1 中可以看出，模型的构建过程包括七个子步骤，分别如下。

步骤 1：用爬虫工具分别从具有代表性的中国新闻网站（新浪）以及美国新闻网站（Nasdaq）上爬取外汇板块的新闻内容，并从彭博（Bloomberg）上获取人民币对美元（CNY/USD）汇率数值。

步骤 2：将爬取下来的中美新闻进行分词，得到的结果将进一步用于构建双语本体。

步骤 3：分别用中英文词性标注工具与极性标注工具对分词后的词语进行词性与极性的标注。

步骤 4：应用以名词为中心的情感分析方法计算当日新闻中所有名词的最终情感值，这些名词对应的情感值代表了当日影响因素的不同属性。

步骤 5：为了降低输入变量的维度，应用特征选择算法对上一步得出的名词及其对应的情感词进行处理，将通过特征选择算法后选择出来的名词所对应的情感值作为网络的输入放入神经网络里进行训练。将汇率的一阶差分作为输出目标值放入网络进行训练。

步骤 6：采用 BPNN 拟合不同的输入和输出数值，构建出一个网络，可以通过当日新闻中被选择出的名词所对应的情感值来预测次日汇率的波动差值。

步骤 7：应用训练好的网络对未来的汇率波动值进行预测。

7.2.2 以名词为中心的情感指标计算

正如 7.2.1 小节中所言，当双语本体构建完成之后，一个以名词为中心的情感分析方法将被用于计算当日新闻中所有名词的最终情感值。在这个方法中，所有的情感指标都是针对每日新闻里的有效名词计算的，这也是"以名词为中心"的含义。

首先，在爬取了全部的新闻后，将文本分词工具应用于新闻文本的分词工作中。其次，应用词性标注器 Part-Of-Speech Tagger 识别分词之后每一个词语的词性并进行相应的标注。再次，应用词语极性标注器 Hownet Opinion Finder 对每一个词语进行情感倾向的识别，标注出其情感属性（正向情感、负向情感或者

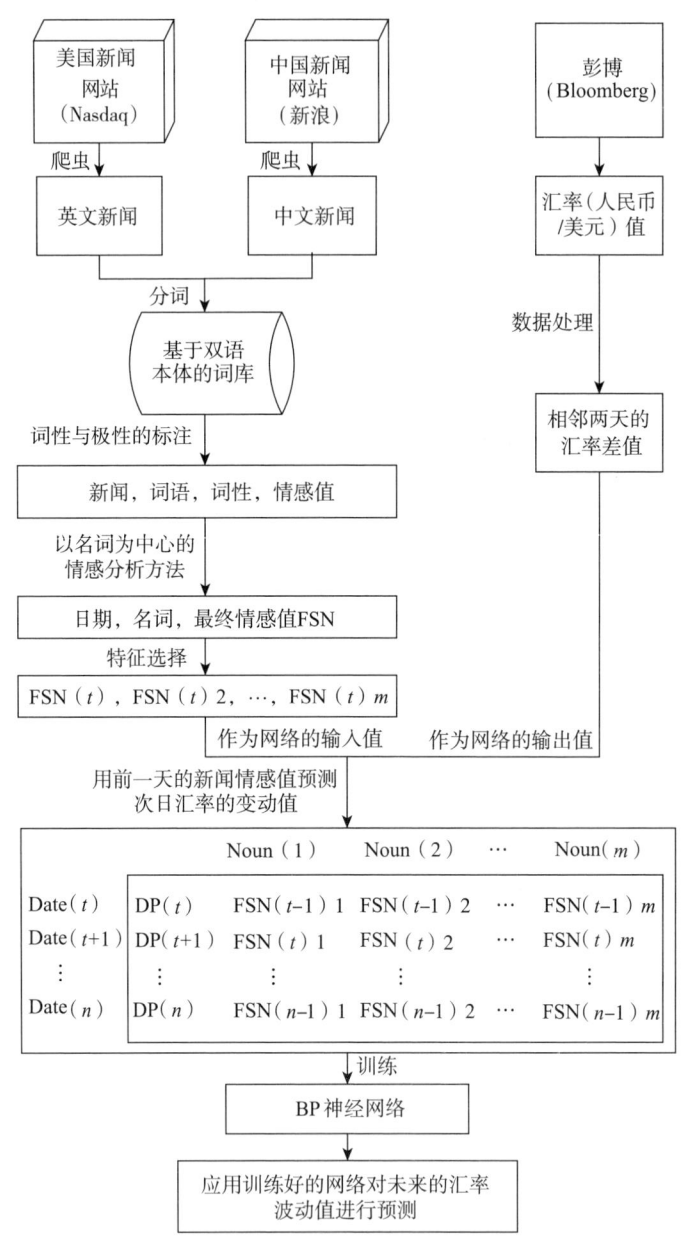

图 7.1 汇率预测模型整体架构及流程图

无情感取向)。最后,通过名词及其修饰词(可以是形容词、动词等)的匹配关系提取出不同的名词-修饰词对,针对每一个有效名词,遍历当日的新闻内容,挑选出所有包含这个名词的匹配对,通过线性叠加这些修饰词的情感值得到当日每个名词的情感值。这些名词对应的情感值代表了当日影响因素的不同属性。

$$\mathrm{ISN}(t)_i = \sum_{j=1}^{T(t)} \mathrm{SM}(t)_j + \mathrm{SN}_i \tag{7.1}$$

其中，$\mathrm{ISN}(t)_i$ 表示名词 i 在日期 t 中线性叠加后的综合情感值；$T(t)$ 表示在日期 t 里面所有包含这个名词 i 的匹配对数；$\mathrm{SM}(t)_j$ 表示当日修饰名词 i 的词语的情感值；SN_i 表示名词 i 本身的情感，如果这个名词本身是一个中性词语，则 SN_i 的值等于 0。

由于每个名词本身的影响力不同，本书用词语的 TF-IDF 值来表示名词重要性。通过每个名词的 TF-IDF 值与上文提到的名词综合情感值，可以得到最后我们所需要的最终情感值，其计算公式如下：

$$\mathrm{FSN}(t)_i = \mathrm{ISN}(t)_i \times \mathrm{TF\text{-}IDF}_i \tag{7.2}$$

其中，$\mathrm{FSN}(t)_i$ 为名词 i 在日期 t 的最后情感值。

例如，在一篇新闻报道中，出现了"经济增长"这么一个短句，其中"增长"修饰的是"经济"这个名词主语，而"增长"本身所代表的情感是正向的，因此通过提炼这个短句，用本模型所提出的以名词为中心的情感分析方法进行处理，可以得到本句中"经济"这个名词主体的情感指标为正。当日所有包含"经济"一词的匹配对都会被提取，且修饰该名词的修饰词情感值被线性叠加，"经济"本身是一个极性中性的名词，因此本身的情感值为零，将所得到的当日"经济"一词的综合情感值乘以该词的 TF-IDF 值可以得到当日该词的最终情感值。

7.2.3 模型的构建和预测

通过计算每日所有有效名词的最终情感值，我们得到了不同名词在一段连续日期内的一系列最终情感值。为了减少输入的数据维度，应用特征选择方法选取相关性较高的名词，剔除相关性低的冗余名词。将经过特征选择后剩余的名词对应的情感值作为网络的输入放入 BPNN 进行仿真网络的训练，相应的输出是前后两天的汇率波动差值。也就是说，用当日的新闻情感导向预测次日的汇率波动值。

经过上述描述过程后，训练好的网络将被用于后续实验中训练集数据的预测。

7.3 实证分析

7.3.1 评判指标

在本模型中我们采用三个指标来衡量模型的效果，分别是 MAPE、MAE 及 RMSE。这三个指标从不同层面展示了数据的误差情况，常用于衡量预测值与真实值的差异程度，其计算公式为

$$\text{MAPE} = \frac{1}{n}\sum_{i=1}^{n}\frac{|y_i - y'_i|}{y_i} \tag{7.3}$$

$$\text{MAE} = \frac{\sum_{i=1}^{n}|y_i - y'_i|}{n} \tag{7.4}$$

$$\text{RMSE} = \sqrt{\frac{\sum_{i=1}^{n}(y_i - y'_i)^2}{n}} \tag{7.5}$$

7.3.2 双语新闻的爬取结果

本章一共从美国新闻网站 Nasdaq 上爬取英文新闻 66 951 则，时间跨度为 2010 年 4 月 19 日至 2013 年 3 月 25 日。从中国新闻网站新浪网上爬取新闻 242 711 则，时间跨度为 2010 年 3 月 13 日至 2013 年 4 月 26 日。由于中国和美国处于不同的时区，考虑到从彭博上爬取的 CNY/USD 值对应的是美国时间，此处将所有中文新闻及其对应的时间转换为美国时间以达到标准化的目的。经过时间标准化之后，我们提取其中日期重合的时间段，即 2010 年 4 月 19 日到 2013 年 3 月 25 日之间的所有中英双语新闻作为本次实验的数据来源。

首先，我们将新闻进行分词以及词性标注。其次，提取其中所有的名词，并对其进行清洗，如将"％"与"2"这种错误地被识别成名词的符号和数字进行删除。同时，根据词频的高低以及这个名词的领域专业性，将诸如人类、日期等含义广泛、不具领域专业性的名词剔除，挑选出 122 个英文单词以及 169 个中文词语。围绕这 291 个名词，遍历当日的新闻内容，找出其中的配对名词-修饰词，如"经济-增长""良好的-经济"等。

7.3.3 模型构建及预测结果

经过了情感指标计算、特征选择等步骤之后，将前 700 天的数据作为训练集数据，将其中的特征属性以及次日与当日的人民币对美元汇率差值作为网络的输入和输出，放入 BPNN 中进行仿真网络的训练。剩余 61 天的数据作为测试集对训练好的模型进行检验，结果如表 7.1 所示。

表 7.1 三个指标的结果

指标	结果
MAPE	0.002 5
MAE	0.015 7
RMSE	0.019 0

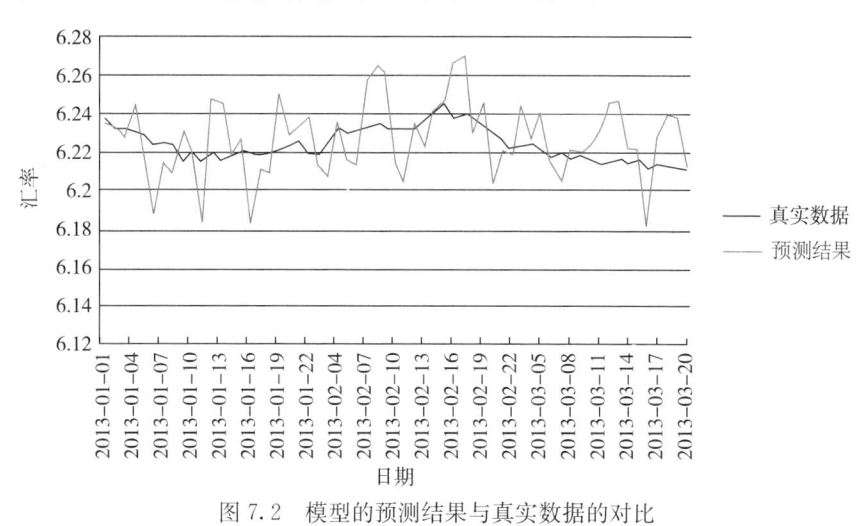

模型的预测结果与真实数据的对比如图 7.2 所示。

图 7.2 模型的预测结果与真实数据的对比

7.4 本章小结

本章利用中美网站上的新闻以及来自彭博的人民币对美元汇率数值,通过应用一个新颖的基于双语本体的网络挖掘方法,建立了预测模型并进行了相应的实证分析。

本章提出的预测方法仍缺乏更多的对比实验,实验的设计仍需要进一步地细化及改善。但是,基于双语本体的挖掘方法提供了一种较为新颖的思路,它考虑到了汇率本身的特殊性(涉及不同的国家),并将这种特殊性融入模型的构建中,试图找到汇率波动与不同国家新闻情感间的关系。对不同语言的新闻进行挖掘,并对挖掘结果建立相应本体的思路值得在其他更广泛的领域中推广应用。

第 8 章

基于网络新闻的国际原油价格预测模型研究

国际原油价格预测是关乎企业生产、消费和国家利益的重大问题,而原油价格因受诸多市场复杂变化因素的影响,随机波动性很强。本章提出了一个考虑网络文本信息的神经网络预测模型来对国际原油价格进行预测分析。该模型先是利用对互联网能源类新闻文本的特征挖掘来确定影响原油价格走势的指标因素,然后利用 BPNN 方法,通过文本挖掘得到的特征数据对原油价格进行预测分析。实证结果表明,该模型对原油价格走势预测具有较高的精度。

8.1 引言

信息技术的发展催生出了网络媒体,其活跃程度远远高于报纸、广播、电视等传统媒体,大大加快了信息的传播速度,增强了信息的影响力度。随着依靠网络传播的新闻越来越受到市场的重视,其对投资性产品的价格势必会产生影响,特别是在股市、期货中。Tetlock(2007)的研究证明,在期货市场中,投资者的情感会受到网络媒体信息的影响,媒体的悲观情绪会对市场价格产生下行压力,其对资产的价格也会产生影响。Fand 和 Peress(2009)证实,美国股市存在明显的媒体效应,媒体关注度低的股票的回报率高于媒体关注度高的股票。而在期货市场中,原油被认为是最为重要的交易品种之一,年均高于 30%的价格波动率更让其成为研究热点。本章即研究网络媒体对原有期货价格预测的影响。

就经济学而言,原油价格由其供求关系决定。这种供求平衡关系看似简单,但在大量复杂因素的影响下,如何达到均衡及获得均衡点的过程则变得异常复杂。这些影响因素范围广泛,包括宏观经济状况、未来经济的发展、新油矿的发现、新能源的发展、气候因素变化、战争和地缘政治紧张局势等。这些因素大量、广泛存在,有很强的随机特征,共同影响着原油价格的变化趋势,使得市场参与者难以确定一个合适的价格。再加上原油资源本身的稀缺性以及分布和消费的不均匀，无论从短期还是中长期来看，原油价格都呈现一种频繁且剧烈的波动状态。例如，从2004年7月到8月的一个月内，美国西得克萨斯中质原油（West Texas Intermediate，WTI）每桶价格从40美元上升到近45美元，有近10%的增长。最早研究石油价格走势的学者是Hotelling(1931)，他提出了可耗竭资源模型。沿着Hotelling的研究思路，后来很多学者通过设定石油市场的不同结构和不同参与主体的行为来建立各种模型，并引入了不同的相关参数来研究油价波动的原因和趋势，如Kaufman等(2004)。

由于原油自身的重要性，国内外学者对其价格预测研究成果较多，其预测模型的构建通常有两种形式。

第一种是通过分析基本影响因素对油价的影响效果对其进行预测。其中，基本影响因素是自变量，油价是因变量。这种方法的步骤可以概括如下：首先，识别影响价格的主要因素；其次，分析每个因素如何对价格产生影响，类似于敏感性分析；最后，建立一个因果模型（cause and effect model），如回归模型等。使用这个方法建立模型进行预测所面临的主要问题在于：由于影响油价的因素种类太多，所以难以考虑完全；又因为因素之间的互相影响太过复杂，所以难以摸清其间的关系，从而更难用它们建立预测模型。

在最基础的回归模型中，最常用的解释变量通常用于描述市场的需求，以及通过衡量石油输出国组织（Organization of the Petroleum Exporting Countries，OPEC）的供给来描述其在原油市场中的作用。Ye等(2002，2005，2006)提出，经济合作与发展组织（Organisation for Economic Co-operation and Development，OECD）成员所持有的石油库存量可用于对未来原油价格进行预测。他们建立了一个回归模型，描述了库存与价格之间的关系，并应用于预测WTI的价格，这个模型的主要缺陷在于其预测的有效性依赖于对库存量的精确估测。Merino和Ortiz(2005)发现，Ye等所提出的库存-价格关联性最近被削弱了，原因是油价边际价格上存在附加费，而模型无法预测出附加在原油价格上的额外费用。

第二种是使用时间序列的模型，即由价格自身的历史数据来推断它的未来行为趋势。这种模型适用于以下情形：①数据本身具有系统模式特征，如自相关性；②解释变量数目很多，相互间作用较复杂，导致难以在此基础上建立传统的结构化模型；③预测本身依赖于对解释变量的估测，而对解释变量的估测比对变量本身的预测更加困难。原油价格及其预测正好符合这三种情形。事实上，影响它们的变量的数量和自然属性（包括经济、政治、物质层面）表明对于预测油价而言，用时间序列的方法可以寻找出数据序列中的系统模式（即关系及相互间的相互作用），从而对未来数值进行预测，而不是像第一种方式那样建立一个结构化的模型。

事实上，已经有许多学者用时间序列模型对油价进行了预测。例如，Xie等(2006)用 ARIMA 这种线性时间序列模型对 WTI 价格进行了预测，结果显示，由于油价本身包含非线性的行为模式，因此其不能被线性模型拟合。也就是说，在大多数情况下，线性的时间序列模型不能用于对油价进行预测。此后，Frey 等(2009)尝试用其他的线性时间序列模型对油价进行预测，同样也得到了失败的结果。所有实验都表明，线性时间序列模型不适用于对包含非线性特征的原油价格进行预测。

近年来，随着非线性时间序列模型，如隐马尔可夫模型(hidden Markov model, HMM)、人工智能(artificial intelligence, AI)技术(如人工神经网络、SVM)等的发展和成熟，其逐渐被应用到金融数据的预测中。在 Shi 和 Weigend (1997)、Zhang(2004)的文章中，HMM 模型被用于预测道琼斯工业指数，而一系列的实验结果显示，像 HMM 这样的非线性时间序列模型有很好的预测能力。除使用单个智能算法外，一些学者还尝试将不同的智能算法、智能算法和其他算法结合起来形成新的混合模型对数据进行预测。Xie 等(2006)提出了一种新的基于 SVM 的原油价格预测方法，他们将其性能与 ARIMA 和 BPNN 进行比较后发现，SVM 的表现优于其他两种方法，很适合用于对原油价格进行预测。同时，经验模态分解(empirical mode decomposition, EMD)也被用于原油价格预测。其中，Zhang 等(2008)利用 EMD 分析原油价格的波动，该研究先将三段不同时间、频率的原油价格时间序列分解成几段由高频到低频的独立固有模式，再将这种模式组合成波动的过程，将经济的三个成分定义为供需不平衡或其他市场活动引起的短期波动、显著性的剧烈影响和长期趋势，通过 EMD 方法证实其有效性。

近年来，随着数据挖掘研究的不断深入，特别是网络文本挖掘技术的成熟，越来越多的研究者开始关注通过在原有预测模型中加入新闻特征数据来提高预测精度。加入网络新闻特征数据主要有两方面考虑：一方面，网络新闻可以全面、快速地反映金融市场动态；另一方面，网络的覆盖面广，可以广泛影响业界主观预期。因此，无论是客观现实或是主观预期，在金融市场预测模型中加入网络信息因素特征来提高预测精度，应该是一次有意义的尝试。

对于网络新闻的处理，通常是利用文本挖掘方法来提取特征信息。近几年，这种方法在社会舆情监控中得到了较好的验证，常用的技术包括文本分析[如词性分析、词干提取、潜在语义索引(latent semantic indexing, LSI)降维等]、文本特征模型[如向量空间模型(即 TF-IDF 值计算)、布尔模型]、文本挖掘技术(如神经网络、K-means、SVM 等)。但由于文本数据为非结构化类型，提取相关适当信息具有较大的难度，所以文本挖掘用于金融市场预测的文献并不多见，仅有少量文献运用文本的预测模型系统，并且是对期货、股票价格趋势、指数波动和外汇汇率的趋势做出预测，如上涨、下跌等，并没有对金融市场的价格值做出预测。例如，Wuthrich 等(2000)利用隔夜门户网站上的新闻文本，开发出香港时间上午 7：45 的五个主要股票指数当日走势的预测系统。又如，Mittermayer(2004)开发了新闻分类和交易系统(news categorization and trading system，NewsCATS)，并选择利用上市公司发布的信息预测新闻发布后美国短期的股票价格走势。这一系列研究普遍采用先对新闻文本提取特征，再根据一段时间后价格走势对特征进行人工标注，包括上涨、下跌等，最后采用机器学习的方法对测试文档特征进行训练，从而对目标价格走势进行预测。

而对金融市场价格具体值进行预测的研究较少，其中 Schumaker 和 Chen (2009a，2009b)的研究具有较好的借鉴意义。他们将所采集的财经新闻挖掘为词袋、名词短语和命名实体，再利用 SVM 具体估计股票价格。在实验中，他们采集了 9211 条财经新闻文本和同时期的标普 500 股票的千万条行情记录，利用 SVM 估计新闻发布后 20 分钟内的股票价格变化，得到了较好的预测精度。关于三种特征选取方法，研究发现命名实体特征比其余两种方法更加有效。

根据对已有文献的回顾，原油期货价格预测研究往往集中于特征因素与时间序列分析上，或大事件影响中。而文本挖掘技术的成熟，为关注市场动态和舆论导向提供了可能。本章在对原油价格预测中，在原油价格时间序列中加入网络新闻文本特征数据，利用非线性时间序列模型 BPNN 做出价格预测，并通过对比验证其有效性。

8.2 基于网络新闻的国际原油价格预测建模

8.2.1 总体思路框架

本章模型的构建基于网络文本信息挖掘技术，采取 BPNN 算法对国际原油价格进行预测，模型整体可分为四个部分，即数据获取、数据处理、模型构建和模型验证，其流程如图 8.1 所示。

8.2.2 数据获取

1. 数据采取

数据采取是指利用某种装置或者技术手段，从互联网上采集数据并输入系统内部或数据库的过程。在本章预测模型中我们不仅需要大量的网络文本数据，还需要准确的原油价格历史数据(分为训练数据和测试数据)。利用训练数据经过 BP 训练产生原油期货价格预测模型，然后利用测试数据验证模型的准确性。

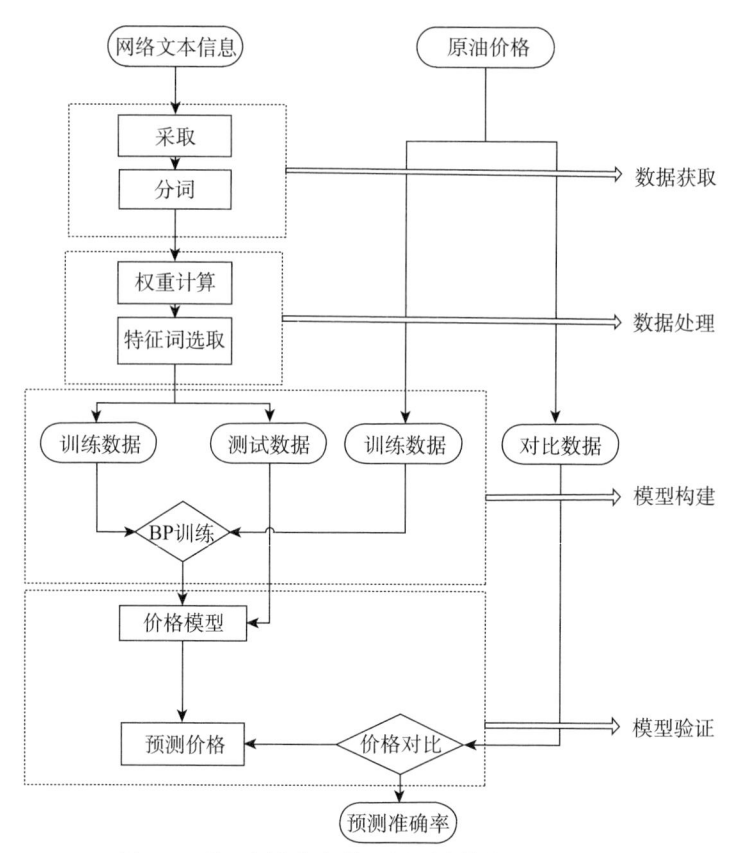

图 8.1 基于网络新闻的国际原油价格预测流程图

2. 分词

分词一般是指将连续的字序列按照一定的规范重新组合成词序列的过程。分词是文本挖掘的基础工作，是文本深层次分析的前提。词的切分，对于人来说是比较简单的事情，但是对于机器来说，却是非常困难的，如歧义切分、未登录词识别等都是极具挑战性的问题。

分词的分类包括基于词典的方法和基于标准的方法。基于词典的方法又包括最大匹配法、最大概率法、最短路径法和未登录词识别法。

8.2.3 文本数据处理

1. 新闻文本数据权重计算：TF-IDF 算法

对于上述方法采集到的名词，如何将其数据化，使其成为实验可用数据？可从两个维度入手：①单词的重要性，以出现频率计算；②单词的类别区分能力，以相对于其他单词的特异性计算。我们采用 TF-IDF 算法来实现以上想法。

TF-IDF 是一种用于信息搜索和信息挖掘的常用加权技术。在搜索、文献分类和其他相关领域有广泛的应用。TF-IDF 的主要思想是，如果某个词或短语在一篇文章中出现的频率高，并且在其他文章中很少出现，就认为该词或者短语具有很好的类别区分能力，适合用来分类。

词频是指某一个给定的词语在该文件中出现的频率。对于在某一特定文件里的词语 t_i，它的词频 $tf_{i,j}$ 的计算方法可表示为

$$tf_{i,j} = \frac{n_{i,j}}{\sum_k n_{k,j}} \tag{8.1}$$

其中，$n_{i,j}$ 为该词在文件 d_j 中出现的次数；$\sum_k n_{k,j}$ 表示文件 d_j 中所有字词出现的次数之和。

反文档频率(inverse document frequency，IDF)是一个词语普遍重要性的度量，每个词语对应一个 IDF 值，其主要思想是如果包含词条的文档越少，IDF 越大，就说明词条具有很好的类别区分能力。

对于特定词语 t_i，它的反文档频率 idf_i 可表示为

$$idf_i = \ln \frac{|D|}{|\{j: t_i \in d_j\}|} \tag{8.2}$$

其中，$|D|$ 为语料库中的文件总数；$|\{j: t_i \in d_j\}|$ 为包含词语 t_i 的文件数目。

词语在该文档中的 TF-IDF 值为 $tfidf_{i,j} = tf_{i,j} \times idf_i$。可以看出，某一特定文件内的高词语频率，以及该词语在整个文件集合中的低文件频率，可以产生出高权重的 TF-IDF。因此，TF-IDF 倾向于保留文档中较为特别的词语，过滤常用词。

2. 潜在语义索引降维

网络新闻文本数据在经过 TF-IDF 值计算后，数据量巨大，包含大量冗余信息，不适合作为建模实验数据。同时，部分词语的相关性较强。基于此，我们通过潜在语义索引，对原始数据降维，消除冗余信息，提取特征数据变量，提高建模有效性。

潜在语义索引是 1988 年 S. T. Dumais 等提出的一种信息检索代数模型，用于知识获取和展示。潜在语义索引是经过实验验证的文本分类技术中行之有效的维数约简算法之一。潜在语义索引模型对原始特征空间降维的过程是一个在降维的同时尽可能保留原始特征空间全局信息的过程，并且，潜在语义索引是一种扩展的向量空间模型，用于提取文本中词条与词条之间潜在的语义结构，并利用这种潜在的语义结构来表示词条和文本，从而达到简化文本向量、实现降维的目的。潜在语义索引可以加强相关词条之间的关联性，同时削弱非相关词条之间的关联性，将高维空间中的文档向量映射到低维的潜在语义空间之中，这就使得原来没有任何共同项的两个文档经过潜在语义索引处理之后有可能产生关联性。潜在语义索引是通过对词-文档矩阵的奇异值分解来实现把高维的向量空间模型表

示中的文档映射到低维的潜在语义空间之中的。

我们将一个文本集表示为一个 $m\times n$ 的词-文档矩阵 A，其中，m 表示文本集中包含的所有不同的词条数目；n 表示文本集中的文本数目，即每个文本对应矩阵 A 的一列，每个不同的词条对应矩阵 A 的一行。这样矩阵 A 建立以后，可以利用奇异值分解计算矩阵 A 的 k 维近似矩阵 A_k，$k \leqslant \min(m, n)$。通过奇异值分解，我们可以将矩阵 A 分解为三个正交矩阵的乘积，即 $A_{m\times n}=TSD^{\mathrm{T}}$，其中，$T_{m\times r}=(t_1, t_2, \cdots, t_r)$ 称为特征维度矩阵，这里，$t_1, t_2, \cdots, t_r$ 为 T 的左奇异向量；$S_{r\times r}=(\sigma_1, \sigma_2, \cdots, \sigma_r)$ 称为奇异值矩阵，这里，$\sigma_1, \sigma_2, \cdots, \sigma_r$ 为 A 的所有奇异值；$D_{n\times r}=(d_1, d_2, \cdots, d_r)$ 称为文档维度矩阵，这里，$d_1, d_2, \cdots, d_r$ 为 D 的右奇异向量。保留 T 的前 k 列得到矩阵 T_k，$N_{mk}=T_k^{\mathrm{T}} \times A_{mn}$，$N_{mk}$ 即所求的低维矩阵。

8.2.4 模型预测：BPNN

BPNN 中包含多层神经元隐层，可以从输入模式中提取较多的有用特征，完成复杂的学习计算任务，因此特别适合于求解内部机制的复杂问题。同时，BPNN 中的每个神经元模型包括一个非线性激活函数，这些函数是光滑的（即处处可微），一个普遍应用形式是由 Logistic 函数定义的 Sigmoid 非线性函数：

$$y_j = \frac{1}{1+\exp(-v_j)}$$

其中，v_j 为神经元 j 的激活值，即所有突触输入的加权和减去偏置；y_j 为神经元的输出。

由于下述两方面原因，很适合用 BPNN 对原油价格与网络文本特征数据建模：一方面，原油价格在以往研究中被发现其非线性相关特征更加明显，而文本数据更是非线性的，这与 BP 的原理相符；另一方面，原油价格波动原因复杂，需要大量复杂计算，BPNN 十分适合。

8.3 实证分析

8.3.1 数据收集

为了保证网络文本信息的充分性，实验对新闻类网站的选择要求较高。根据所研究问题的特征，所选择新闻网站需要满足以下要求：一是网站应专注于能源类新闻发布；二是新闻量相对较大，可以涵盖大量信息，更加全面地反映现实基本面；三是时间序列完整，便于跨度较大的预测研究，得到一般性结论；四是网站影响力较大，可以对价格波动产生一定的影响。基于以上四方面因素，我们选取美国能源类新闻网站 EBR 作为实验基本面数据来源。而国际原油的历史价格数据及销售数据则可以从美国能源信息管理委员会（Energy Information Administration，EIA）的官方网站上获取，其是目前国际公认的价格发布机构。我们以 EIA 公布的 WTI 原油价格历史数据作为另一实验数据，并划分出一定对照数据以检测预测模型的准确性和可操作性。数据采集的时间范围定于 2010 年 1 月 1 日至 2012 年 10 月 15 日。而对于原油价格数据，不需要进行分词、TF-IDF 值计算等，只需在将其与文本数据结合时采用标准化规则即可。

利用火车头数据采集平台，对 EBR 网站上 34 758 条新闻抽取内容，并按照标题、作者、日期、内容等做相关分类。将其内容按照分类属性导入 MySQL 5 数据库中。由于本章关注客观特征、市场动态，同时 Schumaker 研究证实，名词相较于其他词性预测精确度更加优良，所以选择关注新闻内容中的名词。斯坦福大学的词性标注器经过相关实验的论证被证明对于词性的区分有较好的效果，因而选用该词性标注器中的 English left 3words distributional similarity 学习模型，对数据库中 3 万多条新闻内容进行名词筛选，并记录各名词的出现次数。实验共得到 88 908 个名词。考虑到新闻采集时间跨度将近 34 个月，而累积出现次数少于 10 次的名词不具有现实预测意义，将其归为异常数据，进行剔除，最后得到 24 286 个名词。

8.3.2 数据处理

为了更好地表明词汇区分特征的能力，我们对在 34 758 条新闻中得到的 24 286 个名词进行 TF-IDF 计算，利用 Java 编程得到 24 286×34 758 维词-文档矩阵。

所得的词-文档矩阵为一稀疏矩阵，作为实验数据可用性较差，同时大量冗余信息对模型预测构成较强的干扰。利用潜在语义索引降维，根据语义相关性，将高维矩阵投射到低维近似矩阵。由于恰当的维数与数据本身特征有较强关联，没有具体经验维数定值，降维时，我们分别降至 5 维、7 维、15 维、20 维、30 维、40 维、60 维、80 维、100 维。

我们需要的实验数据应为词-天矩阵，因而将代表同一天的文章列数值相加，得到模型需要的 $K \times 575$ 维词-天矩阵。

8.3.3 BPNN 预测模型

原油价格的影响因素较多，同时其价格决定函数具有非线性特征，时间序列性质也相对较强。而 BPNN 可以根据输入与输出之间的误差来调整各网络层的权重与阈值，是一种非线性自学习模型架构。更重要的是，在时间序列性较强的股票价格预测上，BPNN 表现出较好的特性，故我们以 BPNN 作为预测模型。

在输入数据中，我们需要将 K 维词-天矩阵与当天对应的一维原油价格组成

$K+1$ 维矩阵,作为自变量,输出数据为第二天的原油价格,即因变量。这样做一是由于原油价格波动本身表现出较强的时间序列特性;二是代表能源市场基本面不应只是前一天的新闻,以前新闻的影响可以转化表现在前一天原油价格上。由于前 K 维数据与第 $K+1$ 维数据在数据级上相差较大,故需对其进行标准化处理。将 575 组数据按照约 8∶1 的比例,分为 513 组训练实验输入数据和 62 组预测实验输入数据。

本章关注于预测方法自身的可靠性,故对于 BPNN 的相关参数选择默认值,即网络层数为两层,传递函数为 tansig、purlin,学习函数为 trainlm;隐层元数目利用经验值,即输入维数与输出维数相加之和。

1. 维数确定

对于上文提到的各维实验数据,分别利用所建立的 BPNN 模型进行训练,并用预测数据检验其预测效果,得到的 MAPE 走势如图 8.2 所示。

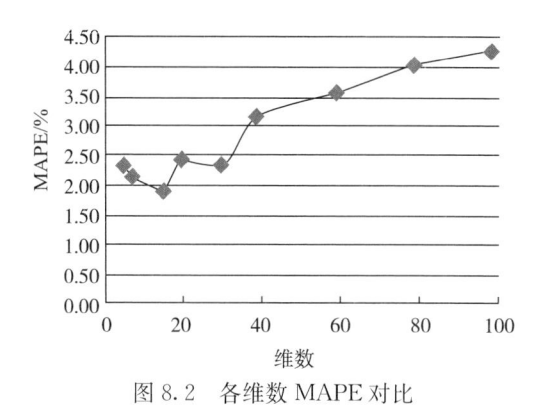

图 8.2　各维数 MAPE 对比

从图 8.2 中可以看出,基本面信息维数在 7~15 维时误差相对较低,而在 20 维及更高维数时误差虽有小幅波动,但整体误差趋势逐渐走高,故推断出预测效果最佳的维数应在 7~15 维。对此区间再进行更加细密的划分,降维至 7、8、…、15,分别进行上文中所述的处理,进行建模实验,得到的 MAPE 走势如图 8.3 所示。

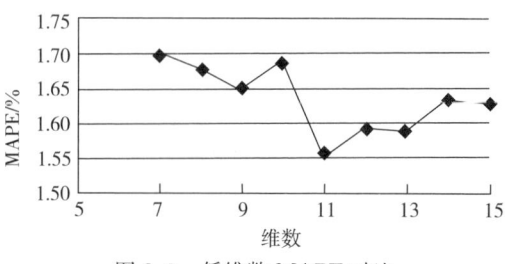

图 8.3　低维数 MAPE 对比

从图 8.3 中可以确定 11 维基本面数据加一维原油价格数据作为实验输入数据所做的预测效果最好。

2. 模型预测验证及对比分析

为了验证上述方法的有效性，通过实验对原油价格预测效果进行分析对比。利用能源类网站 EBR 的新闻数据与 EIA 公布的 WTI 原油价格，将本章的预测方法（实验 1）与一维时间序列经线性模型 ARIMA 的预测精度（实验 2）、一维时间序列经非线性模型 BPNN 的预测精度（实验 3）进行对比研究，并通过常用刻画指标 MAPE、MAE、RMSE 来度量预测效果，指标的计算公式如下：

$$\text{MAPE} = \frac{\sum_{i=1}^{n} \frac{|p_i - p_t|}{p_i}}{n} \times 100\% \tag{8.3}$$

$$\text{MAE} = \frac{\sum_{i=1}^{n} |\hat{p}_i - p_i|}{n} \tag{8.4}$$

$$\text{RMSE} = \sqrt{\frac{\sum_{i=1}^{n} (p_i - p_t)^2}{n-1}} \tag{8.5}$$

在实验 1 与实验 3 中，由于要用到 BPNN 模型建模，需要将 2010 年 1 月 1 日到 2012 年 6 月 25 日共 513 组数据作为训练集，2012 年 6 月 26 日到 2012 年 10 月 15 日共 62 组数据用于测试预测效果集；而实验 2 只需将 2012 年 6 月 26 日到 2012 年 10 月 15 日共 62 组数据用于测试预测效果集。三组实验均用预测效果集表示预测精度。表 8.1 给出了三种预测方法在测试集中的 MAPE、MAE、RMSE 对比结果。

表 8.1 三种预测方法对比结果

实验编号	新闻特征处理	模型	MAPE/%	MAE	RMSE
1	是	BPNN	1.55	1.31	1.58
2	否	ARIMA	4.32	3.67	4.02
3	否	BPNN	3.82	3.17	3.67

实验 2 与实验 3 是原油价格研究中常用的价格时间序列模型，其差别在于：当假设原油价格为线性相关时，用 ARIMA 模型，即实验 2；而当其为非线性相关时，用 BPNN 模型，即实验 3。将实验 2 与实验 3 对比，可知原油价格中非线性因素更加突出，这也与文献研究结果相同，证明了用 BPNN 模型的正确性。实验 1 与实验 3 的差别在于是否加入新闻特征数据，实验 1 各项指标均优于实验 3，表明基于网络文本挖掘的价格时间序列的 BPNN 模型更具优越性，同时其预测

精度在同对象预测模型中也相对较高。由此可见，本章提出的预测模型在原油价格预测中切实可行，是一种具有较高精度的预测方法。

8.4 本章小结

本章利用网站 EBR 的 34 758 条新闻及 EIA 上 WTI 原油期货历史价格数据，提出了基于网络文本信息挖掘的 BPNN 原油价格预测模型。实证结果显示，该方法具有较高的预测精度。这说明，原油价格不仅有较强的时间序列性质，还与现实动态基本面息息相关。在对其价格预测上，本章提供了一种新的思路。

对于本章提出的预测方法，有三个具体的研究方向：一是在数据采集方面，本章只收集了新闻中的名词，不能全部囊括全部的信息特征，可以同时收集名词、动词、形容词等词语，选择恰当的处理方法，使实验数据更好地表达现实基本面；二是对 BPNN 相关参数进行优化，以提高预测精度；三是该模型只对后一天原油价格有较高的预测精度，可以多步预测，将预测范围推至一周甚至一个月等。

第 9 章

基于网络信息传导机制的黄金期货市场价格联动模型研究

本章提出反映媒体非基本面信息的媒体因素,以中美黄金期货市场为例研究分析基于网络新闻媒体信息传导机制的两市场价格联动模型。首先,本章定义了三维媒体因素,包括当日新闻数量(NNum)、新闻长度指数(LenIndex)和悲观情感指数(PesIndex),并发现其会对中美黄金期货价格信息传导机制产生影响,而且进一步发现悲观情感对于投资者的影响更为强烈。其次,本章的研究表明,美国媒体所体现的媒体因素对上海黄金期货价格的影响比对纽约黄金期货价格的影响更加剧烈。而中国媒体在世界范围内并没有如此广泛的影响力,但其对上海黄金期货市场的影响无论是从交易量还是从价格来看都是显著的。最后,我们发现美国黄金期货价格对中国媒体因素也具有一定的影响力。

9.1 引言

近年来,黄金投资越来越受到投资者的追捧,但由于黄金买卖所需要的资金量相对庞大,同时牵涉到所有权、控制权等问题,操作受到限制。而黄金期货由于其杠杆效应,相比现货价格对于信息的反应会更加迅速,因而更容易被捕捉到信息传导的过程。这点优势不仅增强了黄金市场的投资功能,而且放大了黄金市场发现价格和锁定价格的功能。在全球主要的黄金期货市场之中,纽约商品交易所(New York Commodity Exchange,COMEX)因历史悠久且具有成熟的黄金现货市场相配合,其黄金期货交易一直居全球主导地位。随着中国上海期货交易所在 2008 年 1 月 9 日成功推出黄金期货交易,中国黄金市场体系在现货市场建设的基础上迈出了新的步伐。中国黄金期货合约上市以来,黄金期货交易量不断增加,交易规模不断扩大,逐渐成为世界黄金期货交易的重要组成部分。因而我们认为，研究中美黄金期货市场之间的价格联动关系对于了解黄金期货市场的信息传递过程有着重要的意义。

下面我们分析新闻媒体对于两黄金期货市场信息传递的贡献。由于小盘股效应，封闭式基金折价之谜等金融市场中的异常现象给传统金融理论带来巨大挑战，以投资者行为为主要研究视角的行为金融学成为解释金融现象的重要手段。其中，投资者情绪理论（Lee et al.，1991）作为行为金融的支柱理论之一，主要阐述投资者对未来的预期存在系统性偏差，从而引起资产价格波动。媒体作为投资者获取信息的主要方式，其在反映市场信息披露情况的同时，对投资者产生了指导性作用，这种作用通过影响投资者情绪使投资者产生行为偏差。当噪声投资者的行为具有很大社会性时，在投资者有限理性的市场上，会存在与基本面无关的因素导致市场价格变动。因而，为完善两市场间的信息传导机制分析，我们引入中国与美国媒体信息，以分析其对于两市场黄金期货价格信息传导机制的作用。

我们选择汤姆森路透（Thomson Reuters）财经板块作为美国新闻源，新浪财经板块作为中国新闻源，并通过运用分词等技术手段将媒体新闻进行数值化处理、定义三维媒体因素来多角度反映每日新闻的非基本面特征。一是当日新闻数量，主要反映当日的信息量；二是新闻长度指数，反映媒体对于当日信息的重视程度；三是悲观情感指数，反映媒体的悲观态度。

国际学术界对黄金市场，无论是期货还是现货，研究得都十分充分，在理论与实证上取得了很多成果，特别是黄金非货币化后，黄金市场的各项功能得以完善，市场研究也日益活跃。通过阅读、比较相关文献，我们可以得出研究内容，其分为两个方面：一是对市场本身的考察，如宏观经济因素、市场的运转机制、黄金的衍生交易、商业银行的黄金业务等；二是黄金期货市场与现货市场或其他金融体系的联动关系。

在对黄金市场的考察中，比较有代表性的是宏观经济信息（如货币供应量、PPI、就业报告、GDP及个人收入等）对黄金期货的影响效应分析。Tandon和Urich（1987）研究发现，美国货币供应量和PPI的非预测信息成分的公告信息对黄金日价格具有显著性影响；Bailey（1988）认为，货币供应量的非预测周增长水平公告会明显增大黄金价格的波动幅度；Christie等（2000）利用1992～1995年的金银期货日内数据来查验月度宏观经济信息对金银期货市场的释放效应，他们的研究表明，黄金期货价格不仅对公告的CPI信息反应强烈，而且对公告的失业率、GDP和PPI信息以及产能利用率释放信息也反应强烈，但对联邦赤字公告信息反应并不强烈。除了对宏观经济信息等因素进行研究外，还有一些文献研究了黄金期货的市场行为与价格决定。Chatrath等（2001）发现，随着期货合约到期日的临近，投资者边际需求的改变导致美国黄金期货市场的波动加剧、稳定性减少。同时，Baur 和 Lucey(2010)认为，由于黄金被视为有效的避险工具，在金融危机最严重的时期，大多数发达国家的黄金市场均表现出该国股票市场的强避险性。

黄金期货市场与现货市场或其他金融体系的联动关系是近几年研究的热点。在黄金期货与其他金融体系联动性方面，Xu 和 Fung(2005)研究了同时在东京商品交易所和纽约商业交易所进行期货交易的黄金、白金和白银期货的溢出效应，结果发现，两个市场之间具有较快的价格信息传递速度，美国市场主导了收益率方面的信息传递。王文杰等(2009)认为，2008 年金融危机期间，美元指数原油价格与国际股市波动均显著影响中国黄金期货市场的波动；同时，美元指数与美国国债收益率对黄金期货收益率有明显的负向影响。

在黄金期货与现货联动性方面，20 世纪 80 年代，Tschoegl(1980)对黄金现货期权和期货市场的有效性进行了检验，结果表明，黄金市场至少是半强势有效市场，没有证据表明外部交易者能够通过自身信息获取更多利益。20 世纪 90 年代以后，随着单位根、协整和 Granger 因果检验等计量手段在金融研究中的应用，对期货与现货价格关系的检验成为研究热点，并据此来验证期货市场的有效性和价格发现功能。例如，Wahab 和 Lashgari(1993)认为，大多数期货与现货价格之间存在长期均衡关系，期货与现货价格相互作用、相互影响，并且期货市场在价格发现功能中处于主导地位。

近几年，网络等媒体的活跃加速了信息的传播、增强了信息的影响。同时更加公开的信息、新闻对带有投资性产品的价格的影响越来越大，特别是股市、期货等。Fand 和 Peress(2009)证实，美国股市存在明显的媒体效应。其研究结果反映媒体关注度低的股票的回报率高于媒体关注度高的股票。不仅如此，Shiller(2000)指出，媒体在股市的波动过程中起着推波助澜的作用。在认知偏差的驱动下，投资者对于好消息与坏消息都存在过度反应。同时，Dyck 和 Zingales(2003)认为，媒体报道中的措辞、篇幅长短等与信息本身无关的其他形式，均不像传统金融学理论认为的那样与资产价格无关。Tetlock(2007)也提出，投资者的情感会受到媒体信息的影响，媒体的悲观情绪会对市场价格产生下行压力，其对资产的价格会产生影响。

目前，研究媒体信息对黄金期货价格波动影响的文章仍然不是很多，我们也没有发现通过反映媒体非基本面信息的媒体因素来研究不同黄金期货市场之间的价格联动关系，从而进一步分析黄金期货市场的信息传递过程的相关研究。因此，本章以中美黄金期货市场为例，研究基于网络新闻媒体信息传导机制的两市场价格联动关系模型，并详细分析中美两国新闻媒体对于两国黄金期货市场的信息传递过程。

9.2 媒体源与媒体因素

9.2.1 媒体源选择

黄金价格作为公认的宏观经济，尤其是商品价格的指示器，其波动趋势受到整个宏观经济与金融市场的影响，不仅与美元走势关系密切，而且与国际商品市场、国际股票市场存在互动关系。而黄金期货价格通常受到标的资产（黄金）价格的影响，同时，由于杠杆效应，其对于外界资讯反应更加剧烈与迅速。因此，我们认为整个财经板块所涉及的信息均会在一定程度上对黄金期货价格的波动产生影响。

本章选择新浪财经板块和汤姆森路透财经板块作为新闻源，这主要是基于以下三点考虑：①两网站均在当地具有广泛的影响力。新浪作为中国最大的门户网站之一，在中国财经网站中排名第一位，是中国投资者获得资讯的重要途径之一。同时，汤姆森路透主要面向美国用户，其新闻的权威性受到世界肯定。②两网站的每日新闻条数与平均长度较大，资讯与同类网站相比更加丰富。③两网站的新闻信息易于获取，新闻的时间序列相对完整，便于跨度较大的预测研究。因此，我们选取汤姆森路透财经作为美国市场的新闻媒体数据来源，选取新浪财经作为中国市场的新闻媒体数据来源，采集的时间范围定于2010年1月25日至2013年1月25日。

我们利用火车头数据采集平台，对汤姆森路透财经板块上的7 972条新闻和新浪财经板块上的10 369条新闻抽取内容，并且按照标题、作者、日期、内容做相关分类。

9.2.2 媒体因素选择

我们对得到的新闻样本进行数值化处理，得到能够代表每日新闻非基本面部分的数值信息，并将其定义为媒体因素，从而验证媒体是否通过影响噪声投资者的行为对黄金期货价格产生影响。为多角度反映当日新闻的非基本面特征，我们定义如下四个媒体因素：①当日新闻数量（NNum），主要反映当日的信息量。我们认为较大的信息量可能会带给投资者对于市场更为积极或者消极的判断，从而引起市场更为剧烈的波动。②当日新闻平均长度（AvgLen），反映媒体对当日信息的重视程度。当日新闻平均长度越长，说明媒体对于当日的信息越重视，从而引导投资者对此做出较大的反应，预计具有更强的波动。③悲观情感词频数（PesNum），反映媒体的悲观态度。④乐观情感词频数（PosNum），反映媒体的乐观态度。媒体对于新闻的态度直接影响投资者的情绪，噪声投资者会为此做出非理性判断，导致市场价格存在过度反应。

下面我们详细阐述悲观情感词频数与乐观情感词频数的计算过程。因中文词语间无分界符，在对新闻进行处理前需进行分词处理。在本章研究中，我们使用 ICTCLAS 进行分词处理。ICTCLAS 会将中文文本转换为以空格分割的词序列。英文虽然词语间有空格作为分割，但为减少符号（如叹号、问号、引号等）对新闻量化指标的影响，我们依然对英文新闻进行分词处理。使用斯坦福自然语言处理团队（The Stanford Natural Language Processing Group）研发的 Stanford Log-linear Part-Of-Speech Tagger 进行分词处理，Stanford Log-linear Part-Of-Speech Tagger 包含多种分词模型，我们选取 English-left3words-distsim Tagger 进行分词。同样，英文文本也被转化为以空格分隔的词序列。

在统计新闻乐观情感词频数和悲观情感词频数时，我们把所生成的词序列中的词语依次取出，将其与情感词库中的词语进行比对，统计词序列中与情感词库中词语匹配的词数作为乐观或悲观情感词频数。中文文本使用清华情感词典作为情感词库，英文情感词库使用伊利诺伊大学芝加哥分校的 Opinion Lexicon，从而得到当日乐观和悲观情感的词频数。

考虑到三年内网络媒体的完善，可能存在信息量的显著增加或者文章篇幅明显增长等新闻结构上的变化，为排除我们所取的三年样本中上述变化导致后续的分析产生偏差，先对所筛选的四个指标进行初步分析。如图 9.1 所示，以汤姆森路透新闻为例，其 NNum、AvgLen、PosNum、PesNum 均不存在显著的趋势。

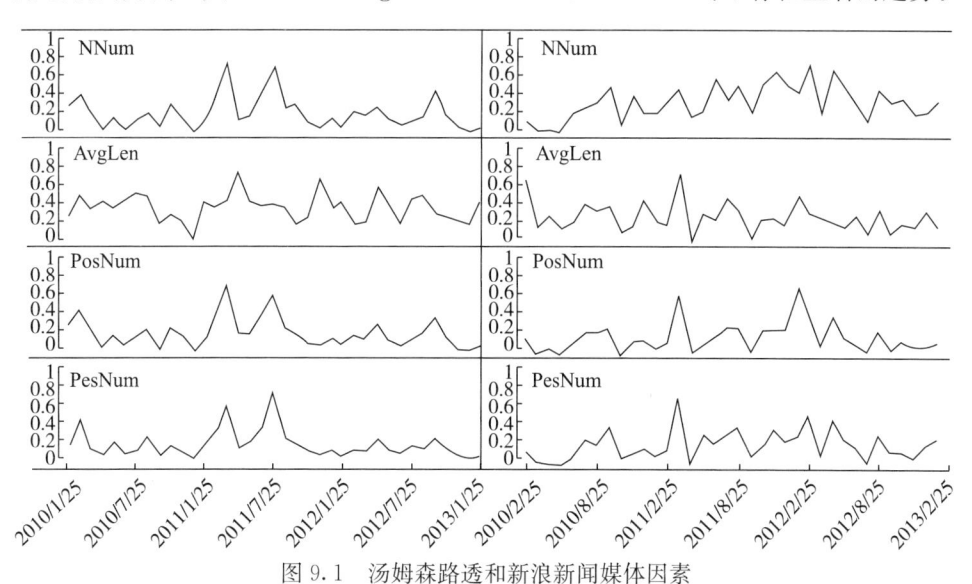

图 9.1　汤姆森路透和新浪新闻媒体因素

考虑到 AvgLen、PesNum 及 PosNum 是一个绝对化数值，而我们想反映的是媒体对该文章的相对重视程度与情感态度，表达的是一个相对概念，因此利用绝对化数值进行衡量有失其特质。于是，我们采用最大最小值标准化将其转化为

[0，1]区间内的相对指标，得到新闻长度指数(LenIndex)、悲观情感指数(PesIndex)与乐观情感指数(PosIndex)。实证中我们发现，悲观情感指数与乐观情感指数存在高度的相关性，不应同时引入回归方程。同时，考虑到悲观情感相比乐观情感更容易在投资者中传染，通常对于投资者情绪的影响更加显著，因而我们将乐观情感指数因素剔除。

由此，我们重新定义以下三个媒体因素：①当日新闻数量(NNum)，主要反映当日的信息量；②新闻长度指数(LenIndex)，反映媒体对于当日信息的重视程度；③悲观情感指数(PesIndex)，反映媒体的悲观态度。

9.3 黄金期货信息传导机制

9.3.1 分析框架

在无摩擦的金融市场中，我们认为投资者是纯理性的，那么由无套利定价理论可知价格序列接近于带有漂移项的随机游走。然而，大量行为金融证据表明，市场的摩擦会使投资者对未来的预期产生系统性偏差，而这种带有偏差的预期就称为投资者情绪，其能够造成市场交易量或者波动性的显著变化。媒体作为投资者获得信息的主要渠道，其包含了信息的基本面部分与非基本面部分。在半强型有效的市场下，信息的基本面部分会在价格中充分且立刻反映，但实证中研究者发现，市场对于信息存在过度反应。这种过度反应的主要原因在于噪声投资者的情绪受到媒体中非基本面因素的鼓动，加剧了市场的波动。

考虑到上述行为金融视角下的价格信息传导机制，我们认为分析中美间黄金期货价格传导过程应充分考虑媒体在其中的媒介作用。为检验媒体所反映的非基本面信息对于两市场的黄金期货价格是否存在显著的影响，我们设计了如图9.2所示的分析框架。

由于纽约期货交易所作为黄金期货交易的中心，其黄金期货价格对于上海黄金期货价格具有导向性作用，因而我们认为传导路径①应该是显著存在的。下面着重分析媒体在价格传导机制中扮演的作用。

首先，我们要解决的问题是媒体因素在该价格传导机制下是价格的引导者，还是仅被价格影响(即传导路径②、④是否存在)。事实上，如果媒体因素可以被视为过去信息的代理变量，那么我们自然相信过去的黄金期货价格会显著影响现在的媒体因素。然而，从上述我们所分析的行为金融角度来看，另一种可能是，媒体因素作为投资者未来行为的代理变量，通过驱动投资者行为在一定程度上导致了价格波动。其次，我们要分析，如果媒体因素确实影响价格，这种传导过程是直接作用于价格，还是通过带动交易量进一步对价格产生冲击(即传导路径②、

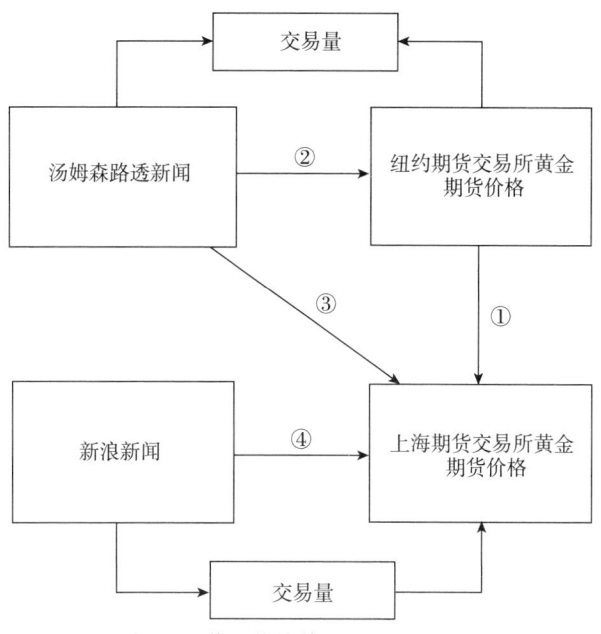

图 9.2 黄金价格传导机制分析框架

④的存在方式）。不可否认，交易量的显著提升通常会带来价格的波动，因而为使信息传导机制更加清晰，我们需要知道媒体因素的较为直接的作用对象。最后，我们需要分析媒体因素是否存在跨国家的影响（即传导路径③是否存在）。为详细探究不同国家的媒体信息来源对两市场价格传导机制的影响，我们分美国媒体部分与中国媒体部分两方面进行探究。

9.3.2 向量自回归估计

我们获得了 2010 年 1 月 25 日到 2013 年 1 月 25 日上海期货交易所黄金期货主力合约与纽约期货交易所黄金期货主力合约的日收盘价，主力合约是当日所有交易的黄金期货品种合约中持仓量最大的合约，反映了黄金期货价格重心的变化及市场趋势。本章利用小量近似（取对数后一阶差分）得到两黄金期货价格的回报率序列。由于国情不同，中美法定节假日存在着很大的差异，交易日不完全吻合。为了使分析更加合理，需保持交易天数的一致性，本章将每个国家法定节假日所在的日期删除，共得到配对数据 707 对，克服了相关研究小样本的缺陷，使研究结果更为稳健。

为探究信息传导的具体路径，我们需要知道媒体因素与黄金期货价格以及黄金期货成交量的联动关系，因而选择无约束的向量自回归模型进行研究。考虑到星期原因导致的价格波动（也就是人们常说的星期一效应），我们引入五天工作日的哑变量($dummy_1$, $dummy_2$, $dummy_3$, $dummy_4$)作为外生变量，从而控制回报率周期性的异常变化。同时，我们引入向量自回归估计的内生变量，包括纽约黄金期货的日成交量对数 TVCOMEX、纽约黄金期货价格回报率 PCOMEX、上海黄金期货的日成交量对数 TVSHFE、上海黄金期货价格回报率 PSHFE、当日新闻数量 NNum、新闻长度指数 LenIndex 与悲观情感指数 PesIndex。

为比较美国媒体部分与中国媒体部分的信息传导机制差异，我们未利用 AIC 作为信息量指标对滞后阶数进行选取，而是人为选择 5 阶滞后项，认为金融市场一般在 5 日内能对信息做出反馈。

定义 L_5 为滞后五阶的滞后算子，即 $L_5(x_t) = [x_{t-1}, x_{t-2}, x_{t-3}, x_{t-4}, x_{t-5}]$，从而将向量自回归模型设定为

$$\begin{pmatrix} PCOMEX_t \\ PSHFE_t \\ TVCOMEX_t \\ TVSHFE_t \\ NNum_t \\ LenIndex_t \\ PesIndex_t \end{pmatrix} = \begin{pmatrix} \alpha_{11} & \cdots & \alpha_{17} \\ \vdots & & \vdots \\ \alpha_{71} & \cdots & \alpha_{77} \end{pmatrix} \cdot L_5 \begin{pmatrix} PCOMEX_t \\ PSHFE_t \\ TVCOMEX_t \\ TVSHFE_t \\ NNum_t \\ LenIndex_t \\ PesIndex_t \end{pmatrix} + \sum_{i=1}^{4} \boldsymbol{\beta}_i dummy_i + \begin{pmatrix} \varepsilon_{1t} \\ \varepsilon_{2t} \\ \varepsilon_{3t} \\ \varepsilon_{4t} \\ \varepsilon_{5t} \\ \varepsilon_{6t} \\ \varepsilon_{7t} \end{pmatrix}$$

为避免出现伪回归现象影响模型构建的准确性，对于收益率序列与新闻信息指标序列，我们分别通过运用 ADF 检验法检验各序列的单位根来检验其平稳性，结果如表 9.1 所示。由表 9.1 可知，加入向量自回归估计的各变量均平稳。

表 9.1 ADF 检验结果

变量	检验式	ADF	p 值	是否平稳
PCOMEX	(N, N, 1)	-25.747	0.000	是
PSHFE	(N, N, 1)	-28.962	0.000	是
TVCOMEX	(C, T, 1)	-12.162	0.000	是
TVSHFE	(C, T, 1)	-3.6155	0.029	是
LenIndex(汤姆森路透)	(C, T, 1)	-25.252	0.000	是
PesIndex(汤姆森路透)	(C, T, 1)	-20.473	0.000	是
NNum(汤姆森路透)	(C, T, 1)	-15.181	0.000	是
LenIndex(新浪)	(C, T, 1)	-24.485	0.000	是
PesIndex(新浪)	(C, T, 1)	-8.6189	0.000	是
NNum(新浪)	(C, T, 1)	-4.3659	0.003	是

注：检验式中的 C 和 T 分别表示检验方程带有截距项和趋势项；N 则表示没有相应项；数字代表滞后期

1. 美国媒体部分

这一部分我们主要分析汤姆森路透作为新闻源，其通过行为金融机制对中美

黄金期货价格的影响。首先，我们采用 Granger 因果检验分析中美黄金期货价格之间的因果关系，结果如表 9.2 所示。

表 9.2 基于美国媒体的黄金期货价格关系的 Granger 因果检验结果

指标	PCOMEX			指标	PSHFE		
	Chi-sq	df	Prob.		Chi-sq	df	Prob.
PSHFE	6.843 016	5	0.232 6	PCOMEX	657.659 7***	5	0.000 0

*** 表示在 0.01 的显著性水平下显著

显然，美国黄金期货价格的变化会导致中国黄金期货价格的变化，反之则不成立。也就是说，传导路径①是显著存在的，但是其逆方向的传导过程并不存在。这个结果也很容易理解，纽约期货交易所的黄金期货交易市场发展成熟，交易规模大，其期货价格对于信息反应相对迅速，于是信息会从纽约黄金期货市场流出，随着市场间的交易与套利发生，对上海黄金期货价格产生影响。相反，上海黄金期货于 2008 年 1 月 9 日开始上市交易，其发展时间较短，市场尚未成熟，其价格对于信息的反应速度并不灵敏。

下面分析代表汤姆森路透新闻媒体非基本面信息的三个媒体因素对于纽约黄金期货价格与上海黄金期货价格的影响，从而判断路径②与路径③是否存在，以及其传递过程是否通过影响交易量进而影响黄金期货价格。表 9.3 和表 9.4 展示了当日新闻数量 NNum、新闻长度指数 LenIndex 与当日悲观情感指数 PesIndex 这三个媒体因素与纽约黄金期货的日成交量对数 TVCOMEX、纽约黄金期货价格回报率 PCOMEX、上海黄金期货的日成交量对数 TVSHFE、上海黄金期货价格回报率 PSHFE 的 Granger 因果检验结果。

表 9.3 美国媒体 Granger 因果检验结果（一）

指标	TVSHFE			TVCOMEX		
	Chi-sq	df	Prob.	Chi-sq	df	Prob.
LenIndex	3.496	5	0.623 9	11.833**	5	0.037 1
PesIndex	8.079	5	0.151 9	4.868	5	0.432 3
NNum	6.324	5	0.276 0	6.831	5	0.233 5

指标	PCOMEX			PSHFE		
	Chi-sq	df	Prob.	Chi-sq	df	Prob.
LenIndex	7.104	5	0.213 0	13.637**	5	0.018 1
PesIndex	17.298***	5	0.004 0	12.522**	5	0.028 3
NNum	8.825	5	0.116 3	10.772*	5	0.056 1
TVCOMEX	4.280	5	0.509 9	8.534	5	0.129 2
TVSHFE	7.009	5	0.220 0	6.140	5	0.292 9

*、**、*** 分别表示在 0.1、0.05、0.01 的显著性水平下显著

表 9.4　美国媒体 Granger 因果检验结果(二)

指标	LenIndex Chi-sq	LenIndex Prob.	PesIndex Chi-sq	PesIndex Prob.	NNum Chi-sq	NNum Prob.
TVSHFE	4.964	0.420 3	11.53	0.041 8	7.973	0.157 7
TVCOMEX	9.144	0.103 5	9.786	0.081 5	8.018	0.155 2
PCOMEX	6.385	0.270 5	2.734	0.740 9	2.220	0.817 9
PSHFE	2.148	0.828 4	1.119	0.952 5	2.951	0.707 5

由表 9.3 与表 9.4 我们可以得出以下几个重要的结论。

(1)汤姆森路透作为美国新闻源的代表,其媒体的悲观情感指数 PesIndex 对于美国的黄金期货价格与中国的黄金期货价格均有显著的影响(Prob.<0.05),相反,这两个国家的价格波动并没有对新闻的悲观情感指数 PesIndex 产生显著的影响。也就是说,媒体的悲观情感指数更多地影响了投资者的情绪,而非仅仅是过去价格信息的代理变量,并且这种来自美国媒体的悲观情感同时作用于中美黄金期货市场,通过驱动投资者在一定程度上导致了价格波动。

(2)汤姆森路透所反映的媒体因素对于上海黄金期货价格的影响比对于纽约黄金期货价格的影响更加剧烈。美国的新闻媒体对于纽约黄金期货市场的价格影响要小于对于上海黄金期货市场的价格影响——这个结论看似令人费解。事实上,考虑到纽约期货市场较上海黄金期货市场发展更加成熟、健全,对信息反应更加迅速,因而其市场相对有效(所谓的有效意味着信息更加充分准确地体现在价格当中),受到噪声投资者的影响也相对较小,这个现象就不难解释了。同时,考虑到互联网信息的及时性,中国投资者也有多种渠道获得当日的美国媒体的新闻资讯,由于其市场的不健全性,媒体对于噪声投资者的主导作用会将媒体因素对价格的影响进一步放大,从而导致汤姆森路透的媒体因素对上海黄金期货价格的影响更剧烈的现象。

(3)媒体因素对价格的影响主要是直接作用于价格本身,并不仅仅是通过改变交易量从而间接对价格产生影响。由表 9.4 可知,NNum、LenIndex 与 PesIndex 三个媒体因素均对上海黄金期货价格影响显著,而仅有 LenIndex 对交易量影响显著。

考虑到媒体的 PesIndex 对两市场的黄金期货价格均有显著的影响,下面进一步探究 PesIndex 在该信息传导机制中扮演的角色。

由表 9.5 的结果可知,PesIndex 所带来的悲观影响是短暂的,在随后的 2~3 日内会出现价格的反转,这个结论与 Campbell 等(1993)的模型结果相一致。这表明市场对于该信息做出了过度反应,而后又进行价格反转的弥补,由此也说明媒体悲观情感会带动投资者行为,使得市场出现过度波动。

第9章 基于网络信息传导机制的黄金期货市场价格联动模型研究

表9.5 美国媒体悲观情感指数对黄金期货价格的影响

指标	回报率	
PesIndex	PCOMEX	PSHFE
L1. PesIndex	−0.012 171	−0.005 123
L2. PesIndex	−0.008 211	−0.000 996
L3. PesIndex	0.006 132	−0.001 836
L4. PesIndex	0.001 936	0.007 880
L5. PesIndex	−0.017 404	0.011 394

注：L1、L2、L3、L4、L5分别代表滞后1日、滞后2日、滞后3日、滞后4日、滞后5日

最后，我们将该传导机制进行归纳，如图9.3所示。

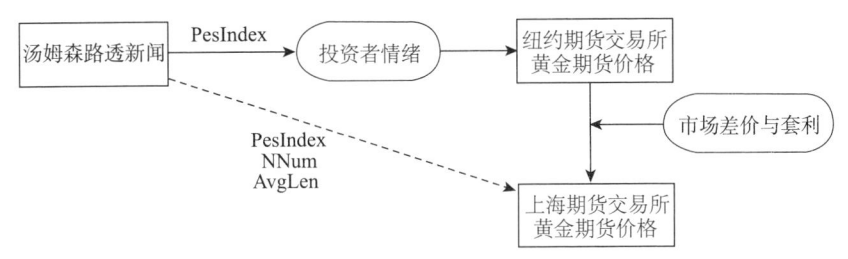

图9.3 美国媒体传导机制

2. 中国媒体部分

与美国媒体部分类似，在向量自回归估计中引入新浪财经的媒体因素后，纽约黄金期货价格回报率 PCOMEX 对于上海黄金期货价格回报率 PSHFE 具有引导作用；反之，上海黄金期货价格回报率 PSHFE 对于纽约黄金期货价格回报率 PCOMEX 影响并不显著，其结果如表9.6所示。

表9.6 基于中国媒体的黄金期货价格关系的 Granger 因果检验结果

指标	PCOMEX			指标	PSHFE		
	Chi-sq	df	Prob.		Chi-sq	df	Prob.
PSHFE	2.006 128	5	0.848 3	PCOMEX	442.339 7***	5	0.000 0

*** 表示在0.01的显著性水平下显著

下面分析新浪的国内金融新闻板块作为中国金融新闻源，代表非基本面信息的三个媒体因素对于纽约黄金期货价格与上海黄金期货价格的影响，从而判断路径④是否存在及其传递过程是否通过影响交易量进而影响黄金期货价格。表9.7和表9.8展示了当日新闻数量 NNum、新闻长度指数 LenIndex 与当日悲观情感指数 PesIndex 这三个媒体因素与纽约黄金期货的日成交量对数 TVCOMEX、纽约黄金期货价格回报率 PCOMEX、上海黄金期货的日成交量对数 TVSHFE、上

海黄金期货价格回报率 PSHFE 的 Granger 因果检验结果。

表 9.7 中国媒体 Granger 因果检验结果(一)

指标	TVCOMEX			TVSHFE		
	χ^2	df	Prob.	χ^2	df	Prob.
LenIndex	0.989	5	0.963 4	23.311***	5	0.000 3
PesIndex	5.475	5	0.360 7	9.923*	5	0.077 5
NNum	8.604	5	0.125 9	8.323	5	0.139 3

指标	PCOMEX			PSHFE		
	Chi-sq	df	Prob.	Chi-sq	df	Prob.
LenIndex	5.723	5	0.334 1	15.341***	5	0.009 0
PesIndex	9.120	5	0.104 4	10.610*	5	0.058 7
NNum	10.005*	5	0.075 1	5.573	5	0.350 0
TVCOMEX	8.837	5	0.115 7	1.606	5	0.900 6
TVSHFE	5.657	5	0.341 0	12.004**	5	0.034 7

*、**、*** 分别表示在 0.1、0.05、0.01 的显著性水平下显著

表 9.8 中国媒体 Granger 因果检验结果(二)

指标	LenIndex		PesIndex		Nnum	
	Chi-sq	Prob.	Chi-sq	Prob.	Chi-sq	Prob.
TVSHFE	0.655	0.985 3	7.195	0.206 6	6.681	0.245 4
TVCOMEX	5.072	0.407 2	3.476	0.626 9	1.749	0.882 7
PCOMEX	2.136	0.830 0	12.893**	0.024 4	15.881**	0.007 2
PSHFE	2.229	0.816 6	7.639	0.177 3	8.027	0.154 8

** 表示在 0.05 的显著性水平下显著

从表 9.7 和表 9.8 中 Granger 因果检验所反馈的结果来看，我们可以得到以下几个关于新浪财经板块作为媒体源的重要结论。

(1)新浪财经板块的媒体因素能显著引导上海黄金期货价格的波动，但是对纽约黄金期货价格的影响并不显著。新浪财经板块新闻的主要受众为中国的投资者，对于在纽约黄金期货市场的投资者影响力较小，因而其媒体因素很难对纽约期货市场产生影响。同时，上海黄金期货市场发展时间较短，其有效性和价格发现功能还有待于进一步发展，因而媒体因素会更易带动噪声投资者对价格产生影响。

(2)新浪财经媒体因素对上海黄金期货价格的影响包括两条路径，分别为直接作用于价格以及通过作用于交易量进一步引起价格的波动。与汤姆森路透的媒

体因素不完全相同,新浪财经的媒体因素通过两条路径分别影响上海黄金期货价格。例如,媒体当日的悲观情感情绪或者媒体对于当日新闻的重视程度,一方面直接引起价格的变动;另一方面激发投资者的热情或者恐慌,从而带动投资者增加头寸或者平仓,产生交易量的显著波动,进而对价格产生影响。

(3)纽约黄金期货价格回报率 PCOMEX 对于新浪的媒体因素有显著的影响。由于纽约黄金期货作为商品价格的重要指示器,其价格变动本身体现了世界金融市场的波动态势,所以会影响其他国家媒体的情感与信息量。基于上述原因,新浪财经板块所体现的媒体因素会受到纽约黄金期货价格回报率 PCOMEX 的影响。

考虑到新浪财经媒体因素中的新闻长度指数 LenIndex 与悲观情感指数 PesIndex 对上海黄金期货价格波动的影响,下面详细剖析新闻长度指数 LenIndex 及悲观情感指数 PesIndex 在该信息传导机制中对上海黄金期货价格 PSHFE 的引导作用。

由表 9.9 的结果可知,悲观情感指数所带来的悲观影响是短暂的,在随后的 2~3 日内会出现价格的反转,由此也说明新浪媒体悲观情感会带动投资者行为,使得市场出现过度波动,而这种波动是短暂的。

表 9.9 中国媒体悲观情感指数对黄金期货价格的影响

指标	回报率	
PesIndex	TVSHFE	PSHFE
L1. PesIndex	−15 098.54	−0.006 158
L2. PesIndex	27 884.58	−0.008 136
L3. PesIndex	−10 069.19	0.018 757
L4. PesIndex	−1 277.258	0.000 654
L5. PesIndex	2 957.167	−0.003 605

注:L1、L2、L3、L4、L5 分别代表滞后 1 日、滞后 2 日、滞后 3 日、滞后 4 日、滞后 5 日

新闻长度指数对黄金期货价格的影响如表 9.10 所示。

表 9.10 新闻长度指数对黄金期货价格的影响

指标	回报率	
LenIndex	TVSHFE	PSHFE
L1. LenIndex	−3 004.789	0.004 599
L2. LenIndex	−4 902.834	−0.002 902
L3. LenIndex	3 177.761	0.012 939
L4. LenIndex	3 335.721	0.003 977
L5. LenIndex	−2 418.573	0.001 467

注:L1、L2、L3、L4、L5 分别代表滞后 1 日、滞后 2 日、滞后 3 日、滞后 4 日、滞后 5 日

然而，我们看到新闻长度指数 LenIndex 并不存在明显的价格反转现象。其原因在于新闻长度指数体现的是对于当日新闻的重视程度，这种重视可能针对于乐观新闻，也可能针对于悲观新闻，因而对于价格的方向并不确定。

最后，我们将该传导机制进行归纳，如图 9.4 所示。

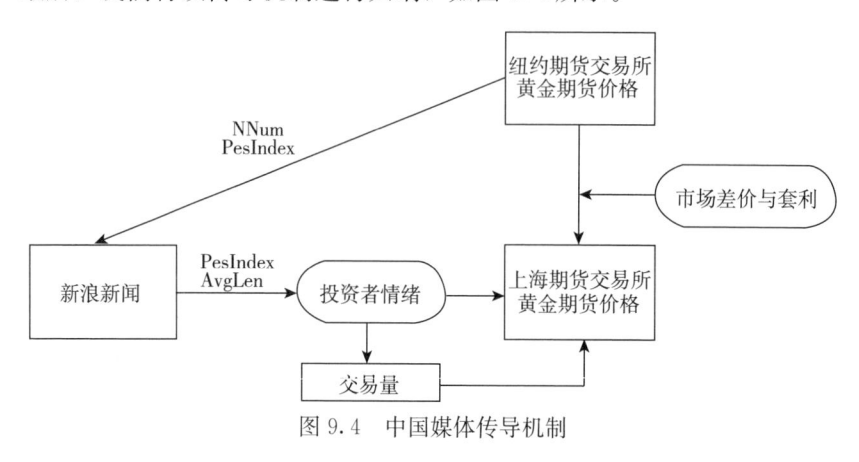

图 9.4　中国媒体传导机制

9.4　本章小结

本章通过引入三维媒体因素系统分析媒体信息对于纽约黄金期货价格与上海黄金期货价格信息传导机制的贡献作用，可以将本章的结论总结为以下四个部分。

(1)反映媒体非基本面信息的媒体因素作为投资者未来情感的代理变量，通过驱动投资者行为导致了价格波动。当日新闻数量 NNum、新闻长度指数 LenIndex、悲观情感指数 PesIndex 反映了媒体对于当日新闻信息量的评价，体现其对于当日信息的重视程度与情感态度，鼓动噪声投资者情绪，对市场产生影响，但这种影响是短暂的，会在未来出现价格反转现象，其中悲观情感指数 PesIndex 表现得更为明显。

(2)悲观情感指数 PesIndex 对于投资者的感染更为广泛。换句话说，情绪感染比起其他非基本面因素更具有带动性，无论是美国媒体源还是中国媒体源，其悲观情感指数均对黄金期货价格波动有一定的影响。事实上，从投资者心理的角度进行分析，这个结论也很容易理解。悲观情绪更容易引起投资者的恐慌，而这种恐慌和银行挤兑具有相似的传染性，会导致其影响更加剧烈。

(3)汤姆森路透作为美国新闻源的代表，在价格信息传导过程中的作用与以新浪为代表的中国媒体存在很大的差异。美国新闻源所体现的媒体因素对于上海黄金期货价格的影响比对于纽约黄金期货价格的影响更加剧烈，这与纽约期货市场发展更加成熟、健全，市场相对有效有很大关系。而中国媒体在世界范围内并没有广泛的影响力，但其对于上海黄金期货市场的影响无论是从交易量还是价格上来看都是显著的。

(4)纽约黄金期货价格对于新浪的媒体因素具有一定的影响力。由于纽约黄金期货作为商品价格的重要指示器，其价格变动本身体现了世界金融市场的波动态势，会引领其他国家媒体的情感与信息量，因而新浪的财经板块所体现的媒体因素会受到纽约黄金期货价格回报率 PCOMEX 的影响。

可见，媒体信息除了反映基本面信息外，其媒体因素所反映的非基本面信息也会对中美黄金期货价格传导机制产生影响。同时，这也进一步印证媒体通过行为金融影响资产价格的机制。媒体作为投资者主要获取信息的方式，在反映市场的信息披露情况的同时，对投资者产生了指导性作用，这种作用通过影响投资者情绪，使投资者产生行为偏差。当噪声投资者的行为具有很大社会性时，在投资者有限理性的市场上，会存在与基本面无关的因素导致中美黄金期货价格波动的现象。

第 10 章

房地产价格指数预测研究

作为经济社会发展中具有重要意义的行业，房地产行业一直以来备受学者和研究人员的关注。由于房地产价格是反映房地产市场运行和波动的重要指标，对于房地产价格的预测不仅造福于普通民众更有利于国家和政府。对此，很多研究者已经提出了多种预测方法。除了线性回归之外，一些其他有效的回归模型，如非线性回归和机器学习方法，也相继被提出。然而，这些已有的研究模型基本上都忽视了人的行为对房地产价格的影响。由于房地产价格深受个人和其他行为组织的影响，人的行为必然会影响到整个房地产市场的运行，因而不应被忽略。过去的研究表明，新闻情感和记录网民搜索关键词频率的搜索数据是两种重要而常用的网络数据。以往的研究分别使用过这两者来进行预测，但是尚未有人结合这两种指标进行研究。依据这两种数据，本章提出了一个新的房地产价格预测模型，并以房地产价格指数作为预测指标。新的预测模型与以往模型的不同之处在于，其在运用新闻情感的同时还引入了记录人的搜索行为的搜索数据。通过结合网络新闻情感和谷歌搜索数据（记录了网络用户的搜索关键词及相应搜索频率的数据），我们构建了一个基于网络情感和人类搜索行为的数据挖掘集成模型，并取得了令人满意的预测成果。此外，我们的模型中还加入了房地产价格指数时间序列的滞后项，以便提高模型的预测能力。为了实现预测，我们利用了 SVR 模型。以 RMSE 最小和最稳定为准则，从多个 SVR 模型中筛选出效果最好的模型，从而实现对房地产价格指数的预测。最后，我们对比了加入搜索数据的模型和未加入搜索数据的模型，并得出了结合搜索数据的模型预测效果更佳的结论。

10.1 引言

房地产作为一项重要的国民经济组成，不仅对 GDP 有重要的贡献，而且对其他许多领域有着深远的影响。由于房地产和个体、企业以及其他产业之间的紧密联系，关于房地产市场预测的研究将有益于个人、企业和政府进行各种决策。然而，自2008年金融危机以来，全球房地产市场遭受了极大的创伤，并在近些年来发生了不少变化（National Association of Realtors，2011）。鉴于此，研究人员对2006年美国房地产泡沫进行了颇为深入的实证研究（Zhou and Sornette，2006），分析了房地产市场反常的增长率，同时预测了未来可能发生的转折点。经历2009年的激增后，中国房地产市场也进入了瓶颈期（Xie et al.，2011）。Kummerow和Lun(2005)在研究中指出，信息通信技术（information and communication technologies，ICT）革命导致了更加高效的信息交换，这使得房地产市场产生了新的变化。因此，房地产市场预测变成了一项更加困难，同时也更加紧迫的工作。也正因如此，关于房地产市场的预测研究吸引了大量杰出的学者和研究人员。

　　近些年来，研究者们提出了众多用于房地产市场预测的模型和方法。房地产价格指数作为一项敏感指标，吸引了众多研究者的注意。他们通过预测房地产价格指数来预言房地产市场的未来走势。除了房地产价格指数外，其他价格指数，如股票价格、商品价格（Cashin et al.，2002）、农产品价格（Yu et al.，2011）等也被用做重要的预测指标来进行研究。由于各类价格指数在各个市场运行中的重要性，许多关于价格指数的预测方法被相继提出。Khalafallah(2008)提出了一种利用神经网络模型进行房地产价格预测的方法，并实现了很小的预测误差。此外，Lu等(2009)用独立分量方法（independent component analysis，ICA）和SVM进行了金融价格指数时间序列的预测并取得了卓越的成效。这些方法只利用了单纯的统计数据，忽视了房地产市场参与者的实际行为效应和社会舆论影响。这不仅导致了对信息资源的忽视，而且也使得预测的效果不能令人满意。与此同时，由于人的行为（如购买、投资、广告、销售等）最直接地影响着房地产市场的运行，这些人的行为可以看做房地产市场运行情况的最直接影响因素。在互联网时代，几乎每个人都通过搜索引擎来获知他们感兴趣的事物，包括房地产交易等。因此，我们将人的搜索行为引入房地产市场预测中是一项符合实际的明智之举。

　　近些年来，网络用户的行为吸引了大量研究者的关注。人类已经进入信息时代，利用互联网获取、传播信息已经再平常不过了。一项美国房地产经纪人协会（National Association of Realtors，NAR）的报告表明，90%的房地产购买者是通过互联网获取房地产信息的，有92%的销售者通过互联网散播交易信息（National Association of Realtors，2011）。除此之外，一项由搜房网组织的调查显示，在中国，超过60%的网民曾利用互联网获取过房地产市场信息，更有超过80%的网民每月登录房地产相关网站至少一次。从这些调查结果可以看出，在房地产市场中，网络用户的行为基本上可以代表现实市场参与者的行为，网民的行为可以在很大程度上反映房地产市场的实际情况。因此，在预测房地产市场时，将网络用户的搜索行为纳入考虑范畴，不仅是可行的，更是合理且有价值的。

与此同时，行为经济学的研究结果告诉我们，人类情感会在很大程度上影响人类行为。类似地，我们可以推断网络言论或文章中的词汇所包含的情感可以较为有效地代表网络用户的情感，从而可以被用来进行相关的预测。现有的研究结果已经表明，网络文章和其他形式的网络数据中的情感在市场预测中有很大的作用和潜力，这也从侧面证实了我们的推断。网络数据的情感挖掘作为一项新兴的预测工具，已经被用于各种预测研究。Das 和 Chen(2007)利用网络留言板的情感数据成功发现了网络情感和股票收益之间的关系。另外，Bollen 和 Mao(2011)的一项研究将 Twitter 情感数据作为模糊神经网络的输入，并由此证实了公众情感和道琼斯工业股票收盘价格(Dow Jones industrial average close value)之间的密切联系。类似地，Xu 等(2012d)曾利用网络言论对金融市场进行预测研究。这些例子都告诉我们一个显而易见的事实：网络数据中的情感对于预测市场趋势的效用巨大。

在众多形式的网络数据中，出处可靠的网络新闻提供着最丰富、及时、有效的房地产市场相关信息。因此，我们的模型将选择来源可靠的网络新闻情感作为预测数据的输入项之一。

尽管新闻情感可以反映很大一部分现实房地产市场的信息和舆论情况，但仅有情感数据还不足以进行准确的预测。因为即使一篇新闻拥有极其强烈的情感，如果它的内容只被很少的人关注，也很难反映房地产市场中真实的参与者行为，从而这篇新闻的情感对于整个房地产市场而言也是无效的。为了解决这个问题，我们将搜索引擎的搜索数据加入模型中。搜索引擎的搜索数据是对于网络用户搜索行为的一项记录，该数据有两个属性——搜索关键词和搜索频率。由于人们通常搜索他们在某段时间内密切关注的事物，搜索数据可以作为他们在这段时间内的兴趣和特定行为的直接反映(Wu and Brynjolfsson, 2009)。许多实际行为，如购买、投资、比价、销售等都可以通过搜索数据得到较好的反映。在此之前，已有研究者利用搜索引擎的搜索数据进行预测。Xu 等(2012c)曾利用搜索数据和机器学习模型相结合进行失业率的预测，且获得了显著的成果。Ginsberg 和相关研究人员也曾在 2009 年将搜索数据用于监测季节性流行病(Ginsberg et al., 2009)。特别是在房地产市场预测方面，Wu 和 Brynjolfsson(2009)利用谷歌搜索数据对房地产价格指数和其他量化指标进行了预测。

虽然之前的研究都曾分别利用新闻情感和搜索数据进行过相关预测，但是我们的研究是结合这两项数据进行预测，这在房地产市场分析中尚属首次。

10.2 数据挖掘方法介绍

本部分先介绍 SVR 模型，该理论对于我们研究房地产价格指数、进行回归建模及预测都有十分重要的意义。

SVR 作为一种非线性回归算法，由 Vapnik 和 Lerner 提出并在贝尔实验室得到了极大的发展（Smola and Schölkopf，2004；Vapnik and Lerner，1963；Vapnik and Chervonenkis，1964；Vapnik，1995）。它在分类、聚类和预测研究中有着极其显赫的地位。SVR 常被用于回归和时间序列的预测，它的核心思想是通过映射到更高维的特征空间以解决原问题。

SVR 作为机器学习方法中的一种，在众多研究者中享有盛誉。SVR 模型主要分为两种，即 ε-SVR 和 v-SVR，这两种模型均可用于解决时间序列和非线性回归相关的问题。SVR 的学习建模过程如图 10.1 所示。

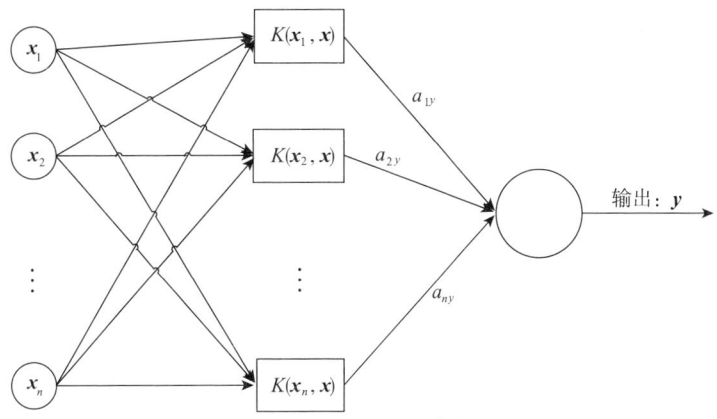

图 10.1 SVR 的学习建模过程

假设有如下形式的一串数据：$\{(\boldsymbol{x}_1, y_1), (\boldsymbol{x}_2, y_2), \cdots, (\boldsymbol{x}_n, y_n)\} \subset \mathbf{R}^m \times \mathbf{R}$。其中，$\boldsymbol{x}_i(i=1, 2, \cdots, n)$ 表示输入向量，如股票价格序列、月度经济序列数据或其他形式的序列数据；y_i 表示既定的真实目标值。

举例来说，要构造 ε-SVR 模型，需要以下方程（Vapnik，1999）将数据投射到高维非线性特征空间 $\boldsymbol{Z}$ 中。

$$f(\boldsymbol{x}) = \boldsymbol{v} \cdot \phi(\boldsymbol{x}) + b \tag{10.1}$$

其中，$\boldsymbol{v}$ 表示加权向量；b 表示一个常量；$\phi(\boldsymbol{x})$ 为将数据映射到特征空间 $\boldsymbol{Z}$ 的映射函数。

然后，根据损失方程(10.2)就可以进行 SVR 建模，误差公式 $R(e)$ 可以表示为方程(10.3)。

$$L_i = \begin{cases} |f(\boldsymbol{x}_i) - y_i| - \varepsilon, & f(\boldsymbol{x}_i) - y_i \geqslant \varepsilon \\ 0, & 其他 \end{cases} \quad (10.2)$$

$$R(e) = e\frac{1}{n}L\sum_{i=1}^{n}L_i + \frac{1}{2}\|\boldsymbol{\omega}\|^2 \quad (10.3)$$

由此可得到回归模型,如式(10.4)所示。

$$f(\boldsymbol{x}) = f(\boldsymbol{x}, a_i, a_i^*) = \sum_{i,j=1}^{n}(a_i - a_i^*)K(\boldsymbol{x}_i, \boldsymbol{x}_j) \quad (10.4)$$

其中,$K(\boldsymbol{x}_i, \boldsymbol{x}_j)$为核函数。

对于v-SVR模型,这里不再做详细的介绍,两者的区别在于损失方程的不同,回归模型如式(10.5)所示。

$$f(\boldsymbol{x}) = f(\boldsymbol{x}, a_i, a_i^*) = \sum_{i=1}^{n}(a_i - a_i^*)k(\boldsymbol{x}_i, \boldsymbol{x}) + b \quad (10.5)$$

表10.1列举了常用的核函数,这些均可以用于进行SVR建模。在我们的研究中,针对不同的SVR模型,均尝试了采用这四种核函数进行建模。

表10.1 常用的核函数

核函数	表达式
Linear	$\boldsymbol{x}^T\boldsymbol{x}_i$
Polynomial	$(\gamma \boldsymbol{x}^T\boldsymbol{x}_i + 1)^q$
RBF	$\exp(-\|\boldsymbol{x}_i - \boldsymbol{x}\|^2/\sigma^2)$
Sigmoid	$\tanh[\gamma \boldsymbol{x}_i^T\boldsymbol{x} + c]$

10.3 房地产价格预测建模

在本模块中,我们将人类行为因素加入预测模型中,提出一种新颖的用于房地产价格预测的方法。同时,通过将每日网络新闻情感和谷歌搜索数据(记录了网络用户的搜索关键词及相应搜索频率的数据)相结合,我们构建了一个基于新闻情感和人的搜索行为的数据挖掘集成模型,并取得了令人满意的预测成果。此外,我们的模型中还加入了房地产价格指数的时间序列的滞后项,以便提高模型的预测能力。SVR模型作为我们的预测工具,完成了对房地产价格指数的预测。通过对比加入搜索数据的模型和未加入搜索数据的模型预测精度的差异,我们得出搜索数据的引入提升了预测效果的结论。图10.2为本章研究的模型框架。更多的研究细节将在接下来的若干子模块中阐明。

10.3.1 数据获取与数据处理

数据获取与数据处理过程按照以下步骤进行。

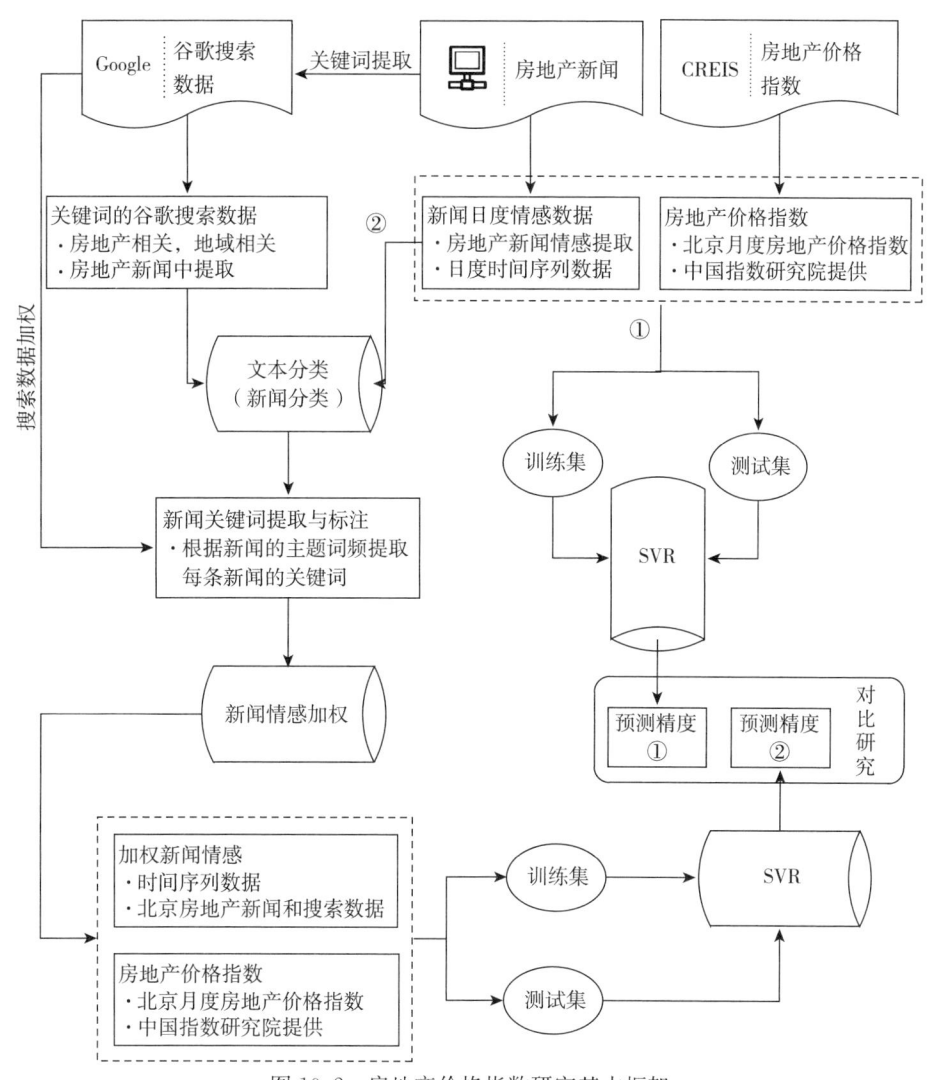

图 10.2 房地产价格指数研究基本框架

步骤1：网络新闻爬取与房地产时间序列数据获取（房地产价格指数月度数据）。由于实验所用的新闻数据必须能够真实地反映房地产市场的运行情况，所以除了要求来源可靠外，还应及时更新。这就要求我们必须定期从权威网站提取房地产相关的新闻文章。新浪网是中国最大且最权威的新闻网站之一，因而我们使用新浪网提取实验所需新闻数据。与此同时，我们也从权威房地产网站搜房网收集了实验的预测变量——房价指数的历史数据。这些数据均通过网络爬虫程序获取。

步骤2：搜索关键词数据集构建与新闻情感挖掘。对网络新闻全集进行数据分析，我们统计了 138 个出现最频繁的词汇，同时利用谷歌的搜索数据获得了这 138 个词汇的搜索频率，这 138 个词汇和它们的搜索频率一起组成了实验所需的搜索关键词数据集。

由于这些新闻文章包含了可以反映市场舆论的情感词汇，我们可以通过计算某个特定时间段内新闻的情感得分来推断该时间段内房地产市场的情况。实验中，利用开源程序 ICTCLAS 和清华情感词典来计算每篇新闻文章的情感得分。

这样，得到四种类型的情感分数——积极、消极、积极与消极之和、积极与消极之差，四个情感序列——P_t（积极情感）、N_t（消极情感）、U_t（积极情感＋消极情感）、S_t（积极情感－消极情感）。其中，P_t 表示时间点 t 获取的所有新闻文章的综合积极情感得分；N_t 表示时间点 t 获取的所有新闻文章的综合消极情感得分；U_t 和 S_t 分别为两者的和与差。

本步骤得到的四个情感序列称为原始情感序列，它是预测模型的数据输入项之一。

步骤 3：生成加权情感序列。首先，定义每篇新闻文章的关键词。一篇新闻的关键词定义为搜索关键词数据集中出现在该新闻里的被搜索频率最高的那个词汇。如果出现多个这样的词汇，则选择数据集中排在前面的那个。如果没有这样的词汇，即新闻文章中不包含任何搜索关键词数据集中的词汇，则该文章不参与生成加权情感序列。

其次，为了将搜索数据加入预测模型中，以便更加真实地反映市场参与者的行为，我们将每篇文章的关键词的搜索频率加权到其原始情感得分中，从而得到一个新的情感得分，称为加权情感得分。和步骤 2 一样，加权情感得分也有四种类型（积极、消极、积极＋消极、积极－消极），它们可分别通过以下公式进行计算。

$$\text{W\_sentiments}_{it} = \text{O\_sentiments}_{it} \cdot \frac{\text{Searching Volume}_{it}}{\sum \text{Searching Volume}_{it}} \quad (10.6)$$

其中，W_sentiments 代表加权新闻情感；O_sentiments 代表原始新闻情感；加权项为某一篇新闻的搜索量与每日搜索总量的比。这样，我们就得到了四个代表时间点 t 所有新闻情感的加权情感序列。它将作为预测的另一个数据输入项，与之前的原始情感输入项进行对比。

数据处理完毕后，一共得到 9 个重要的时间序列：4 个原始情感序列，4 个加权情感序列和 1 个房地产时间序列。有了这些时间序列，我们就可以利用 SVR 模型对房价指数进行预测。

10.3.2 回归模型构建

延续 10.3.1 小节的三个步骤，本模块由步骤 4 组成，图 10.3 展示了整个实验建模的流程。

步骤 4：SVR 建模。表 10.1 中列举了四种常见的核函数类型。为了实现最

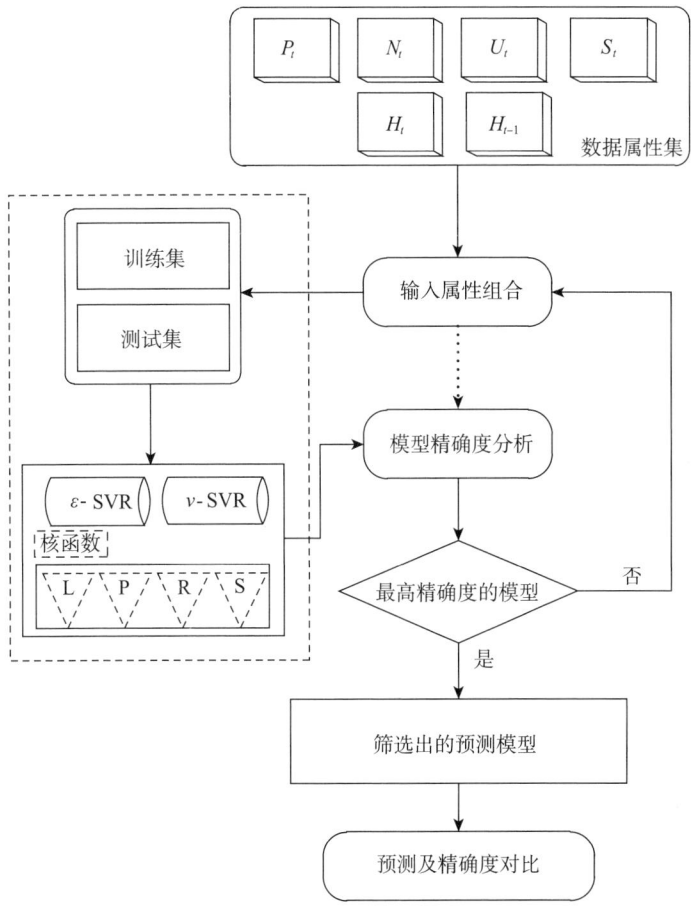

图 10.3　房地产价格指数预测建模流程

好的预测效果，我们尝试了所有核函数，即一共八种 SVR 模型。在每种 SVR 模型中，我们利用的数据为 4 种情感序列的不同组合和房价指数时间序列，以及它们的滞后项。4 种情感序列的所有不同组合见表 10.2。这样，我们一共尝试了 8×15 种不同的模型，共计 60 组实验模型。

表 10.2　模型变量输入组合

编号	属性组合	编号	属性组合	编号	属性组合	编号	属性组合	编号	属性组合
1	P_t	4	S_t	7	P_t, S_t	10	U_t, S_t	13	P_t, U_t, S_t
2	N_t	5	P_t, N_t	8	N_t, U_t	11	P_t, N_t, U_t	14	N_t, S_t, U_t
3	U_t	6	P_t, U_t	9	N_t, S_t	12	P_t, N_t, S_t	15	P_t, N_t, S_t, U_t

在实验过程中，采用 10 折交叉检验法计算 RMSE，从而衡量前述不同模型的预测效果。其中，RMSE 最小且最稳定的模型将被用于最终的预测。

10.3.3 预测与比较

使用 10.3.2 小节步骤 4 中选择的模型预测房价指数。最后，我们利用实际数据将结合搜索数据的模型(使用加权情感序列的模型)和未结合搜索数据的模型(使用原始情感序列的模型)的预测效果进行对比。

房价指数的预测值可以由以下回归方程得到。

$$\varepsilon\text{-SVR}: \quad F_i = f(\boldsymbol{x}_i, \alpha_j, \alpha_j^*) = \sum_{j,k=1}^{m}(\alpha_j - \alpha_j^*)k(\boldsymbol{x}_{ij}, \boldsymbol{x}_{ik}) \quad (10.7)$$

$$v\text{-SVR}: \quad F_i = f(\boldsymbol{x}_i, \alpha_j, \alpha_j^*) = \sum_{j=1}^{m}(\alpha_j - \alpha_j^*)k(\boldsymbol{x}_{ij}, \boldsymbol{x}_i) + b \quad (10.8)$$

其中，i 表示第 i 个月的相应数据；F_i 表示第 i 个月房价指数的预测值；m 为总的数据个数。

采用 RMSE 作为评价模型预测能力的标准，模型的 RMSE 越小，预测能力就越强。RMSE 的计算公式如下：

$$\text{RMSE} = \sqrt{\frac{\sum_{i=1}^{n}(F_i - H_i)^2}{n}}$$

10.4 实证分析

10.4.1 数据来源与说明

爬取的网络新闻覆盖了 2010 年 7 月至 2013 年 3 月来源于新浪乐居的房地产市场板块(http://bj.house.sina.com.cn/#)。新闻情感序列的获得运用了 ICTCLAS 及清华情感词典(共计 23 419 词)。关键词的搜索频率数据来源于谷歌趋势(http://www.google.com/trends/#)，该网站提供 CSV 格式的数据下载服务。

此外，我们使用了中国指数研究院构建的中国房地产指数系统(China Real Estate Index System，CREIS)中的房地产价格指数。该研究机构作为中国房地产市场较为权威的研究机构发布月度的房地产价格指数。目前，房地产价格指数是中国房地产市场中最为权威和及时的价格指数，因此我们在研究中选用该指数作为预测变量。

10.4.2 实验结果

我们的研究结合了如表 10.2 所示的不同的时间序列输入，同时结合 SVR 理论构建了多个不同核函数回归模型，具体的实验数据见表 10.3。

表 10.3　各预测模型 RMSE 结果

模型			ε-SVR			υ-SVR			
RMSE		Linear	Polynomial	RBF	Sigmoid	Linear	Polynomial	RBF	Sigmoid
属性集组合	1	O	250.96	648.14	693.09	699.67	NaN	23 788.06	705.27	705.27
		W	252.66	179.98	683.54	683.54	2 525.64	NaN	693.48	680.74
	2	O	312.71	261.11	698.41	683.54	437.91	NaN	705.27	614.92
		W	205.63	192.40	692.81	685.09	1 226.93	680.74	700.17	705.27
	3	O	254.00	628.34	690.44	689.62	504.76	NaN	693.34	705.83
		W	163.60	197.27	689.62	689.87	13 567.17	NaN	705.27	705.27
	4	O	238.05	658.33	692.75	683.59	354.35	NaN	805.29	705.27
		W	203.98	577.58	683.54	683.54	218.58	NaN	705.27	705.27
	5	O	331.88	656.19	725.50	760.57	491.36	NaN	836.60	885.08
		W	338.75	311.33	694.16	684.08	216.21	NaN	705.22	705.22
	6	O	483.50	768.75	724.22	700.33	419.81	NaN	706.75	711.72
		W	215.73	351.58	703.41	683.54	422.67	NaN	705.27	705.27
	7	O	432.94	772.18	687.90	684.08	493.67	NaN	705.30	705.27
		W	201.32	197.80	687.90	684.08	377.43	NaN	705.27	205.27
	8	O	445.84	669.67	694.16	685.51	487.21	NaN	705.27	705.27
		W	245.37	185.21	683.51	683.54	223.24	NaN	705.27	705.22
	9	O	305.05	686.50	683.54	688.28	381.30	NaN	690.77	702.86
		W	202.01	267.25	683.54	683.54	8 004.52	NaN	700.68	705.22
	10	O	296.94	685.29	697.67	683.54	401.16	NaN	705.29	705.27
		W	212.11	192.40	683.54	683.54	226.33	NaN	705.27	684.98
	11	O	364.12	878.06	683.54	706.01	432.29	NaN	705.22	705.27
		W	207.84	577.58	684.21	697.82	227.37	NaN	705.27	705.27
	12	O	427.29	756.80	688.96	688.89	321.41	23 797.82	705.27	705.27
		W	225.00	197.80	683.54	683.54	219.63	NaN	705.22	705.27
	13	O	359.67	775.22	683.54	683.54	431.22	NaN	705.27	705.27
		W	204.36	197.80	684.11	688.89	210.25	NaN	705.27	705.27
	14	O	302.36	858.66	743.30	726.56	404.87	NaN	718.64	755.06
		W	210.16	197.80	695.68	700.38	212.21	23 797.82	705.27	705.27
	15	O	760.73	878.08	743.56	743.61	NaN	NaN	705.30	705.22
		W	216.45	185.21	697.82	686.43	392.08	23 797.82	705.30	705.22

注：O 表示原始情感序列；W 表示加权情感序列；NaN 表示该模型在求解过程中无解

由表 10.3 可知，采用线性核函数的模型有更好的预测表现，同时在都采用线性核函数的基础上 ε-SVR 模型优于 v-SVR 模型。除此之外，最重要的是采用搜索数据加权的新闻情感序列的预测优越性非常明显地表现了出来。

同时，表 10.3 中的实验数据证实了采用搜索数据加权的新闻情感为输入变量的 ε-SVR 型线性核函数 SVR 模型的预测表现最为稳定和准确。虽然 v-SVR 型线性核函数 SVR 模型有同样较低的 RMSE，但是相比之下其稳定程度和准确性都要次于 ε-SVR 型。

研究结果成功地支撑了我们之前关于参与者行为对于房地产市场预测的有效性和可行性的假设，同时证实了结合搜索数据的集成模型在预测准确性和稳定性上都要大大优于未结合搜索数据的模型。

10.5 本章小结

本章介绍了一个新的引入人的搜索行为数据的房地产预测模型，通过网络爬取方法获得关于房地产市场的网络新闻，同时通过提取文本情感获得四组情感时间序列。随后引入网络用户的搜索行为数据，即谷歌搜索数据，将其集成到预测模型中作为情感序列的权重项以与原始情感序列相区别。

之后，采用两种不同的 SVR 模型和四种不同的核函数构建预测模型，根据实验结果数据挑选出预测表现稳定且准确的预测模型方案。然后在选择出的预测方案中对搜索数据加权的效用进行验证，经过实验对比发现，经过搜索数据加权的预测结果的准确度和稳定性较原始情感数据都有较大提升。结果证实了我们关于网络用户搜索行为对房地产市场预测具有影响的假设。

本章引入人的搜索行为数据的思想不仅适用于房地产市场的预测，同样适用于如股票市场、电子商务消费市场等的预测。

第 11 章

基于评论的主体模型的电子商务销售量预测研究

本章的前提假设是商品的评论对销售量预测有帮助,评论可以在一定程度上反映下一期的销售量。在此假设基础上我们针对商品评论建立了最常用的主体模型之一——隐含狄利克雷分布(latent Dirichlet allocation,LDA)模型,提取商品评论的"主题",这些"主题"反映的评论信息被用于预测销售量。

11.1 引言

随着 Web 2.0 和信息化的发展,电子商务在人们的日常生活中起到越来越重要的作用。根据 iResearch 在《2012—2013 年中国网络购物用户行为研究报告简版》中的数据,2012 年网购频次 40 次以上的用户达到 28.9%,19.3% 的用户花费在 5 001~10 000 元。

电子商务的飞速发展为用户提供了越来越多的选择机会,面对如此多的机会,用户该如何选择呢?正如我们所了解到的,当面对相似的商品时,商品的用户评论对消费者的选择具有一定的指导意义:网络评论通过用户的态度从某种程度上反映了商品的品质,从而影响消费者的选择。同样来自 iResearch 的报告显示,67.5% 的用户会通过发表评论来帮助其他人选购商品,如图 11.1 所示。

由于用户的评论可以帮助消费者进行决策,因此其从侧面反映了下一期的销售量,而电子商务中的销售量预测可以帮助电商进行库存管理和营销策略的制定。其实很多学者已经研究了网络信息对某些领域(如金融、商务)的影响。Chan 和 Franklin(2011)证实金融文本信息可以帮助预测下一个金融事件;Schumaker 和 Chen(2010)的研究也表明金融新闻中的文本信息可以帮助预测股票价格;Wang 等(2005)以台湾手机市场为例分析了网络舆论与销售量之间的联系;Lau 等(2011)通过评论建立了特定领域词典预测销售量,且取得了不错的效果。

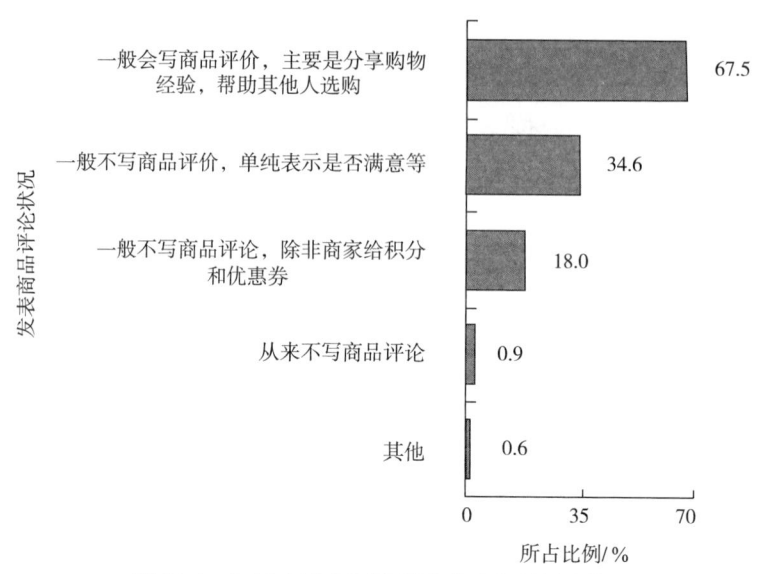

图 11.1　2012 年中国网购用户发表商品评论状况

得到相关文本数据之后的主要任务是文本处理。最常使用的文本分析方法之一是 Sumais 在 1988 年提出的潜在语义分析，潜在语义分析可以提取单词之间的相关性结构，达到文本降维的效果。同样用来处理自然文本语言的一种常用模型是主体模型，该模型主要挖掘不同主题下的潜在信息。由于不需要人工标注的信息，所以主题模型相比监督模型有着更容易准备的语料库。Hofmann(1999)指出，概率潜在语义分析(probabilistic latent semantic analysis，PLSA)是在模型中增加一个潜在的变量，该变量反映了语料的潜在语义。但是概率潜在语义分析可能存在过拟合的问题，不过在此基础上加入多项式共轭先验可以解决该问题，Blei 等(2003)得到了相应的 LDA。

在得到相应的销售量影响信息之后，如何将信息与销售量结合在一起是一个重要问题。在以往的研究中有两种基本方法，一种是计量模型，另一种是机器学习。常用的计量模型是自回归指数平均模型和向量自回归模型，通过这两个模型在信息与销售量之间做回归；常用的机器学习方法有神经网络、SVM 及遗传算法。

11.2　数据分析方法介绍

本章所用到的数据分析方法是 BPNN 和 LDA 模型，由于 BPNN 在前面章节已有详细介绍，故本节只介绍 LDA 模型。

LDA 是一种常用的主题模型，它的前提假设如下：①一个主题可以看做由很多单词组成；②很多主题可以组成一个文档。

LDA 是由 Blei 等(2003)提出的。LDA 有三层结构——文档、主题和单词。文档生成过程通常可以用图 11.2 来表示。

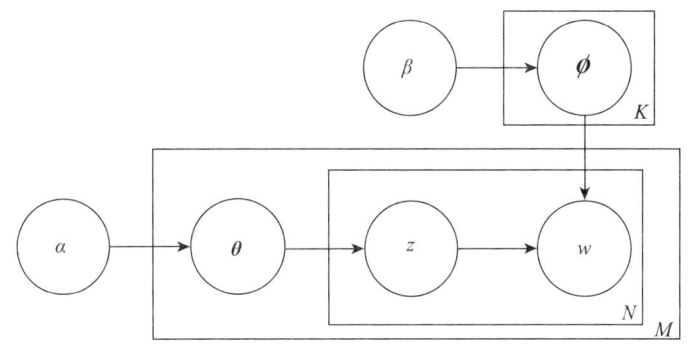

图 11.2　LDA 模型文档生成过程

每篇文档的生成过程如下。

(1)选择 $\theta \sim \text{Dir}(\alpha)$。这里的 θ 是一个列向量，是指主题的概率分布；$\text{Dir}(\alpha)$ 是参数 α 的狄利克雷分布。

(2)选择 $\phi \sim \text{Dir}(\beta)$，这里的 ϕ 是一个 $K \times V$ 的矩阵，代表每个主题下的单词分布。

(3)对于语料库的每个单词，选择一个主题 $z \sim \text{Multionomial}(\theta)$，选择一个单词 $w \sim \text{Multionomial}(\phi)$。

通过 LDA 模型，我们可以得到评论中用户最关心的因素，也就是 LDA 提取出来的主题及其概率分布。

11.3　销售量预测模型建立

11.3.1　总体思路框架

本章的 LDA 模型建立在京东图书商品的评论下，提取评论的主题之后使用 BPNN 对销售量进行预测。本章销售量预测的总体思路框架如图 11.3 所示，其步骤如下。

步骤 1：数据收集。京东商城(www.jd.com)是中国 B2C(business-to-consumer)领域内最大的 3C(computer，communication and consumer electronic)平台，其评论数量大，并且具有代表性。这些评论包括两部分，即标题和评论主体。

步骤 2：评论文本预处理。确定评论的训练集和测试集，并将评论文本处理

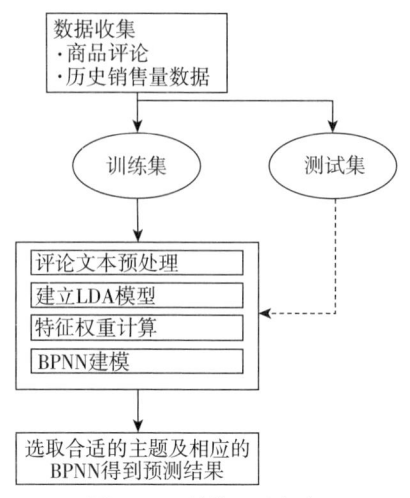

图11.3 总体思路框架

成可输入的数据。

步骤3：建立 LDA 模型。以步骤2 处理的数据作为 LDA 的输入，通过 LDA 模型可以提取出若干个消费者关心的主题，其中包含用户的隐藏信息。

步骤4：特征权重计算。通过步骤3可以获得评论主题的权重值。

步骤5：BPNN 建模。使用 BPNN 探索主题的分布与销售量之间的关系，用建立的模型对销售量进行预测。

11.3.2　数据获取与预处理

图11.4 表示了京东商城商品描述下的图书频道（http://book.jd.com/）用户评论界面。本章以图书频道的图书为例进行模型构建和销售量预测。每天的销售记录被统计成当天的销售量数据，作为 BPNN 的输出数据；搜集的评论内容包括标题和评论主体。

图11.4　用户评论界面

获取评论之后，将每天的评论视为一篇"文档"。使用 ICTCLAS 将文本切分为单词，并且只有名词被挑选出来作为 LDA 模型的输入。

11.3.3 主题提取

假设语料库中有 M 个文档，这些文档共包含 W 个单词（名词），同时我们设定语料有 T 个主题。11.2 节已经介绍了相关的参数，所有参数的联合分布如下：

$$p(\boldsymbol{\theta}, z, w | \alpha, \beta) = p(\boldsymbol{\theta} | \alpha) \prod_{n=1}^{N} p(z_n | \boldsymbol{\theta}) p(w_n | z_n, \beta)$$

语料中所有文档的边缘概率可以描述如下：

$$p(D | \alpha, \beta) = \prod_{d=1}^{M} \int p(\theta_d | \alpha) \left(\prod_{n=1}^{N_d} \sum_{z_{d_n}} p(z_{dn} | \theta_d) p(w_{dn} | z_{dn}, \beta) \right) d\theta_d$$

事实上，对 LDA 模型的计算就是对 α 和 β 的估计。有两种方法可以用于参数的估计。

1. EM 算法

最大期望（expectation-maximization，EM）算法是在模型中寻找最大似然估计或者最大后验概率估计的参数。本章就是要寻找使边缘对数似然函数最大的参数：

$$l(\alpha, \beta) = \sum_{d=1}^{M} \ln p(w_d | \alpha, \beta)$$

EM 算法包括两个迭代的步骤：①E 步骤，基于参数的期望计算现阶段的先验概率；②M 步骤，更新参数，返回 E 步骤，直到似然函数达到最大值。

2. 吉布斯采样

吉布斯采样（Gibbs sampling）是生成马尔可夫链（Markov-chain）的一种方法，基于吉布斯抽样建立 LDA 模型的步骤如下。

（1）随机为每个单词分配一个主题 $z^{(0)}$，然后计算主题 z 下每个单词的数量以及每个文档 m 下主题中包含的词的个数。

（2）选择一个单词，计算除了这个单词之外所有单词的主题分布。

（3）根据（2）中得到的其他所有词的主体分布计算选择的单词的主题分布。

（4）基于（3）中的主题分布获取更新后的主题分布 $z^{(1)}$。

（5）重复上述过程，直到主题分布和主题下单词分布趋于收敛。

11.3.4 模型预测

通过 11.3.3 小节可以得到语料中的主题分布，此概率分布代表了语料中每个主题所占的比重，即评论中包含的信息以及这些信息的比重。正如前面所提到的,这些主题信息可以用来对下一期的销售量进行预测,而将这两者联系起来的模型正是 BPNN。我们将在 11.4 节介绍设定不同的主题个数对预测效果的影响。

11.4 实证分析

11.4.1 数据描述及评估标准

本章选取的是京东商城中图书频道的商品及商品评论。我们从京东商城提供的最畅销的 1 000 本图书中随机抽取了 200 本,包括其日销售量与评论,从中抽取 4 个具有最多评论数的书籍评论来建立 LDA 模型并且测试 BPNN 的预测效果。

数据跨度是 2013 年 2 月到 2013 年 5 月,其中 2013 年 2 月到 2013 年 4 月的日度数据是训练集,2013 年 5 月的日度数据是测试集。需要注意的是,预测 2013 年 5 月 1 日的销售量时使用的评论是 2013 年 2 月 1 日到 4 月 30 日的;当预测 2013 年 5 月 2 日的销售量时,需要重新训练 LDA 模型,使用的数据是 2013 年 2 月 1 日到 5 月 1 日的。

本章使用的准确率判断标准是 MAPE,其计算公式为

$$\text{MAPE} = \frac{1}{n} \sum_{i=1}^{n} \left| \frac{\text{prediction}_i - \text{sales}_i}{\text{sales}_i} \right|$$

其中,prediction_i 表示预测值;sales_i 表示真实销售量。

11.4.2 实验结果

本章以图书为例,使用 200 本图书中有最多评论数的 4 本图书建立模型并测试预测效果。为了与我们提出的方法相比较,仅使用历史销售量数据建立的 BPNN 作为基本实验。每本图书以库存量单位(stock keeping unit,SKU)作为唯一标志,我们选取的图书 SKU 分别为 10695739、10650506、10064569 和 10004363。

首先我们选取 SKU 为 10695739、作者为安妮宝贝、名为《春宴》的图书来展示我们的方法。仅使用历史销售量数据的 BPNN 基本实验的 MAPE 值为 0.104 6,结果如图 11.5 所示。

主实验使用《春宴》2013 年 2 月到 2013 年 5 月的 1 251 个评论数据,其中前三个月有 1 096 个评论,后一个月有 155 个评论。每天的评论可作为一篇"文档",本次实验共有 120 篇文档和 120 个日销售数据。前三个月 89 个数据是训练集,后一个月 31 个数据是测试集。

图 11.5 基本实验结果

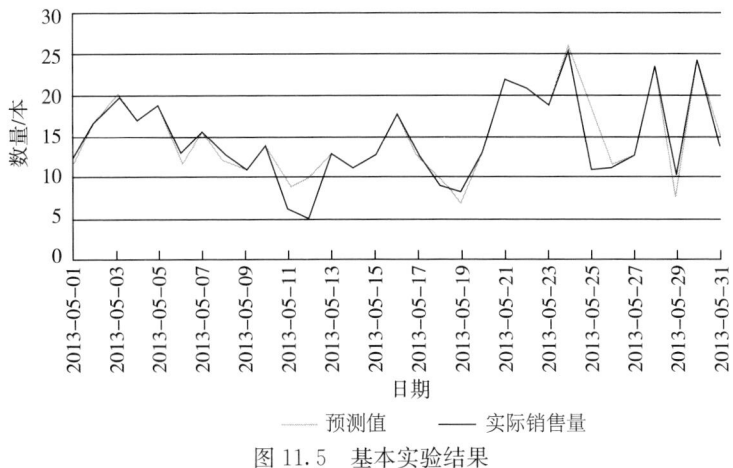

对于文本数据，使用 ICTCLAS 从语料中选取名词，LDA 的输入可分为三部分。

(1) 词汇表：89 篇文档中所有名词被编号的词汇表。

(2) **WS**：n 维向量，**WS**(i) 表示语料中第 i 个词汇在词汇表中的编号。

(3) **DS**：n 维向量，**DS**(i) 表示语料中第 i 个词汇属于某个文档的编号。

接着用 LDA 模型来提取文本的主题及主题的分布。和前面提到的相对应，当一天的评论有所增加时，该 LDA 模型的输入就改变了，需要重新训练得到新的主题及其分布。

首先设定两个主题，一个是书本的内容，另一个是京东本身的服务。表 11.1 列举了以 2013 年 2 月到 2013 年 4 月为训练集得到的两个主题下概率分布排名前 10 位的 5 个单词。

表 11.1 主题分布单词

主题 1	主题 2
内容	安妮
作者	京东
小说	质量
问题	文字
人生	赠品

在得到训练集和测试集（和训练集一起训练）中的主题及其分布之后，输入 BPNN 进行训练和测试。这里的隐藏节点数设为 $n=2 \cdot i+1$，其中 i 为输入层的节点数。由于输入是两个主题分布及前一天销售量数据，所以隐藏节点数为 7，

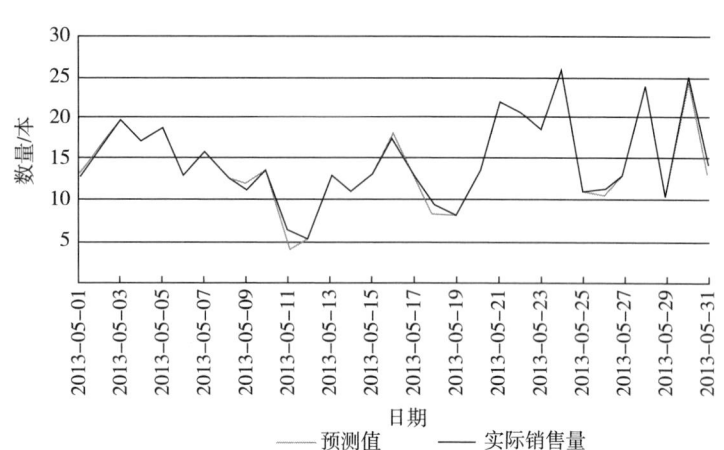

图 11.6 展示了预测结果，MAPE 为 0.026 6。

图 11.6　两个主题下的预测结果

事实上，两个主题也可以细化为更多的内容。例如，京东的服务可以包括商品是否为正品、快递是否迅速且完整等。我们将主题个数逐渐从 2 个增加到 5 个，图 11.7 显示了不同主题个数下预测结果的 MAPE 值。可以看出，有 2 个主题分布的输入可以得到更准确的预测结果。

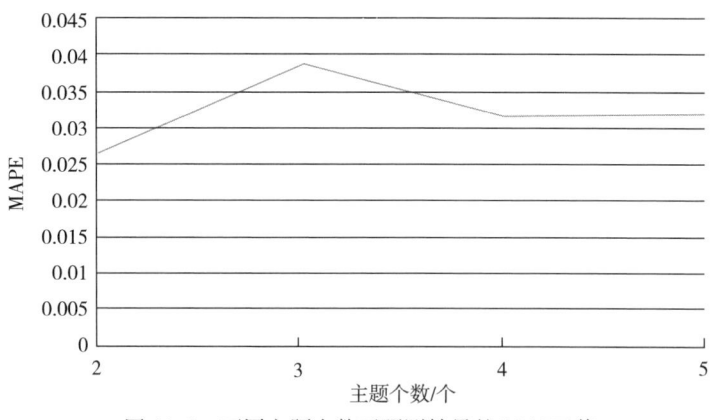

图 11.7　不同主题个数下预测结果的 MAPE 值

为了进一步比较不同主题个数带来的预测效果，将挑选的四本书分别使用 2 个、3 个、4 个和 5 个主题分布，结合相应的前一天销售量进行预测，结果如图 11.8 所示。

从图 11.8 中可以看出，和基本的 BPNN 比较，有两个主题分布输入的模型具有更低的 MAPE，也即具有更准确的预测效果。

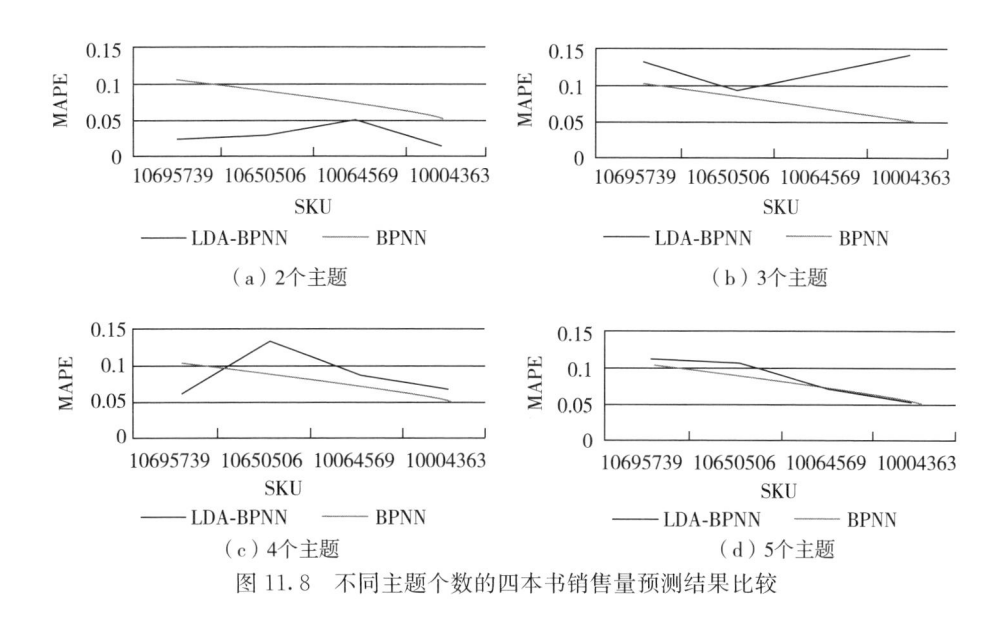

图 11.8 不同主题个数的四本书销售量预测结果比较

11.5 本章小结

本章在电子商务飞速发展的背景下，假设商品的评论对销售量预测有帮助，使用常用的主题模型之一——LDA 模型获取评论的主题内容及主题分布，将当天之前的主题分布与前一天的销售量作为输入，将当天销售量作为输出，使用 BPNN 进行拟合并预测。为了验证提出的预测方法的有效性与准确性，与仅使用前一天的销售量作为输入的 BPNN 拟合结果作对比。实验结果表明，本章提出的方法可以带来更准确的预测效果，MAPE 提高了 8% 左右。这也证明，评论中隐含的信息对消费者的选择有一定的影响，进而可以反映到销售量方面。

未来可以尝试将该方法运用于其他书籍，并且应用于电商的其他领域，如大家电等。同时，评论中包含的情感也可用于预测以获取更准确的预测结果。

第12章

基于网络大数据的住宿行业监测预警研究

本章建立一个基于网络大数据的住宿行业监测预警模型,这个模型充分利用网络大数据数据量大、数据记录完整和可时序化等特点,通过对互联网的住宿预订评论数据进行分析,以实现对住宿行业的监测和预警。

12.1 引言

住宿行业作为重要的服务行业和贸易经济的主要成分,对于国民经济的运行与发展以及经济状况的波动的反映具有重要意义。在经济发展和与旅游业等相关的服务行业繁荣时期,住宿行业的经营情况就会比较好,同理,在衰退时期,经营状况就会相应变差。对于住宿行业的经营状况的监测和预警具有重要的现实意义和实用价值。

随着我国经济的不断繁荣,住宿行业得到了较大的发展,经营企业的数量和营业额都保持了持续快速增长,行业规模不断扩大,高端住宿业硬件水平达到或超过发达国家水平。目前,我国住宿行业已经从传统服务行业转变为集成现代化因素的服务业,是国民经济的重要组成部分,同时也是我国对外开放的窗口行业,对于扩大消费、拉动内需、改善民生、促进就业、发展经济和提升社会服务等具有重要意义。

目前我国住宿行业融合了多种经济所有制和多种住宿类型,国有企业比重较低,市场竞争较为充分。住宿类型包括会展饭店、旅游观光饭店、经济型酒店等,其中经济型酒店近年来发展迅猛,住宿市场开始越来越多地面向私人消费。

住宿行业作为国民经济中重要的组成成分,对经济发展起着至关重要的作用。在传统的贸易外经统计体系中,住宿行业也是重要的统计对象之一。因此,对于住宿行业的统计研究既有利于了解和掌握国民经济的动态和发展，又有利于针对住宿行业制定及时、有效的政策措施。

住宿行业作为贸易外经统计的重要组成，其行业限额以上企业仅占行业总量的2%，统计面相对较窄。

随着我国经济社会的发展，住宿行业在以品牌化、连锁化、信息化为代表的现代化因素的推动下迅速发展。品牌化和连锁化是目前我国住宿行业发展的重要趋势之一，伴随着市场的不断细化和品牌效应对住宿行业影响的日益加深，众多住宿连锁品牌不断发展，如家、7天、汉庭等住宿企业已经成为住宿行业的龙头。信息化因素集中体现在以在线酒店预订服务为代表的第三方分销渠道的广泛介入方面。在线酒店预订服务越来越成为住宿行业销售的重要方式，目前较大的在线酒店预订服务提供商主要有携程网、艺龙网、Agoda 等。Hospitality Net 提供的最新数据显示，在线酒店预订必将成为最主流的住宿预订渠道。

本章通过利用互联网大数据，对现行的统计指数体系进行一定的补充和拓展。在酒店分类的基础上，通过日度住店客户评论数量及情感，一方面横向对比不同类型酒店的经营状况，另一方面纵向探究不同时期整个住宿行业的经营状况。另外，基于用户评论对消费者行为进行分析，按照不同住店客户分类，探究不同类型客户的酒店服务需求的差异等。在线用户评论已经成为目前所有在线服务的重要特征之一。例如，亚马逊网从 1995 年就开始提供在线用户评论服务，并被誉为其最成功的特征之一。在线用户评论一般包括评价和评分，其中，评价是用户基于服务提供的综合情况给出的文字评价，评分主要是依据服务提供商所确定的评分范围和评分项目对服务的不同方面进行评分。以携程网为例，服务提供商提供了总评、卫生、服务、设施、位置五大评分项和 0~5 分的评分范围。

互联网信息技术强大的计算能力使得其在很多行业得到越来越多的应用，并且成为一项重要的商业要素。互联网开始越来越多地代替传统的商业途径，成为重要的、极具竞争力的商业手段，并伴随越来越多的商机，尤其是在住宿行业。阿里巴巴集团基于淘宝大数据编制的网络零售价格指数(internet shopping price index，iSPI)就是利用互联网大数据对网络消费的研究。

本章基于网络大数据和现有统计体系中的社会经济数据，构建了住宿行业监测预警体系，编制了住宿行业监测预警指数，并对其做出了一定的效用评价。

12.2 统计方法与数据获取技术

本节介绍抽样调查的一些方法和数据获取方法，同时介绍住宿行业监测预警体系构建中采用的层次分析法(analytic hierarchy process，AHP)。

12.2.1 抽样调查与数据获取技术

抽样调查是指从目标总体的每一个具体的元素和单位抽选出部分元素或单位组成样本的过程。抽样调查是常用的统计调查方法，具体的抽样方法有简单随机抽样、系统抽样、分层抽样等(韩德昌，2008)。由于住宿市场的目标总体相对较大，我们选择抽样的方法来构建监测预警模型，通过简单随机抽样的方法随机抽选出样本来进行实证分析。

数据获取是我们进行监测预警的关键之一，也是大数据研究中一个重要的方面。以往我们获取数据的主要途径是通过实际调查研究、发放问卷、人工统计等，这些传统的方法由于较依赖人的参与而在获取数据的数量和效率上存在较大的局限性。进入大数据时代以后，网络数据越来越受到各方研究学者的关注和重视。蕴涵于海量网络信息背后的数据资源具有很大的科学研究和实际应用潜力，通过网络爬虫获取互联网数据也成为目前研究中数据获取的常用手段，并已经取得了很多有价值的研究成果。

鉴于网络数据是典型的非结构化数据，而且具有数据量大的特点，目前抽样仍然是处理海量数据问题的常用方法(周涛，2013)，所以本章采用从海量数据中抽样的方法研究住宿市场的监测预警。

12.2.2 层次分析法

层次分析法是美国运筹学家 Thomas L. Saaty 教授于 20 世纪 70 年代提出的一种定性分析与定量计算相结合的层次化决策方法。层次分析法被广泛运用于行政、商业、工业、医疗、教育等多个领域。

层次分析法的具体构造步骤如下：①构造层次结构模型；②构造判断矩阵；③层次单排序及一致性检验；④层次总排序及一致性检验。

层次结构模型分为最高层、中间层和最低层，其被用于由上至下的细化研究主题。最高层一般是分析问题预设的目标，又叫目标层；中间层包括实现目标涉及的中间环节或因素，可以包含多个层次，又叫准则层；最低层表示实现目标的措施、方案等，又叫方案层，如图 12.1 所示。

图 12.1 层次分析法层次结构

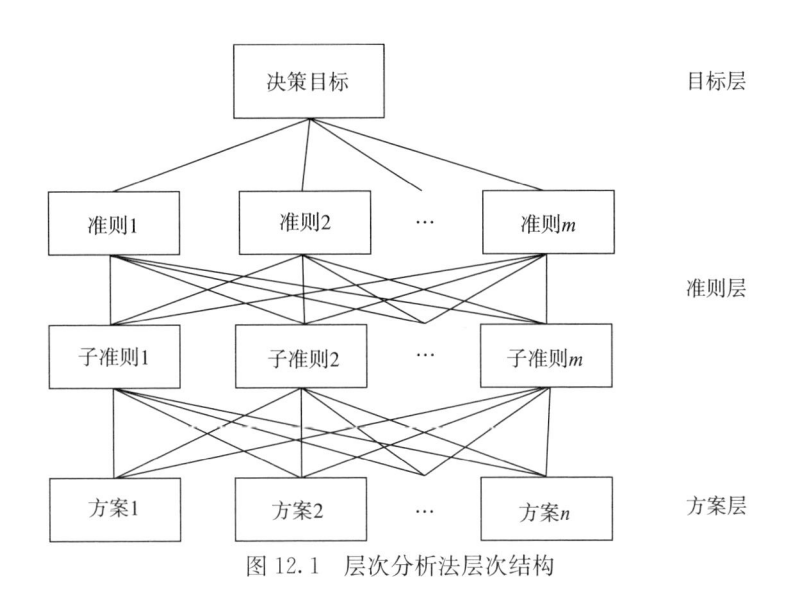

判断矩阵是通过对比意见层之间的重要性得出的用来表现相对重要性的矩阵，具体的标度准则如表 12.1 所示。所构造的判断矩阵记为 A。

表 12.1 判断矩阵的标度准则

标度	重要程度
$a_{ij}=1$	元素 i 与元素 j 对上一层次因素的重要性相同
$a_{ij}=3$	元素 i 比元素 j 略重要
$a_{ij}=5$	元素 i 比元素 j 重要
$a_{ij}=7$	元素 i 比元素 j 重要得多
$a_{ij}=9$	元素 i 比元素 j 极其重要
$a_{ij}=2n$	$n=1,2,3,4$，元素 i 与元素 j 的重要性介于 $a_{ij}=2n-1$ 与 $a_{ij}=2n+1$ 之间
$a_{ij}=\dfrac{1}{n}$	$n=1,2,\cdots,9$，当且仅当 $a_{ij}=n$

在判断矩阵构造完成后，可以求出相对权重向量 w。计算权重的方法主要有和法、根法、特征根法、对数最小二乘法、最小二乘法等，其中应用最为广泛的是特征根法。

此外，在计算权重向量时，还必须进行一致性检验，这里计算一致性的指标为一致性率 C.R.（consistency ratio），C.R.＝C.I./R.I.，其中，C.I.（consistency index）为一致性指标；R.I.（random index）为随机指标，本书对具体的一致性检验方法不做介绍。

对各层元素的一致性进行比对，即可完成一致性检验。通过一致性检验的权重值会依据特征根的方法计算得出,这里不再做详细介绍。本章在进行层次分析建模的过程中采用 Yaahp 软件进行建模与计算。

层次分析法作为一种结合了定性分析与定量计算的决策方法,提供了一种对决策因素,尤其是社会经济因素进行测度的基本方法,所以在对住宿行业的监测预警研究中采用层次分析法是较为合适的。除此以外,层次分析法在处理其他社会经济问题中也有较为广泛的应用。

12.3 监测预警建模方案

以携程网为例,北京地区有 2 278 家各类住宿企业(酒店、宾馆等)可以实现在线查询和预约,同时提供了用户评论功能。我们以携程网北京地区住宿企业为总体,采用随机抽样的方法选取若干家住宿企业进行监测预警建模;采用计算机网络爬虫技术收集这些企业历年来的用户评论信息和评分信息,同时结合企业的等级、层次,企业所在城市的经济指标数据,实现对住宿行业的监测与预警。

12.3.1 监测预警体系建立的原则

对住宿行业的监测预警是对整个国民经济的发展情况,尤其是第三产业的发展情况进行深入了解和预判的重要研究问题。在进行住宿行业监测预警的过程中,要保证研究体系的目的性、客观性和可行性。

首先,针对住宿行业的在线预订服务,构建行业监测预警体系。在线预订服务是住宿行业主要的经营渠道之一,当然目前所占的市场比重还比较低,只能部分地反映住宿行业的经营情况。因此,利用互联网大数据进行的行业监测预警主要还是反映经由在线渠道而产生的住宿行业的交易行为。同时,由于在线预订服务比重的增加以及住宿行业自身信息化程度的提高,基于网络大数据的监测预警能够更加全面地涵盖全行业的经营状况。

其次,住宿行业作为国民经济第三产业的重要组成,对经济社会发展意义重大。某一地区住宿行业的发展能够在一定程度上体现该地区经济社会发展的情况。因此,在构建住宿行业监测预警体系的过程中,我们加强了对区域经济发展指标的重视,引入了多重客观数据作为支撑,使得监测预警体系更加客观、科学。

12.3.2 监测预警体系框架

本部分分别从数据收集、层次分析建模和监测预警指数编制三个方面介绍住宿行业监测预警体系的构成。

1. 数据收集

住宿行业是国民经济中的重要组成，隶属于第三产业，对于经济社会发展具有重要的意义。同时，住宿行业又是一个极具城市区域特色的行业，与城市经济发展、人口流动等多项经济数据直接相关。在认真分析住宿行业自身的特点与现有的网络大数据之后，我们整合了包括城市、住宿行业及经营单位(酒店)在内的来自不同层面的多项数据指标(表12.2)，这些指标数据将会被应用于我们的监测预警模型中。

表 12.2 监测预警体系数据构成

数据类别	数据项	数据构成	数据含义
城市	城市人口规模	年末总人口	代表北京的城市人口规模
	城市经济规模	城市生产总值	代表北京经济总量规模
	人口流动	年末总人口－常住人口	代表北京人口流动情况
住宿行业	行业经济规模	住宿和餐饮业增加值、第三产业增加值	代表北京住宿行业的经济总量规模
	从业人员	住宿和餐饮业城镇单位就业人员	代表北京住宿行业的从业人员规模
经营单位(酒店)	酒店等级	携程网数据	网络大数据
	在线评论情感与评分	携程网数据	网络大数据
	在线评论数量	携程网数据	网络大数据

注：经营单位数据为携程网用户评价数据，城市人口规模、城市经济规模等数据来源于国家统计局

2. 层次分析建模

1) 构建层次结构模型

构建的层次结构模型如图12.2所示。

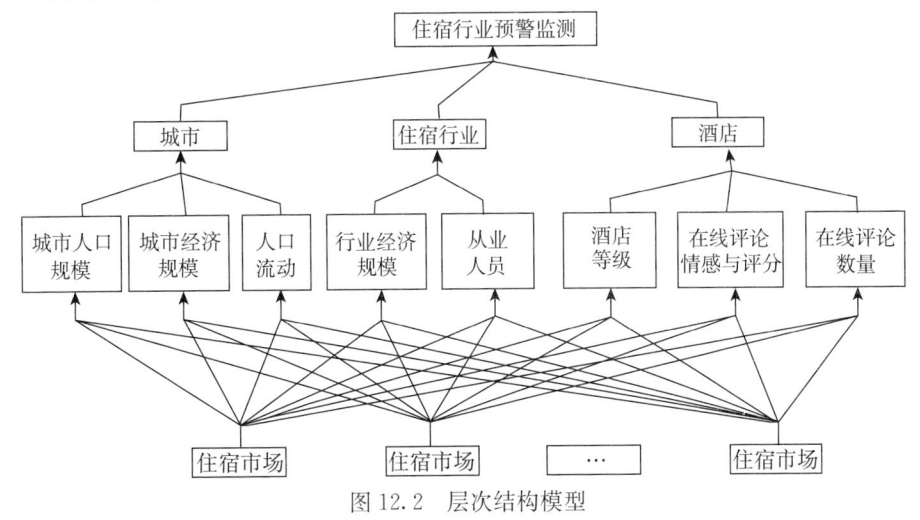

图 12.2 层次结构模型

2)构造判断矩阵

(1)准则层。该层的判断矩阵为依次对比城市因素、住宿行业因素、经营单位因素三者的重要性的结果,以城市、行业、经营单位为序的判断矩阵 $\boldsymbol{A}$ 为

$$\boldsymbol{A} = \begin{bmatrix} 1 & \frac{1}{3} & 3 \\ 3 & 1 & 4 \\ \frac{1}{3} & \frac{1}{4} & 1 \end{bmatrix}$$

其中,C.R.=0.0713,判断矩阵满足一致性检验。

(2)子准则层。子准则层分为城市子准则层、行业子准则层和经营单位子准则层。

城市子准则层的判断矩阵为依次对比城市人口规模、城市经济规模和人口流动指标的重要性的结果,判断矩阵 $\boldsymbol{A}_1$ 为

$$\boldsymbol{A}_1 = \begin{bmatrix} 1 & \frac{1}{2} & 1 \\ 2 & 1 & 3 \\ 1 & \frac{1}{3} & 1 \end{bmatrix}$$

其中,C.R.=0.0176,判断矩阵满足一致性检验。

行业子准则层的判断矩阵为依次对比行业经济规模、从业人员指标的重要性的结果,判断矩阵 $\boldsymbol{A}_2$ 为

$$\boldsymbol{A}_2 = \begin{bmatrix} 1 & 2 \\ \frac{1}{2} & 1 \end{bmatrix}$$

其中,C.R.=0.0000,判断矩阵满足一致性检验。

经营单位子准则层的判断矩阵为依次对比酒店等级、在线评论情感与评分、在线评论数量指标的重要性的结果,判断矩阵 $\boldsymbol{A}_3$ 为

$$\boldsymbol{A}_3 = \begin{bmatrix} 1 & \frac{1}{2} & \frac{1}{3} \\ 2 & 1 & \frac{1}{2} \\ 3 & 2 & 1 \end{bmatrix}$$

其中,C.R.=0.0089,判断矩阵满足一致性检验。

3)权重确定

根据构造的判断矩阵可以确定相应的权重,如图12.3和表12.3所示。

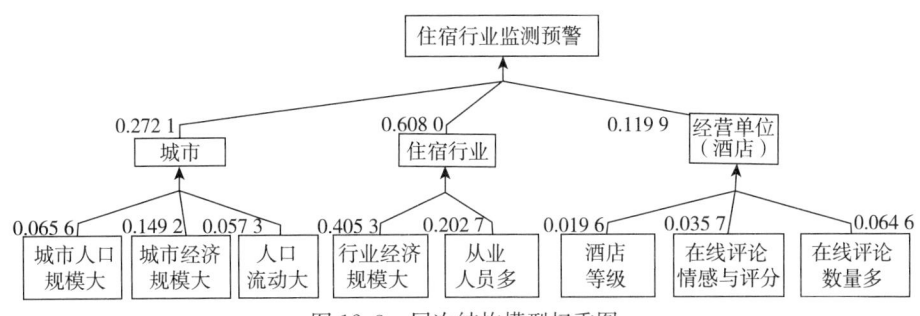

第 12 章　基于网络大数据的住宿行业监测预警研究

图 12.3　层次结构模型权重图

表 12.3　监测预警建模数据项组成

数据类别	数据项	数据构成	数据符	层次分析权重
城市	城市人口规模	年末总人口	P	0.065 6
	城市经济规模	城市生产总值	G	0.149 2
	人口流动	年末总人口－常住人口	M	0.057 3
住宿行业	行业经济规模	住宿和餐饮业增加值、第三产业增加值	I	0.405 3
	从业人员	住宿和餐饮业城镇单位就业人员	S	0.202 7
经营单位（酒店）	酒店等级	携程网数据	Hl	0.019 6
	在线评论情感与评分	携程网数据	Cs	0.035 7
	在线评论数量	携程网数据	Cc	0.064 6
权重和				1.000 0

3. 监测预警指数编制

根据层次分析法获得的各项数据的权重，构建住宿行业监测预警指数记为 HI，其计算公式为

$$\text{HI} = \sum_{i=1}^{8} X_i \cdot \omega_i$$

其中，X_i 为各数据项；ω_i 为各数据项的权重。

12.3.3　监测预警体系评价方法

1. 住宿行业监测预警的含义

住宿行业是国民经济第三产业的重要构成，对住宿行业的监测预警，在一定程度上对国民经济的发展、第三产业的发展以及区域经济的发展都有监测预警作用。结合我们的研究体系，住宿行业监测预警的主要含义包括：①体现旅游行业的经营发展情况；②体现商务经济主体的经营活动；③体现居民日常性的住宿需求情况;④体现区域经济发展中第三产业的发展状况;⑤体现在线住宿预订渠道的住宿类消费的公众情感。

2. 监测预警体系的评价

根据住宿行业监测预警的主要含义,我们引入每层含义的评价指标与住宿监测预警指数进行相关性分析,从时间维度和正负相关度的角度对监测预警指数的含义进行检验和分析,从而实现对住宿行业监测预警体系的评价。

参与评价的指标包括住宿行业的统计数据(如营业额、收入等)、城市CPI、居住类消费价格指数(包括建房及装修材料、租房、自有住房及水电燃料)等,此外,其他一些相关联数据指标也可以用于参考评价。在评价过程中,需要从时间维度方面对比分析监测预警指数的有效情况。

12.4 监测预警实证分析与评价

12.4.1 监测预警实证分析

我们选取2010年8月到2012年12月作为研究时间,根据住宿行业监测预警指数的构建公式可以获得住宿监测预警指数,见表12.4。

表12.4 2010年8月到2012年12月月度监测预警指数及指数变化、涨跌情况

时间	监测预警指数(HI)	指数变化(DHI)	涨跌情况
2010年8月	2 410.036 407	0	+
2010年9月	2 411.444 636	1.408 228 255	+
2010年10月	2 420.595 169	9.150 532 980	+
2010年11月	2 415.354 854	−5.240 314 730	−
2010年12月	2 416.952 591	1.597 736 667	+
2011年1月	2 748.668 648	331.716 057 000	+
2011年2月	2 749.027 545	0.358 897 776	+
2011年3月	2 757.736 541	8.708 996 204	+
2011年4月	2 758.655 642	0.919 100 910	+
2011年5月	2 756.818 103	−1.837 539 140	−
2011年6月	2 758.102 070	1.283 966 495	+
2011年7月	2 762.504 719	4.402 648 930	+
2011年8月	2 763.240 724	0.736 005 002	+
2011年9月	2 757.012 497	−6.228 226 680	−

第12章　基于网络大数据的住宿行业监测预警研究

续表

时间	监测预警指数(HI)	指数变化(DHI)	涨跌情况
2011年10月	2 768.112 003	11.099 506 260	＋
2011年11月	2 774.547 395	6.435 391 582	＋
2011年12月	2 778.966 330	4.418 934 871	＋
2012年1月	2 773.821 300	−5.145 030 180	−
2012年2月	2 777.832 745	4.011 445 312	＋
2012年3月	2 791.854 838	14.022 093 080	＋
2012年4月	2 800.024 887	8.170 049 192	＋
2012年5月	2 807.332 500	7.307 612 469	＋
2012年6月	2 805.917 427	−1.415 072 920	−
2012年7月	2 882.079 170	76.161 743 250	＋
2012年8月	2 944.116 174	62.037 004 350	＋
2012年9月	2 878.023 245	−66.092 929 600	−
2012年10月	2 841.040 728	−36.982 516 400	−
2012年11月	2 825.026 074	−16.014 654 300	−
2012年12月	2 841.234 444	16.208 369 900	＋

注："＋"表示涨，"−"表示跌

通过观测监测预警指数的变化可以做出对住宿行业情况的监测与预警，图12.4为2010年8月到2012年12月月度住宿行业监测预警指数变化情况。

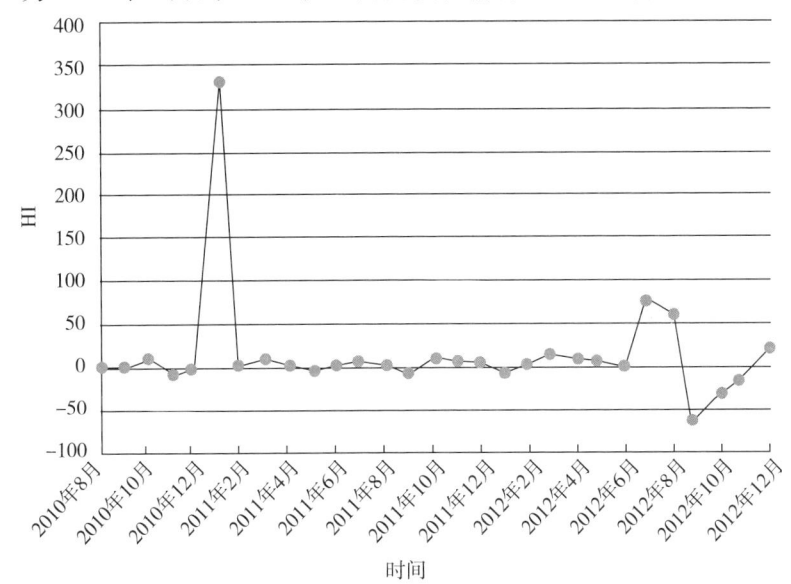

图12.4　2010年8月到2012年12月月度住宿行业监测预警指数变化情况

12.4.2 监测预警指数评价

选取 2012 年度北京市 CPI 对监测预警指数进行评价，从时间维度和相关性的角度对监测预警指数进行解释和分析，如表 12.5 所示。

表 12.5 监测预警指数评价

时间	HI 变化	CPI 变化
2012 年 1 月	−5.15	1.0
2012 年 2 月	4.01	−0.9
2012 年 3 月	14.02	0.3
2012 年 4 月	8.17	0.1
2012 年 5 月	7.31	−0.9
2012 年 6 月	−1.42	−0.6
2012 年 7 月	76.16	1.6
2012 年 8 月	62.04	0.1
2012 年 9 月	−66.09	0.1
2012 年 10 月	−36.98	−0.5
2012 年 11 月	−16.01	−0.5
2012 年 12 月	16.21	0.8

为了体现监测预警指数与 CPI 的相互关系，我们将表 12.5 中的数据按照如下公式进行归一化处理，两者的变化情况如图 12.5 所示。

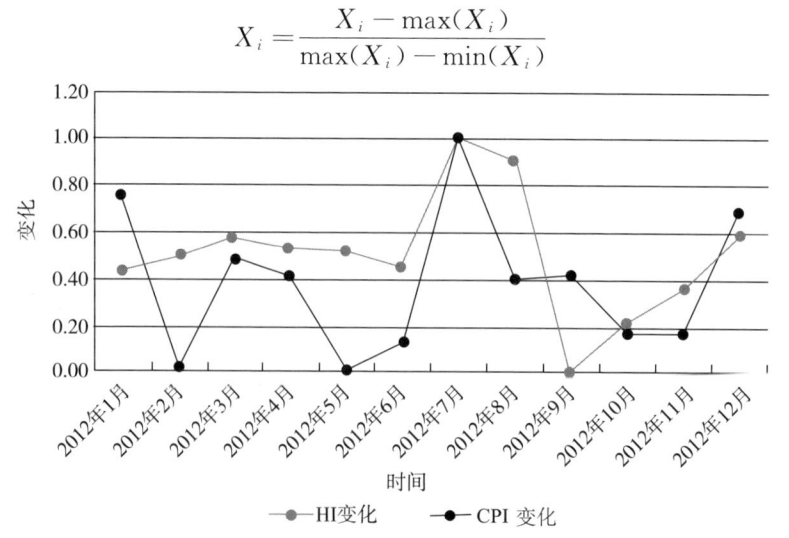

$$X_i = \frac{X_i - \max(X_i)}{\max(X_i) - \min(X_i)}$$

图 12.5 监测预警指数与 CPI 变化月度情况

由图 12.5 可知，监测预警指数与 CPI 数据的变化情况除了个别月份反常以外，在较多的时间上是同趋势的，这表明我们构建的监测预警指数对社会经济运行情况具有一定的监测意义和效用。

12.5 本章小结

本章介绍了一个基于网络大数据和社会经济统计指标的住宿行业监测预警体系，构建了住宿行业监测预警指数。该监测预警体系结合了所在城市数据、行业自身数据和携程网互联网大数据，为住宿行业提供了一个有一定效用的监测方法。当然目前该监测预警体系尚不完善，需要进一步的优化。

第13章

基于网络大数据的餐饮市场景气指数编制

本章探讨利用网络大数据对餐饮市场进行景气指数编制的方法，通过利用网络大数据可以更加客观地反映餐饮市场的景气情况。

13.1 引言

近年来，我国各方面的发展取得了举世瞩目的成就，人民的生活水平也不断提升，日常生活中人们不再仅满足于"吃得饱"这一基本需求，在"吃得饱"的基础上"吃得好"成为越来越多的人的要求。人们关于饮食观念的转变直接影响到我国餐饮业的整体发展，《舌尖上的中国》的成功从侧面说明了我国餐饮业的巨大市场与潜力。经济的发展和人们对于饮食的注重等因素促进了我国餐饮业的蓬勃发展，在过去的二十多年中，餐饮业整体发展势态良好，保持了较高的增长速度。

2004～2012年的9年时间里，我国餐饮业营业额和餐饮业餐费收入平稳快速增长，分别从期初的1 160.50亿元和1 030.80亿元增长到期末的4 419.85亿元和3 966.73亿元，均增长了2.8倍；年末从业人员数量也从1 339 245人增长到2 437 088人，餐饮业法人企业数在2008年迎来一个高峰后，从2009年到2012年稳中有升(表13.1)。

表13.1 2004～2012年我国餐饮业基本情况

年份	餐饮业法人企业数/个	餐饮业年末从业人数/人	餐饮业营业额/亿元	餐饮业餐费收入/亿元
2004	10 067	1 339 245	1 160.50	1 030.80
2005	9 922	1 344 263	1 260.20	1 124.00
2006	11 822	1 489 402	1 573.60	1 410.60
2007	14 070	1 673 561	1 907.22	1 711.32

续表

年份	餐饮业法人企业数/个	餐饮业年末从业人数/人	餐饮业营业额/亿元	餐饮业餐费收入/亿元
2008	22 523	2 001 699	2 592.82	2 358.39
2009	20 694	2 006 056	2 686.36	2 441.31
2010	21 595	2 202 988	3 195.14	2 893.23
2011	22 496	2 277 980	3 809.05	3 433.77
2012	23 390	2 437 088	4 419.85	3 966.73

资料来源：国家统计局网站

然而情况在2013年发生了变化，这一年，我国餐饮业在艰难中前行。根据国家统计局公布的统计数据，2013年我国餐饮业收入25 392亿元，同比增长9%，结束了餐饮业连续20余年的两位数增长。通过对比2012年和2013年我国餐饮收入月度数据(表13.2)，我们可以发现，相比于2012年月度同比12%以上的增长速度，2013年的月度同比增长降到了8%~9%的水平[1]；限额以上企业(单位)餐饮收入更是出现了转折，从11%以上的月度同比增长速度迅速降到了2013年12月的1%。高端餐饮业不仅在2013年遭遇了滑铁卢，颓势甚至延续到了2014年春节的餐饮市场。2014年1月31日至2月6日(正月初一至初七)，全国零售和餐饮企业实现销售额大约6 107亿元[2]，比2013年春节增长13.3%，高端餐饮业遇冷，大众餐饮表现红火，以中端消费和大众化家庭消费为市场定位的餐饮企业继续保持着较高的增长速度。

表13.2 2012年和2013年我国餐饮收入月度数据

月份	餐饮收入/亿元	限额以上企业(单位)餐饮收入/亿元
2012年1~2月	3 717	1 184
2012年3月	1 710	564
2012年4月	1 689	555
2012年5月	1 844	596
2012年6月	1 877	627
2012年7月	1 829	620
2012年8月	1 936	663
2012年9月	2 072	694
2012年10月	2 207	707
2012年11月	2 115	742
2012年12月	2 287	812

① http://www.ce.cn/cysc/sp/info/201402/10/t20140210_2265844.shtml。
② http://www.ce.cn/cysc/sp/info/201402/11/t20140211_2278294.shtm。

续表

月份	餐饮收入/亿元	限额以上企业(单位)餐饮收入/亿元
2013年1~2月	4 030	1 278
2013年3月	1 861	602
2013年4月	1 822	576
2013年5月	2 023	625
2013年6月	2 059	664
2013年7月	1 999	657
2013年8月	2 125	704
2013年9月	2 259	734
2013年10月	2 422	754
2013年11月	2 314	771
2013年12月	2 479	824

资料来源：海关数据网，http://hgsj.people.com.cn/index.php?cid=64&tid=28-35

高端餐饮业和中低端大众化餐饮消费合力扛起了我国餐饮业的大旗。在国民经济行业分类中，餐饮业主要分为正餐服务、快餐服务、饮料及冷饮服务和其他餐饮业四大类。其中，正餐服务是指在一定场所提供以中晚餐为主的各种中西式炒菜和主食，并由服务员送餐上桌的餐饮活动；快餐服务是指在一定场所内提供快捷、便利的就餐服务；饮料及冷饮服务是指在一定场所内以提供饮料和冷饮为主的服务；其他餐饮业是指提供全天就餐的简便餐饮服务，包括流动餐饮和单一小吃等餐饮服务。

民以食为天，餐饮业是服务经济繁荣程度的标志，是社会多元文化的代表，与民生问题息息相关。餐饮业的景气与否直接反映出了人们的生活水平，因此，准确、及时地发布餐饮市场的景气指数，无论是对国家、社会还是普通百姓都有十分重要的意义。

13.2 景气指数

在对经济运行状况进行描述时，我们经常用景气这一概念。景气是对经济发展状况的一种综合性的统计学描述，常被用来描述经济的活跃程度。目前，世界各国研究经济周期波动、分析预测产业运行情况时广泛采用的是景气指数方法。由于景气指数往往反映的是整个行业甚至是整体经济运行的状况，所以单一的经济变量的波动不足以代表整个宏观经济的景气程度。景气指标方法通过从一个行业设计的各个方面或是领域选择有效的数据和指标，利用统计学方法将这些指标编制成先行、同步、滞后的指数，作为监测宏观经济景气的综合性指标。常见的景气指数包括各行业景气指数、国房景气指数及企业景气指数。景气指数取值介于 0 到 200 之间，以中间值 100 为基准，当指数在 100 和 200 之间时，表明经济景气，且指数越接近 200 表明景气程度越高；当指数在 0 和 100 之间时，则表明经济不景气，且指数越接近 0 表明景气程度越低。

餐饮业景气指数属于行业景气指数，是针对餐饮业发展状况和未来趋势的综合指标。通过餐饮业景气指数，我们可以及时了解到餐饮业的宏观运行情况，同时又避免监测的片面性，有助于对经济决策进行快速评估。

景气指数的计算方法主要分为扩散指数（diffusion index，DI）和合成指数（composite index，CI）两种方法，都可以用来分别计算先行、同步和滞后指数。

扩散指数是对各经济指标循环波动进行测定所得到的扩张变量在某一时点上的加权百分比。我们一般可以将经济简单地分为繁荣和萧条两种状态。当经济萧条时，人们倾向于抑制经济活动，大部分经济指标会处于下降状态；当经济达到萧条的最低点时，经济指标开始触底反弹，变为上升状态的指标不断增多。当处于上升状态的经济指标和处于下降状态的经济指标所带来的影响相等时，宏观经济状态就处于由萧条向繁荣的转折点。随着经济继续复苏，处于上升状态的经济指标逐渐占据优势地位，经济开始进入繁荣状态。在繁荣时期，各种经济活动开始变得活跃，直到经济达到这一周期的繁荣最高点，各项经济指标开始出现下降的趋势，随着变为下降状态的指标不断增多，经济繁荣开始离开峰值，繁荣程度不断下降。当处于下降状态的经济指标和处于上升状态的经济指标所带来的影响相等时，宏观经济状态就处于由繁荣向萧条的转折点，之后经济开始新的一个循环周期。扩散指数就是基于这种处于上升状态的经济指标和处于下降状态的经济指标之间的优势关系来判断经济状态，预测经济的转折点，并为经济政策的制定提供依据。

$$\mathrm{DI}(t) = \sum W_i l_i \times 100$$

$$l_i = \begin{cases} 1, & X_i(t) > X_i(t-j) \\ 0.5, & X_i(t) = X_i(t-j) \\ 0, & X_i(t) < X_i(t-j) \end{cases}$$

其中，$\mathrm{DI}(t)$ 为 t 时刻的扩散指数；W_i 为第 i 个变量指标分配的权数；l_i 为示性函数；$X_i(t)$ 表示第 i 个变量指标在 t 时刻的波动测定值；j 取决于我们要进行比较的跨度，如我们要比较当期和前三期的取值，则 $j=3$。

如果权数相等，则计算公式转化为

$$\mathrm{DI}(t) = \frac{\sum l_i}{N} \times 100 = \frac{\text{在 } t \text{ 时间扩张的变量个数}}{\text{变量总数}} \times 100$$

为了计算餐饮业的扩散指数，我们首先需要计算各项指标各月环比增长（下降）速度，同时消除季节等周期性和无规律变动等的影响，然后确定示性函数，将环比的发展速度与基期的发展速度进行比较：若当期值大于基期值，示性函数取 1；若当期值小于基期值，示性函数取 0；若当期值与基期值相等，示性函数取 0.5。最后，将所有指标所得数值相加除以指标数即可得到扩散指数。

当扩散指数大于 0 小于 50% 并且有着从 0 向 50% 变化的趋势时，表明行业处于不景气的后期，经济正在扩张；当扩散指数大于 50% 小于 100% 并且有着从 50% 向 100% 变化的趋势时，表明行业处于景气阶段，并且经济越来越热；当扩散指数小于 100% 大于 50% 并且有着从 100% 向 50% 变化的趋势时，表示行业处于景气阶段后期，且状况不断下降；当扩散指数小于 50% 大于 0% 并且有着从 50% 向 0% 变化的趋势时，表明行业进入不景气阶段的前期，行业规模不断收缩。

然而，由于扩散指数只能反映行业上升或下降的方向、出现转折的位置，并不能揭示出变化的程度，因此扩散指数常与其他指数一起结合使用。

合成指数经常和扩散指数同时使用以弥补扩散指数的不足。合成指数是指测量一段时间内市场总体表现的综合性指数，它不仅能够反映出行业的转折点，而且能够反映出经济周期的振幅。

在合成指数的编制过程中，首先要将先行、同步、滞后的指标加以区分，其次分别求相应指标的标准化后的对称变化率，最后求各类指标的标准化的平均变化率。在实际的计算过程中，先行、同步和滞后指标之间存在不协调的现象，因此一般以同步的指数为基准去调节先行和滞后指标的标准变化率以使得三者之间达到一致。

扩散指数和合成指数在反映经济运行状况上各有优劣，扩散指数可以比较好地反映经济运行的转折点，但是在体现经济波动的幅度上无能为力；合成指数可以较好地体现经济波动的振动幅度，但是无法很好地反映各个经济部门之间的影响。因此，在实践中往往是扩散指数和合成指数结合使用、优势互补。

13.3 网络数据

衣食住行是我们每个人每天都要接触的事情，而我国又是传统的饮食大国，餐饮是老百姓日常生活中不可或缺的谈资，而渗透到我们生活方方面面的互联网则为人们谈论、评价餐饮提供了很好的平台。截止到 2013 年第四季度，大众点评网上的商户达到了 800 余万家，覆盖了全国超过 2 300 个大中小城市，月活跃用户数量更是超过了 9 000 万人，评论数量超过 3 000 万条[①]。广阔的覆盖面积、巨大的活跃用户数使得餐饮业发生的点点滴滴都能迅速地反映到用户的评价和评论中，与

---

① 大众点评网，http://www.dianping.com/aboutus。

传统的抽样调查方法相比，采用网络大数据的好处之一就是每一个评论的用户都可以作为我们的调查员，从总体上看，"调查员们"反映迅速，评价反映了他们的真实感受，调查范围十分广，对餐饮场所的"调查"都是他们的切身体验，因此餐饮评价类网站为我们研究餐饮业景气程度提供了很好的平台和数据来源。

图 13.1 是大众点评网上某家餐厅的总体评价信息，包括平均评分、人均消费、口味、环境、服务等，网站可以从总体上展示用户对一家餐厅的印象、评价。

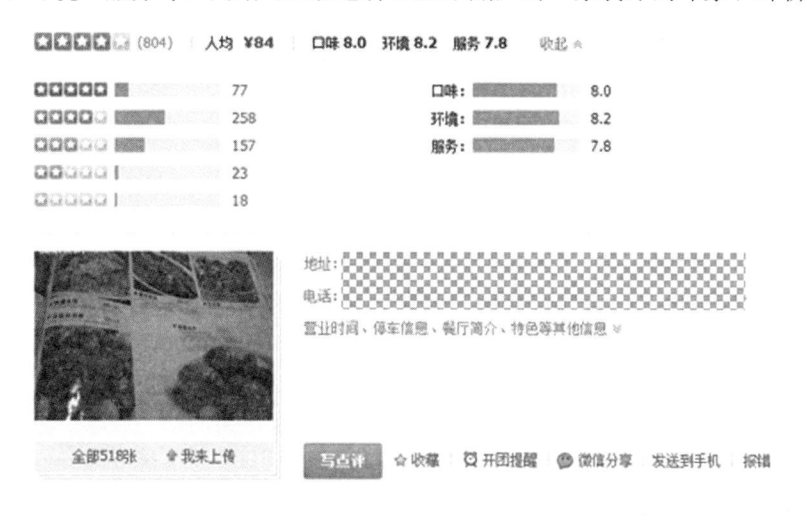

图 13.1　大众点评网上某家餐厅的总体评价信息

图 13.2 是对同一家餐厅的个人评价信息展示，包括文字信息的评论和量化的评分、人均消费、口味、环境和服务等，其中量化的信息可以提供大多数人更加关注的问题，而量化信息之外的信息则可以通过文字评论进行展示，评论作为补充同样起到了重要作用。

网站不仅为我们的日常生活提供了便利，而且也为利用网络大数据监测餐饮业的发展状况提供了可能。餐饮点评网站收录的每一家餐厅都会有一个网页页面，页面可以提供的信息包括上面展示的总体数据和个人评价，因此我们对餐饮业发展情况的监测也要充分利用这两方面的信息。对于总体数据，如评价人数，可以通过每周收集一次的方式进行存储，然后将每周的数据处理为趋势数据。例如，前两周的总点评数减去前一周的总点评数就等于第二周的点评数。以此类推，得到每周的评价数，就可以作为这家餐厅经营状况的一个指标。对于个人评价信息，我们可以根据大数据中的全部个人评价信息及情感库得出大众对餐饮业的态度，将其作为影响餐饮业的重要因素。通过这种方法，将单个餐饮单位的信息汇总处理，得到全国的数据，可以反映出我国餐饮业的整体发展情况。

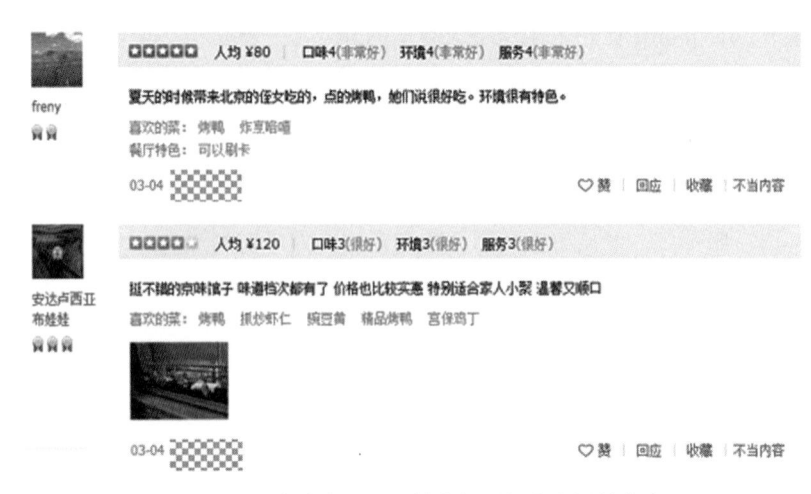

图 13.2　大众点评网上某家餐厅的个人评价信息

13.4　本章小结

餐饮评论类网站发展迅速，越来越多的人愿意在这类网站上分享自己的就餐信息，部分用户已经形成了良好的评价习惯，因此庞大的网络数据就为利用互联网进行餐饮业的景气监测提供了很好的环境。同时，互联网中信息传播迅速的特点使得我们的监测具有及时性，可以为经济决策提供更加快捷的支持。

第 14 章

基于网络新闻的股票市场预测

本章建立一个基于网络新闻的股票市场预测模型，以中国证券市场的数据分析为基础，充分利用网络信息的广泛传播和时效性，通过支持向量机建立模型来对股票市场数据进行分析和预测，是一种股市预测的新方法。

14.1 引言

自证券交易市场建立之后，人们就从没有停止过对股票市场进行不同方向不同种类的研究。从格雷厄姆的《证券分析》开始，人们以传统经济学理论为基础、以企业价值为对象进行基本面分析。而后发展出以股票价格作为研究对象，以预测股价波动趋势为目的，认为市场行为包容一切的技术分析。例如，我们熟知的道氏理论、波浪理论、江恩理论等。在计算机信息技术急速发展的今天，更为复杂而精致的模型帮助人们获得了更为可靠的投资策略。如今互联网的信息爆炸将股票市场研究引入了一个新的领域，那就是通过网络大数据来预测股票市场的表现，即分析人们对所接收的信息的投资判断。目前，互联网新闻媒体因其报道及时和访问便捷的优点，已成为公众获取信息的主要来源。财经新闻的报道内容往往涉及上市公司的经营状况、财务报告、战略决策、股价走势等，不少业内人士都会发表对经济、金融市场走向的观点与展望，这些信息对投资者选择投资时机和市场分析者研究市场走势起到了至关重要的作用。此外，互联网也是反映投资者情绪的渠道，不少知名的网站都设立了专门的讨论区，股民通过论坛、微博等反映自身对股票市场未来的预期与判断。

在互联网信息与投资者投资决断的研究方面，国内外已经取得了丰富的研究成果。早在1971年，Hiederhoffer(1971)就分析了《纽约时报》发布的重大新闻的标题，并对其描述的内容进行了分类，将每个标题对股市的影响进行评级，从而研究股票市场受哪些重大新闻事件的影响。他发现重大新闻发布后的第一天,股票市场的反应最强烈。Klibanoff 等(1998)同样使用《纽约时报》的新闻标题来研究新闻是否会影响封闭式基金。他们仅对有无新闻进行分析,将新闻变量设为虚拟变量,有为 1,无则为 0。该研究的结论指出,新闻能够影响投资者的需求。除了新闻标题外,有学者将新闻的数量作为突破点,研究一定量的新闻事件对市场的影响。Fand 和 Peress(2009)研究发现新闻关注度低的股票存在显著的溢价,他们检验了股票收益率与媒体报道之间的关系。

除了新闻标题和数量之外,有学者开始对新闻的内容进行分析。Huberman 和 Regev(2001)使用案例研究法发现,一则被重复报道的利好消息会引发股价的二次上涨,并且能维持在较高水平。Keown 和 Pinkerton(1981)从一类新闻事件入手,利用统计方法研究了公司收购信息发生前后股票收益的变化。该研究得出收购信息对公司股价的影响,指出该信息前后共持续 12 天,而且在信息正式发布之前 11 天就产生了异常收益,从而证明存在内幕交易。

此外,有学者开始进一步对不同内容的文本信息进行分类研究。Antweiler 和 Frank(2006)对 1973~2001 年《华尔街日报》发布的 250 000 条公司新闻进行了分析。他们使用贝叶斯分类方法对新闻主题进行分类,并且使用事件法研究每一类新闻对股市的影响。研究发现:①新闻发布后市场就过度反应,以至于事件日前后的异常收益的符号相反。②新闻发布后,新闻对收益的冲击会持续很多天。③事件日当天的反应比事件的后几天都要强烈。④在经济萧条期,新闻对股市旳影响力度更大,影响周期更长。Das 和 Chen(2007)研究出一种算法,能够从论坛信息中提取出小投资者的观点,然后进行相关的股票预测。该研究使用贝叶斯分类器,将雅虎财经论坛信息进行分类,然后通过对内容计算简单词频得到投资者的乐观程度,构建时间序列和截面回归模型来研究投资者情绪与市场指数、个股股价、分歧信息、信息量、交易量、波动率等的相关性,结果发现市场行为与小投资者观点(购买、持有、卖出)有关。

和发达国家市场相比,我国证券市场尚处于初级阶段,有效性比较差,投机炒作的氛围比较浓,中小投资者非理性程度较强,对经济、金融市场的知识也较为缺乏,因而互联网与投资者行为之间的关系也更为复杂。中小投资者解读市场信息、做出投资决策易受互联网信息的误导。例如,关注禽流感的新闻在财经网站上频频出现,莱茵生物、海王生物等生物制药板块股票遭到主力资金爆炒,涨幅高达 80%,随后股票价格跳水,不少盲目投资的中小投资者损失惨重。自习近平主席讲话提出"建设美丽中国"之后,"美丽中国"概念在众多财经网站上成为热点,"创业环保"持续受到炒作,两周内涨幅高达 90%。除新闻之外,中小投资者对有关股市操纵的信息也十分敏感,如在股吧中我们经常可以看到中小投资者对某些巨量成交、连续暴涨的股票背后的坐庄行为的猜测。

14.2 基于新闻的股票市场预测背景知识概述

14.2.1 文本挖掘技术

在发展迅速的互联网中有大量有用或无用的信息，我们将这样的数据定义为大数据，从网络各个节点所获得的信息以各种形式的文本存在。以新闻网站、论坛为例，每时每刻都在生成大量文本数据，一般来说，这些数据都是非结构化的，但是包括了很多有用的信息。如何从海量的文本中挖掘出有价值的信息和知识已成为一个日趋重要的问题，而文本挖掘技术就是为解决此类问题而兴起的，它虽然是一个新兴学科，但已成为一个发展迅速的研究方向。本章所探讨的问题主要关乎于新闻报道与股市波动之间的关系，而咨询、新闻基本上是以无结构的文本信息呈现，这些无结构文本的内容通常表现出了公司财务方面的一些信息，如公司重大事项、股东变更、重组等重要信息，而根据资本市场的经验，这些重要信息很可能对股票价格有很大影响。因此，新闻报道中有价值的信息会直接左右投资者行为，从而影响股价波动。所以，试图挖掘出新闻文本中涵盖信息的价值，便是以金融大数据为基础的股票市场预测研究的关键。文本挖掘技术就是专门解决此类问题的一门新兴学科，它可以采用某种回归模型（如 SVR），将新闻文本这种非结构化的数据量化为影响股票走向的一个指标因子。其基本过程如下：首先，采用中文分词将所选文本进行向量化来处理无结构的新闻文本信息，得到新闻文本向量。其次，设计回归模型，分析新闻资讯对股票市场不同股票价格的影响。对不同的中文分词算法，如何选取向量中的特征，如何进行特征选择，如何进行特征加权，都会对最终结果有所影响。文本数据挖掘这门新兴学科囊括了大量内容，如中文分词、文本向量化、特征提取、降维、文本分类、回归等。

14.2.2 特征权重计算

通过特征权重计算，将一篇文档看成一个向量，其中每个分量对应词典中的一个我们事先选好的分词，即特征值，而这个分量的值是一个权值，权值大小代表该特征在文档中的重要程度。本章在文本向量化过程中采用的特征加权方法为常用的 TF-IDF，通过 TF-IDF 来计算向量中每个特征词在每篇文档中的权重。TF-IDF 是一种统计方法，一般用于评估分词在文档集中的出现次数和重要程度。如果某个词条在一篇文章中出现的频率很高，则表示我们应该赋予其较高权重。如果文档集中出现该词条的文档频率（document frequency，DF）很高，则表示此词条不具有很好的类别区分能力，我们应该赋予该词条较低权重。此种情况即 TF 很大，DF 很大，从而最终词条的权重由 TF-IDF 共同决定。如果文档集中出现该词条的文档频率很低，即此词条具有很好的类别区分能力，则表示我们应该赋予该词条较高权重。此种情况即是 TF 很大，DF 很小，从而最终词条的权重 TF-IDF 很大。

14.2.3 支持向量机

SVM 是机器学习领域中的一种算法，它可以用来解决回归问题，也可以用来解决分类问题，是数据挖掘的常用技术。当用它来解决分类问题时，就将其称为 SVM，如股市的涨和跌的分类问题。当用它来预测股票的价格时，即预测某个具体数值问题时，就将其称为 SVR。本章选取 SVR 这种机器学习方法来建立新闻与股票收益率之间的回归模型。SVR 是基于统计学习理论（statistical learning theory，SLT）的一种机器学习算法，神经网络和 SVR 都是基于统计学习理论的用于解决分类、回归问题的机器学习算法。它们事先被给定一批训练数据，之后采用各种不同规则建立最小化风险函数，建立输入和输出数据之间的映射关系，得到最终的模型。建立好模型后，就可以用此模型来预测新的输入数据对应的输出。但神经网络是基于经验风险最小化（empirical risk minimum，ERM）的方法，因此无法避免局部极值问题，泛化能力差。而 SVR 是 Vapnik 于 1996 年创建的一种基于结构化风险最小的算法，它最小化 ERM 和函数集的 VC 维（Vapnik-Chervonenkis dimension），即最小化风险函数的上限，从而避免了过度要求经验风险最小化所带来的缺陷，更好地实现了统计学习理论的目的，即增强了统计学习的泛化能力。统计学习理论的主要目标就是找到提供一种研究推断问题的框架机制（获取知识、最初决策或者对一数据集进行建模）。它应用于函数模型估计时，最终目的就是找到相应的函数 g，使得风险函数 $R[g]$ 最小，即期望风险最小。

$$R[g] = \int_{X,Y} L(y, g(x)) P(x, y) \mathrm{d}x \mathrm{d}y \tag{14.1}$$

其中，$P(x, y)$ 为 X、Y 的密度函数；L 为预测带来的损失，即损失函数，当 $g(x)=y$ 时，L 为 0，其他情况时 L 为 1。

当处理回归问题时，若是二维，则

$$L(y, g(x)) = (y - g(x))^2 \tag{14.2}$$

由于 $P(x, y)$ 未知，所以实际应用时，一些基于统计学习理论的算法（如神经网络）常用经验风险函数。

$$\mathrm{Remp}[g] = \frac{1}{l} \sum_{i=1}^{l} L(y^i, g(x^i)) \tag{14.3}$$

这个函数即经验风险最小化函数。令 $0 < \mu < 1$，则 $R[g]$ 与 $\mathrm{Remp}[g]$ 即有如下概

率关系：

$$R[g] \leqslant \text{Remp}[g] + \sqrt{\frac{h\left[\ln\left(\frac{2l}{h}\right)+1\right]-\ln\frac{\mu}{4}}{l}} \quad (14.4)$$

其中，h 为 VC 维，用于衡量函数集的容量（capacity）；l 为训练集的大小。$R[g]$ 由两部分组成：一是经验风险函数 $\text{Remp}[g]$，二是由 h、l 组成的置信区间。当我们设计一种学习模型算法时，如果构建的结构复杂，训练集大小一定很小，右端置信区间则很大。在这种情况下，即便最小化也不能保证用此模型预测新数据时 $R[g]$ 最小，这也就是模型泛化能力差（模型计算结果对训练集风险函数值很小，但对新数据，风险 $R[g]$ 可能很大）。这是神经网络算法的弊端，因为神经网络用经验风险函数 $\text{Remp}[g]$ 来替代实际风险函数 $R[g]$。

SVM 最小化 ERM 和函数集的 VC 维，即最小化风险函数的上限，而非最小化经验风险。SVM 其实是一个凸二次规划问题，通常来说得到的是全局的最优解，有效地规避了局部性最优解的问题，保证了模型具有较好的泛化能力。同时，SVR 使用核函数进行非线性映射变换，将实际数据映射到高维的特征空间。在高维空间中，我们可以寻找线性最佳分离超平面，最后得到回归模型。

14.3 预测建模过程及结果

14.3.1 数据收集

为了找到合适的新闻数据，我们以新浪财经新闻为基础，通过网络爬取技术进行数据采集工作。本章训练数据的时间窗口为 2013 年 1 月 1 日到 2013 年 4 月 30 日，预测（量化）的时间窗口为 2013 年 5 月到 2013 年 6 月。在具体抓取工作中我们需要注意一些细节，如在抓取新闻的过程中有一些限定条件，首先，公司新闻的选择标准为标题中含有公司名称或该公司的股票简称；其次，为了避免刚上市股票价格不稳定带来的误差影响，我们不需要太多过于不稳定的因素，如刚上市一星期的公司新闻。为了使得训练数据满足要求，从而保证训练模型的质量，本章对抓取的新闻数据进行预处理，首先去除新闻发布前两天和后两天都缺失股票交易数据的新闻，然后去除每天多条新闻报道的情况。同时，抓取的新闻文本中包含有 JavaScript 以及其他一些噪声信息，为了确保新闻语料库的干净，对新闻中含有的这些噪声进行去除，从而构建一个以公司名称或公司编号、新闻发布时间命名的资讯数据库。本章将处理好的 5 235 条新闻作为训练集，训练新闻文本与股票收益率之间的回归模型。再选取 2013 年 5~6 月这两个月信息行业 2 143 条新闻作为预测集，采用训练好的模型来预测，同时通过大智慧软件搜集处理同时段的上海证券交易所上市的具有特性的 50 只股票的交易数据。

14.3.2 建立模型

建立模型的流程图如图 14.1 所示。

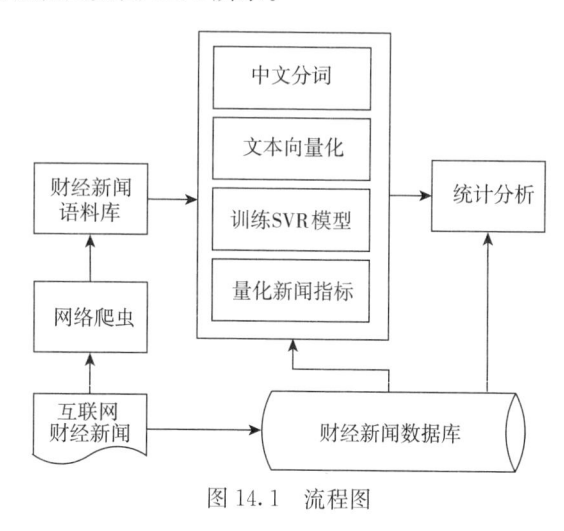

图 14.1 流程图

本章选取 SVR 方法设计回归模型,将财经新闻和股票收益率相关联进行分析。我们选用 SVR 回归模型,是因为 SVR 得到的回归函数是全局最优解,有较好的泛化能力,同时为了避免维数灾难,引入核函数。本章选用 SVR 的核函数为 Gaussian RBF 核函数。

首先,需要训练财经新闻文本内容与股票收益率之间的回归模型。此处需要训练数据,包括新闻文本数据和股票日收益率数据。将训练集的新闻文本向量和股票收益率向量对应,然后将新闻文本向量作为 SVR 模型的输入,将对应的股票收益率向量作为 SVR 的输出,通过训练数据来建立 SVR 模型。

(1)新闻文本向量化。由于我们所要研究的新闻内容是文本形式,是无结构的,本章采用文本挖掘领域的专业知识将文本转化为向量的形式。本章运用 TF-IDF 加权方法计算每个特征在文档中的权值,用此来衡量相应特征在某篇新闻文档中的重要程度。此外,我们在做这类工作的时候也需要注意一些问题,可以通过一些改进来提高效率。以"暴涨""激增"为例,毋庸置疑,它们都是影响股市波动很重要的特征词,本章将这些词都纳入选定的特征词库。但此处存在的问题是,"暴涨""激增"两者类似,却占用了向量空间的互联网财经新闻对股市影响的定量分析两个维度。而向量维度高不利于回归拟合,故本章将同义词并入同一个维度。针对同义词占多个维度这个问题,本章采用同义词降维方法减小向量空间维数,使得向量化结果更加合理,从而提高后面 SVR 模型的拟合效果。

(2)用SVR训练新闻文本向量与股票收益率之间的回归模型。将新闻文本向量作为输入,对应的股票日收益率作为输出,我们采用SVR模型,通过SVR的Gaussian RBF核函数来训练新闻数据和股票收益率之间的回归模型。训练好我们所爬取的财经新闻文本内容与股票收益率之间的回归模型之后,用训练好的回归模型量化新闻对股市的影响。同时,对获取的新闻数据,我们可以采用文本向量化方法进行向量化,将文本向量作为训练好的SVR模型的输入,从而预测定性的新闻文本信息对股票收益率的影响。将量化结果作为新闻影响股市的一个指标因子,用多元线性回归方法进行各种假设检验分析。

通过基于资本资产定价模型(capital asset pricing model,CAPM)的多元回归分析,我们可以计算新闻给相关股票带来的超额收益。

$$\text{Car}_{i,\,t+j} = a + b_1 \text{news} + b_2 \ln\text{Size} + b_3 \text{Trnv} + b_4 \text{EP} + b_5 \text{PB} + \varepsilon \quad (14.5)$$

其中,$\text{Car}_{i,\,t+j}$表示第i只股票新闻报道后异常收益累加到第$t+j$天的值;Size表示公司规模,本章选取公司总股本作为规模解释变量;Trnv为公司股票在计算期内的总股数日换手率,表示股票的流动性;EP为每股收益与价格;PB为股票计算期内的市净率。

14.3.3 实证结果

研究第一个阶段采用文本挖掘技术SVR来量化新闻对股市的影响,在此阶段,MAE和相关系数是评测SVR模型的两个指标。实验结果显示,SVR模型的相关系数为0.13,MAE为0.24,准确度为53%。

研究第二个阶段采用计量模型中的多元线性回归模型分析新闻如何影响股市波动。在此阶段,以通过SVR量化的新闻对股市影响的指标作为解释变量,它代表的是新闻指标,解释变量是累计异常收益,回归结果如表14.1所示。

表 14.1 回归结果

解释变量	$b_1$news	$b_2$lnSize	b_3Trnv	b_4EP	b_5PB	调整的R^2
t	−0.09*	−0.002	−0.009***	−0.93**	0.0009	0.33
	(−1.74)	(−0.54)	(5.76)	(−2.57)	(−0.64)	
$t+1$	−0.09***	0.005	−0.007***	−1.39***	−0.0005	0.44
	(−3.52)	(1.34)	(−4.37)	(−3.33)	(−0.21)	
$t+2$	−0.085**	0.003	−0.009***	−1.58***	−0.0001	0.30
	(−2.41)	(0.68)	(−4.00)	(−2.90)	(−0.44)	
$t+3$	−0.11**	0.009*	−0.008***	−1.99***	0.002	0.28
	(−2.47)	(1.68)	(−3.22)	(−3.19)	(0.93)	

*、**、***分别表示在0.1、0.05、0.01的显著性水平下显著

注:括号上面的数为回归系数的参数估计,括号里面的数为回归系数的t检验值

分析回归结果可以发现,新闻变量在 $t+1$ 日在 0.01 的水平上显著;换手率变量在 $t+1$ 到 $t+3$ 日在 0.01 的水平上显著;公司规模变量在 t 日到 $t+2$ 日表现不显著,从 $t+3$ 日开始表现出了一定的显著性。由此可以推断:①上海证券交易所上市公司新闻报道对该上市公司的股票产生的冲击在新闻发布第二天最为显著;②无论公司规模大小,新闻报道都会对该上市公司股票收益产生强烈的影响。

14.4 本章小结

本章将定性新闻的量化结果与股市定量指标融合,建立多元回归模型,运用计量经济学方法分析新闻如何影响股市的波动以及影响的显著性等问题。这里,被解释变量为累计异常收益率,解释变量为量化的新闻指标、公司规模、公司股票在计算期内的总股数日换手率、每股收益与价格比、股票计算期内的市净率。本章的研究思路归结如下。

(1)数据准备。利用网络爬取技术来获取互联网财经新闻,对爬取的新闻进行预处理,从而得到互联网财经新闻语料库。同时,从金融网络下载股票交易日数据,对其进行预处理,从而得到研究时间窗口内最终的股市交易日数据。

(2)采用文本挖掘技术量化互联网财经新闻文本内容对股市的影响。首先,建立股市特征词库及同义词词库。其次,对新闻文本进行中文分词,通过建好的词库对新闻文本进行向量化。再次,通过 SVR 建立新闻文本向量与股票日收益率之间的回归模型。最后,用建好的模型预测,即量化新闻文本对股价的影响,将此影响值作为影响股市的新闻指标。

(3)将新闻指标作为计量模型中多元线性回归分析中的解释变量之一,将通过 CAPM 模型最终得到的累计异常收益作为被解释变量,采用计量经济学中的多元回归分析方法,通过计量模型中的各种假设检验,证明上市公司新闻经媒体报道后都会对该上市公司的股票产生冲击。

第 15 章

基于多源媒体信息的股票市场预测

本章建立一个基于多源媒体信息的股票市场预测模型。以中国股票市场的数据分析为基础，充分利用网络信息的广泛传播和时效性，综合不同媒体对股市影响的差异，通过神经网络建立模型对股票市场数据进行分析并预测，结果证明，该方法在化工板块具有良好的应用价值。

15.1 引言

股票是市场经济的产物，高风险、高回报是股票投资的特征，个人投资者和机构投资者时刻关心股票行市，分析财务数据，试图预测股票的发展趋势。

传统的技术分析以寻找股票价格的周期性或可预测特征为目的，往往致力于分析股票价格的历史记录，期望从中发现能够提供利润机会的某种特征。但是当一条有用的技术准则被发现之后，大量的交易者试图用它盈利，这条准则便会很快失效。因此，市场动态是一个循环，不断地寻找盈利的交易策略，然后成功的策略被过度运用至失去有效性，再寻找更多的交易策略。随着计算机科学的不断发展，综合吸收了统计学、人工智能技术与数据库技术等学科而产生的数据挖掘技术逐渐兴起并在各个领域得到广泛应用。而互联网的不断发展与广泛应用，更是提供了源源不断的数据。

互联网官方网站及门户网站上的金融信息，能在很大程度上描述市场的真实状况，而股票的价格变动在很大程度上也是市场变化的体现。因此，寻找互联网金融信息与股票价格变动的关系不仅是可行的，而且也具有学术研究价值。

同时，有效市场假说认为，证券价格完全反映了所有可用信息。因此，技术分析是徒劳的。从另一个角度来说，有效市场假说认为很难有比完全掌握市场信息更好的投资策略。对普通的投资者来说要做到这一点需要超乎寻常的洞察力，但是借助互联网与计算机，这一策略的可操作性可大大提高。

有鉴于此，本章提出基于多源媒体信息对股票价格走势进行预测的方法。如何有效收集并处理互联网数据，采用合适的数据挖掘方法从中获取有价值的信息用于指导证券投资，是本章的关注点。

与传统的技术指标相比，网络信息具有以下特点：数据虽然也能表示市场信息，但显然不如文本信息表达得丰富。互联网金融新闻比数据更能全面反映市场的真实状况。对于突发事件和政策改变，历史数据往往不能给出很好的解释，但是相似的新闻信息有助于这一情况下的股票预测。采用金融新闻进行股票预测，也更符合股票价格变动的本质。

同时，网络上的新闻多种多样、来源广泛，对于不同网站上的信息，人们往往会持不同的信任程度，不同网站会有不同的影响力和受众范围，进而对股票市场产生不同的影响。

为了使得研究成果更具有针对性，本章主要研究化工行业的数据。在现代生活中，人们几乎随时随地都离不开化工产品，从衣、食、住、行等物质生活到文化艺术、娱乐等精神生活，都需要化工产品为之服务。同时，考虑到最近几年能源问题一直是社会关注的焦点，以及化工产品经常进行大宗交易等特点，本章选择化工行业进行研究。

化工行业包含化工、炼油、冶金、能源、轻工、石化、环境、医药、环保和军工等部门从事工程设计、精细与日用化工、能源及动力、技术开发、生产技术管理和科学研究等方面的行业。化工行业是联系产业上下游的纽带，工艺多样、产品丰富，生活与生产的各个领域都有其产品的踪影。也正因如此，化工行业往往能对某些微观经济的变化做出快速反应。化工行业在各国的国民经济中都占有重要地位，是许多国家的基础产业和支柱产业。其发展速度和规模对社会经济的各个部门都有着直接影响，世界化工产品年产值已超过 15 000 亿美元。

化工石油行业目前正处于较好的发展时期，从国际环境看，尽管短期的全球石油需求增长明显减缓，但长期增长的态势并没有改变，尤其是亚洲和中东国家的需求依然强劲。而随着世界主要油田的老化，石油产量递减速度会加快，各国对石油资源的争夺会愈演愈烈，世界以石油天然气为主的能源产业投入会逐步加大，这必将带来石油天然气储运工程建设市场的繁荣。同时，随着国民经济的增长，对油气和石油石化产品的需求将持续增长，这也为化工石油行业提供了广阔的发展空间和旺盛的市场需求；另外，埃克森美孚、壳牌、杜邦等 2 000 多家跨国公司加快投资中国石油化工步伐，也给相关企业带来了难得的机遇。

15.2 股票预测方法现状

15.2.1 人工智能

人工智能的主要贡献在于算法优化和机器学习，如遗传算法、SVM 和神经网络。遗传算法使用全局搜索和优化方法确定的参数有最大的影响，SVM 可以把潜在股价分类为上升、下降或保持三种方向。机器学习中一个典型的预测方法就是人工神经网络。Kamijo 和 Tanigawa（1990）、Ahmadi（1990）分别将 recurrent 神经网络和 BPNN 应用到了股票市场预测中。

应用在股票市场预测方面的人工智能算法的优点是除了利用股票价格的时序序列外，还可以综合考虑其他因素（如宏观经济指标、股票市场的新闻等），并且允许数据拥有一定程度的不确定性。

15.2.2 统计方法

统计方法使用模拟和概率的方法，如蒙特卡罗模拟和博弈论。

在蒙特卡罗模拟中，价格预测是很难直接得到的，所以输入参数都给出了一系列合适的随机数，并观察预测值与实际值的密切程度。

在博弈论中，价格预测建模主要基于策略和潜在回报。理论上，玩家在游戏中会对其他玩家的战略进行评估，并采取一个立场，使得自身获得最好的回报。然而，这种类型在股票市场预测中不是太有效，因为存在新的进入者以及不断改变的策略，所以从内在角度来看，预测价格变动是很困难的。

15.2.3 数学方法

数学方法主要从应用数学和经济物理学领域借鉴，这种预测算法采用更复杂的数学形式，如渗滤法（percolation methods）、对数周期振荡、小波变换模拟未来的价格等。渗滤法用于研究证券的供应与需求，以及对证券价格的潜在影响。对数周期振荡使用长期历史数据来描述市场的宏观变动，如即将到来的崩溃和市场泡沫。在小波变换中，输入参数被连续采样，以提供不同粒度的过滤器，利用这些连续的过滤器进行分析。

15.2.4 其他传统方法

1. 投资分析法

Thomesett（2006）给出了投资分析法相关的定义，投资分析法可以分为基本面分析和技术分析。基本面分析主要是对宏观经济面、公司主营业务所处行业、公司业务同行业竞争水平和公司内部管理水平等进行分析。技术分析主要是研究股价、历史股价以及股价外的某些因素的关系。

2. 时间序列模型

预测股票市场常用的时间序列模型有随机游走模型（random walk model）、自回归移动平均（autoregressive moving average，ARMA）模型（Box and Jenkins，1970）、ARCH模型（Engle，1982）、GRACH（generalized autore-gressive conditional heteroscedasticity，即广义的自回归条件异方差）模型（Bollerslev，1986）。时间序列模型往往需要具有很多的历史数据，并且需要做出一定的假设。这些模型存在一些局限性（Tsay，2005；Kantz and Thomas，2004），时间序列要求是定态的，在建立多元回归模型时要求变量之间是相互独立的。

15.3 网络新闻可预测性分析

对股市的分析方法多种多样，如道氏分析法、K线图分析法、柱状图分析法、点数图分析法、移动平均法、形态分析法、趋势分析法、角度分析法、神秘级数与黄金分割比螺旋历法、四度空间法等，随着计算机技术在证券分析领域的普及与应用，新的分析法在不断产生。

此外，人们也试图用回归分析等统计手段建立模型来预测股市。然而，严格来讲这些方法仅是分析手段，还不能直接预测股市的动态。股票市场是一个高度复杂的非线性动态系统，其变化有自身内在的规律性，同时考虑到中国不是一个完全自由化的市场，而是一种"政策市"，它受国家有关经济政策的影响很大，每天发生的市场、经济、社会等方面的新闻事件都会对股价的走势产生影响，因此以数理统计为基础的传统定量预测方法对股市预测研究的效果并不理想，寻找合适的股价预测方法是十分必要的。

Fama（1965）提出了有效市场的概念：有效市场是这样一个市场，在这个市场中，存在着大量理性的、追求利益最大化的投资者，他们积极参与竞争，每一个人都试图预测单个股票未来的市场价格，每一个人都能轻易获得当前的重要信息。在一个有效市场上，众多精明投资者之间的竞争导致这样一种状况，在任何时候，单个股票的市场价格都反映了已经发生的和尚未发生但市场预期会发生的事情。

互联网的出现与广泛使用，为获取金融信息提供了便利的条件。互联网官方网站及门户网站上的金融信息，能在很大程度上描述市场的真实状况。而股票的价格变动很大程度上也是市场变化的体现。因此，寻找互联网金融信息与股票价格变动的关系是可行的。

Wysocki（1999）是研究互联网上股票消息的影响的第一人。Werner 和 Murray（2004）研究了互联网上的股票消息对市场的影响，发现股票消息有助于预测市场的波动性。另外，研究表明，股票市场的信息数量与其波动存在正强相关性。张旭（2011）运用时间研究的方法对网络文字频度信息与股市关系进行了分析，利用谷歌搜索引擎定义股票搜索数量为股票的网络字频，实证结果表明网络股市信息量的波动与股市价格波动存在显著的正相关关系。

Thomas 和 Sycara（2000）利用从网络公告栏下载的文本信息进行金融市场的预测，文中使用了两种算法：第一种是利用最大熵文本分类法来进行的基于全部文本的预测，第二种是基于每日交易量和公布的信息量的遗传算法模型。虽然两种方法都能带来较好的预测收益，但实验发现如果将两者结合将能够产生更好的预测表现。Fung 等（2005）提出了通过分析新闻事件对股市的影响来预测股价三级运动的系统性框架，他们根据有效市场假说，结合数据挖掘技术和文本挖掘技术，以实事新闻事件和股价日内数据为基础，设计了一种新型分段线性逼近方法——t 检验分裂合并和分割算法。最终新闻文本和股价走势的关系是由 SVM 算法学习。实验结果表明，新闻事件和股价走势高度相关，通过监视这些关系，可以指导交易操作。

Robertson 等（2007）在预测市场走势时，对 GARCH 模型加以改进，加入了一个衡量与资产相关的新闻影响的变量，发现这在提高预测准确性方面很有效，对新闻文本进行分类后的模型要比直接处理未加分类表现更好。Wu 等（2008）通过使用非单一种类潜在马尔可夫模型来给股票市场进行建模，在预测时考虑了信息的多重来源性。该模型包含三个主要的因素，即外部事件影响（如美国利率下调）、观测到的市场状况（如股价的上涨）及潜在市场状况。对外部事件影响的处理，主要使用包含在新闻中的信息；对观测到的市场状况建模，主要使用股价的历史数据；利用这两方面信息并结合之前的潜在市场情况试图得到当前潜在市场状况并预测即时市场的走势。实验结果显示，这个模型是实际可行的，在预测方面也是有效的。Tang 等（2009）在股价日间数据预测方面，结合新闻挖掘技术，对传统的时间序列分析方法加以改良，使得新闻报道能够自动被文本挖掘技术处理和分析，挖掘结果用来提高时间序列算法的准确性。他们对半年中国股票价格的数据分析得出，这种结合新闻挖掘技术的算法相比传统的时间序列分析方法能够极大地提高预测准确性，同时在股价趋势预测方面的效果也比传统的随机游走算法要好，证明了新闻报道能够提供用于股价预测的额外信息。

Schumaker 和 Chen（2009b）测试了一种预测性机器学习方法，该方法针对财经新闻文章并使用几种不同的文本展示（词汇包、名词词组和命名实体），他们评估了每条新闻发布 20 分钟后的离散股价。通过使用经离散数字预测导数调整的 SVM 方法和包含多种股市专有变量的模型，他们发现包含文章条目和新闻发布后即时股价的模型有最好的预测表现（均方误差为 0.042 61），更接近未来真实的股价变化，同方向单向未来价格走势预测准确率达到 57.1%。

Turney 和 Littman(2003)通过对网络信息的语义关联分析的方法实现了对网络信息的语义指向及情感分析，并进一步提出了两种可行的方法案例——基于点互信息的方法和基于潜在语义分析的方法，从而为进一步对网络新闻的处理打下基础。Wu(2004)研究了 NASDAQ 股票交易市场上有关知情交易的信息流动、收益波动以及交易费用等之间的关系，较为详细地论述了股票交易市场对信息的敏感度。

陈华和梁循(2006)从互联网角度研究和分析了股市新闻，针对互联网股市新闻的特点，提出了对它们进行分类分析的方法。在按照个股特征对网络上的股市新闻条目分类的同时，利用自然语言处理的功能深入分析股市新闻内容，得到该股市新闻涉及的其他个股以及板块信息并总结其影响力。王超等(2009)采用文本倾向性算法把信息的褒贬值作为外部变量加入针对股价波动率建立的时间序列模型中，对金融市场的股价波动率进行预测，实验揭示出了金融市场波动率与互联网上金融新闻的相关性，并且提出了一种有效的股市预测方法。Mittermayer(2004)提出了一种新闻信息分类和交易系统 NewsCATS，通过对媒体最新发布的新闻信息进行文本预处理和分类，按照最新分类的新闻提出实时交易决策建议，实验结果显示新闻的分类信息能够提供预测股价的额外信息，NewsCATS 产生的交易策略要优于交易人在即时新闻发布后的随机买卖。Yoo 等(2005)通过研究国际重大事件信息对股市走势的影响，得出结合事件与信息的预测模型对股市的正确预测起着重要作用的结论，并采用机器学习技术完成了股市预测的模型。

15.4 数据分析技术基础

15.4.1 Web 爬虫

Web 爬虫是能够自动下载网页的程序。爬虫程序根据预先设定的种子地址获取对应的网页，通过一定的算法对网页进行处理，从而确定是进一步抓取网页内超链接对应网页还是停止抓取。网络上的信息分散在大量的互联网页面与文件中。用户在浏览时通过超链接在不同的网页间穿梭并获取信息。爬虫访问网络的过程就是对互联网信息遍历的过程，爬虫将不同站点与网页的信息收集并存储起来，以便于进行集中的分析与挖掘。由于互联网信息时刻变化且飞速增长，为了获取最新时刻的信息，需要频繁运行爬虫程序。为了使爬虫程序能够保证网页的同步更新，爬虫需要不断增加、删除和修改链接地址与网页信息。爬虫程序的工作从一个种子网页开始，然后提取这些网页中的链接从而获取其他页面。这一过程不断重复，直到有足够的网页被访问，或者已达到其他的终止目标。这个过程看似简单，却包含了许多不确定因素，如网络连接、统一资源定位器(uniform resource locator，URL)规范化、网页解析等。互联网的飞速发展为人们提供了丰富的信息资源，但同时也产生了大量无用信息。互联网上的信息种类繁多，充斥其中的大量无用冗余信息成为信息处理的巨大障碍。通用爬虫的概念简单明晰，但面对如此巨大的信息海洋，就需要考虑爬取深度及存储量等实际限制。

本章在开源爬虫heritrix的基础上编写程序从互联网抓取数据。这其中主要获取的是网页文本数据，多媒体数据的处理更加复杂，因此不在本项目的研究范围之内。而后通过HTML解析器对抓取到的网页文档进行解析，并进行初步的数据处理，将复杂且包含大量冗余信息的网页文档处理成便于进行数据分析的格式。获得精简过的网页文档后，需要对数据进行深入处理，从而将非结构化的大段文本转化为可以处理的结构化数据。

15.4.2 分词

词是最小的有独立意义的语言成分，中文以字为基本书写单位，词语间无分界符，因此在对中文文本进行处理前需先将文本的字序列切分为合理的词序列。目前已有很多分词算法，基本的分词算法包括以下四种。

(1)词典与规则匹配法。基于词典与规则的方法应用词典匹配、汉语词法或其他汉语语言知识进行分词，方法简单，分词效率较高，但对词典的完备性、规则的一致性等要求比较高。匹配策略有最大匹配法、最小匹配法、逆向匹配法、增字或减字匹配法、双向扫描法。

(2)标志法，如切分标志法、统计标引法。

(3)词频统计法。基于统计的分词方法将汉语基于字和词的统计信息进行分割，完备性较差。

(4)语义语用法，如后缀分词法，目前使用最多的是基于词库的分词方法。由于中文在分词时可能产生二义性，如"计算机器"可分成"计算"/"机器"和"计算机"/"器"，所以必须结合其他分词方法，如基于语法规则的分词法、基于朴素贝叶斯(naive Bayes，NB)分词法等。在具体的分词过程中，我们还可以将单词变型归并，像同义词、近义词可进行归并，如"因特网"和"万维网"可当成一个词条处理。

15.4.3 TF-IDF计算

有关TF-IDF计算的内容已在第8章介绍，这里不再赘述。

15.4.4 特征提取

经典的文本表示模型是向量空间模型(Salton et al.，1975)，其成功地应用于著名的SMART文本检索系统中。向量空间模型对文本进行简化表示，认为特征之间是相互独立的而忽略其依赖性，将文档内容用它所包含的特征词来表示，$D=(t_1,t_2,\cdots,t_N)$，其中，t_k为文档D的第k个特征词，$1\leqslant k\leqslant N$。两个文档D_1和D_2之间内容的相似程度$\text{Sim}(D_1,D_2)$通过计算向量之间的相似性来度量，最常用的相似性度量方式是余弦距离。

除了向量空间模型之外，Robertson和Jones等提出的概率模型也得到了人们的广泛认可。该模型综合考虑了词频、文档频率和文档长度等因素，把文档和用户兴趣(查询)按照一定的概率关系融合，形成了著名的OKAPI公式，该模型在信息检索领域取得了成功。

降维就是自动从原始特征空间中提取出部分特征的过程，一般有两种途径：一是根据样本集的统计信息删除不包含任何信息的特征；二是将若干低级的特征合成一个新特征。目前关于特征提取的方法很多，如文档频率法(document frequency，DF)、信息增益(information gain，IG)、互信息(mutual information，MI)、χ^2统计量法、术语增强(term strength，TS)等。DF是指包含某一特征的文档数，TS法通过统计特征在一组相近文档中出现的频率来估计其重要性。然而，人们在实际应用中发现，某些DF值或TS值很低的特征反而是信息相关的，不能从特征空间中删去。因此这两种方法在某些情况下不可靠。MI的弱点是受特征的边缘概率的影响很大，χ^2统计量法和IG的使用效果较好。

本章使用潜在语义索引进行特征选择，以达到降维的目的。潜在语义索引由Dumais等(1988)提出，是一种用于知识获取和展示的计算理论，其基本思想是认为文本中的词与词之间存在某种潜在语义结构，同义词之间应该具有基本相同的语义结构，多义词的使用必定具有多种不同的语义结构。潜在语义索引可发掘文档中词语间的潜在关系，能够加强相关词条之间的关联性，削弱非相关词汇之间的关联性，将高维空间中的文档向量投射到低维的潜在语义空间中，从而提供一种对词-文档矩阵的低维近似。

潜在语义索引是以矩阵的奇异值分解为基础的，奇异值分解将原始特征词-文档矩阵A_{mn}分解为三个矩阵的乘积$A_{mn}=TSD^T$。其中，T为特征维度矩阵；D为文档维度矩阵；S为奇异值矩阵，是将矩阵A的奇异值按递减排列构成的对角矩阵。取T和D的前$k[k\ll\min(m,n)]$列，使得$A_k=T_kS_kD_k^T$。A_k是词-文档矩阵A的近似表示，实际上是一个低维的语义空间，一方面消减了原词-文档矩阵中包含的噪声因素，凸显了词与文档之间的语义关系；另一方面缩减了词、文档的向量维数，使得文档检索效率大大提高。k是语义空间的维数，其大小直接关系到检索质量和检索效率的高低，过小会丢失有用信息，达不到区分标引词的目的；过大则捕获不了词与词之间的关联性，达不到语义检索的目的，同时也提高不了检索速度。目前常用的确定k值的方法是参考因子分析中k值的选择方法的贡献率不等法(Dumais，1991；杨梁彬，2003)。

接下来讨论是空间维数 K 值的选取问题。使用奇异值分解不是为了描述潜在语义空间，而是利用潜在语义空间来表示词条和文本，它提取的潜在语义空间难以解释、调试和衡量，以至于难以确定最优的空间大小(即 K 值的最佳大小)，而降维因子 K 值的选取直接关系到语义空间模型的效率，K 值过小会使一些有用的信息丢失，K 值过大则会使运算量增加。根据不同的文本集和处理要求，最佳的 K 值也不尽相同。选取 K 值时，对于 $S=\text{diag}(a_1, a_2, \cdots, a_n)$，且有 $a_1 \geqslant a_2 \geqslant \cdots \geqslant a_r = \cdots = a_n = 0$，可以令 K 满足贡献率不等式：

$$\sum_{1}^{k} a_i \Big/ \sum_{1}^{r} a_i \geqslant \theta \tag{15.1}$$

其中，θ 为包括原始信息的阈值，如可取 40%、50%、60%。贡献率不等式是参考因子分析的相应概念提出的，可用于衡量 k 维子空间对于整个空间的表示程度。但是，这个数值可能会很大，不便控制其规模，考虑到向量运算的响应速度和存储空间的限制，K 值一般在 100～300。保留 T 的前 k 列得到矩阵 T_k，$N_{mk} = T_k^T \times A_{mn}$，$N_{mk}$ 即所求的低维矩阵。潜在语义索引利用潜在的语义结构来表示词和文档，将词和文档投影到同一个 k 维的语义空间中，词和文档所表示的向量中的元素不再是反映词条出现的频率和分布关系，而是语义关系。它在保持原始的大部分信息的同时，克服了同义词和多义词现象，降低了特征维数。

15.4.5 机器学习

机器学习是近 20 年来兴起的一门多领域交叉学科，涉及概率论、统计学、逼近论、凸分析、算法复杂度理论等多门学科。机器学习理论主要是设计和分析一些让计算机可以自动"学习"的算法。机器学习算法是一类从数据中自动分析获得规律，并利用规律对未知数据进行预测的算法。主要方法包括神经网络、SVM 等，前面章节已经介绍，这里不再重复。

15.4.6 ARIMA 模型

ARIMA 模型是衡量一个内生变量与其滞后的该变量关系的一个系统模型，即在 ARIMA 模型中，一个变量的将来值被假设为该变量的几个滞后项变量的线性函数。ARIMA(p, d, q) 实质上是 ARMA(p, q) 的 d 阶单整(即 d 次差分)，它可以将一个非平稳时间序列转化为平稳时间序列。ARIMA(p, d, q) 模型为

$$\left(1 - \sum_{i=1}^{p} \phi_i L^i\right)(1-L)^d X_t = \left(1 + \sum_{i=1}^{q} \theta_i L^i\right) \varepsilon_t \tag{15.2}$$

其中，$\phi_i (i=1, 2, \cdots, p)$ 为自回归系数；$\theta_i (i=1, 2, \cdots, q)$ 为移动平均系数，是模型的待估参数；L 为滞后算子；ε_t 为误差项。ARIMA(p, d, q) 是

ARMA(p, q)模型的一种扩展形式,当 $d=0$ 时,ARIMA(p, d, q)就变为 ARMA(p, q)模型。估计 ARIMA(p, d, q)模型同估计 ARMA(p, q)模型具体的步骤相同,唯一的差异是在估计之前要确定原时间序列的单整(差分)阶数 d。

ARIMA(p, d, q)模型的建模过程主要包括以下四个步骤。

(1)对原时间序列进行平稳性检验,如果序列不满足平稳性条件,可以通过 d 次差分变化使其满足平稳性条件。

(2)通过计算能够描述序列特征的一些统计量,如自相关系数和偏自相关系数来确定 ARIMA 模型的阶数 p 和 q。

(3)估计 ARIMA 模型的未知参数,并检验参数的显著性以及模型本身的合理性。

(4)进行诊断分析,以证实所得模型确实与所观察到的数据特征相符。

ARIMA(p, d, q)模型的优势在于其只需要内生变量,不需要任何其他外生变量,因而能够捕捉到内生变量间的影响。而且,在时间序列预测中,增加一个外生变量可能会增加模型的复杂度,削弱模型的预测能力。此外,ARIMA(p, d, q)模型也比较容易理解和操作,因此,本章采用 ARIMA(p, d, q)模型。当然,ARIMA(p, d, q)模型的缺点在于它本质上是一类线性模型,因而不能捕捉到时间序列中的非线性特征。本章选取 ARIMA 模型,主要目的在于用传统的时间序列模型,与包含网络新闻的预测模型进行对比。

15.4.7 随机时间效用函数

随机时间效用函数(stochastic time effective function,STEF)在 2010 年被提出(Liao and Wang,2010),用于预测股票市场。它的主要思想在于不同时间发布的新闻会有不同的效果,新闻发布时间越近,影响效果越强。

随机时间效应函数定义如下:

$$\phi(t_1 - t_n) = \frac{1}{\tau} \exp\left\{\int_{t_1}^{t_n} \mu(t) \mathrm{d}t + \int_{t_1}^{t_n} \sigma(t) \mathrm{d}B(t)\right\} \quad (15.3)$$

其中,τ($\tau > 0$)表示时间力度系数;t_1 代表起始时间;t_n 代表最近的时间;$\mu(t)$、$\sigma(t)$ 和 $B(t)$ 分别表示漂移函数、波动函数和标准的布朗运动函数。

使用此函数的主要原因在于,周末的时候股市收盘,没有对应的股票价格,但是周末也会产生一定数量的新闻,且会对新一周的股价产生一定的影响。一般情况下可以不考虑休市时产生的新闻,本章为了充分利用新闻数据,使用随机时间效应函数将周末的新闻考虑进来。同时,当用多天的新闻进行预测时,也会用到此函数来处理新闻。

15.5 预测模型构建及流程

本章研究的整体框架流程图如图 15.1 所示。

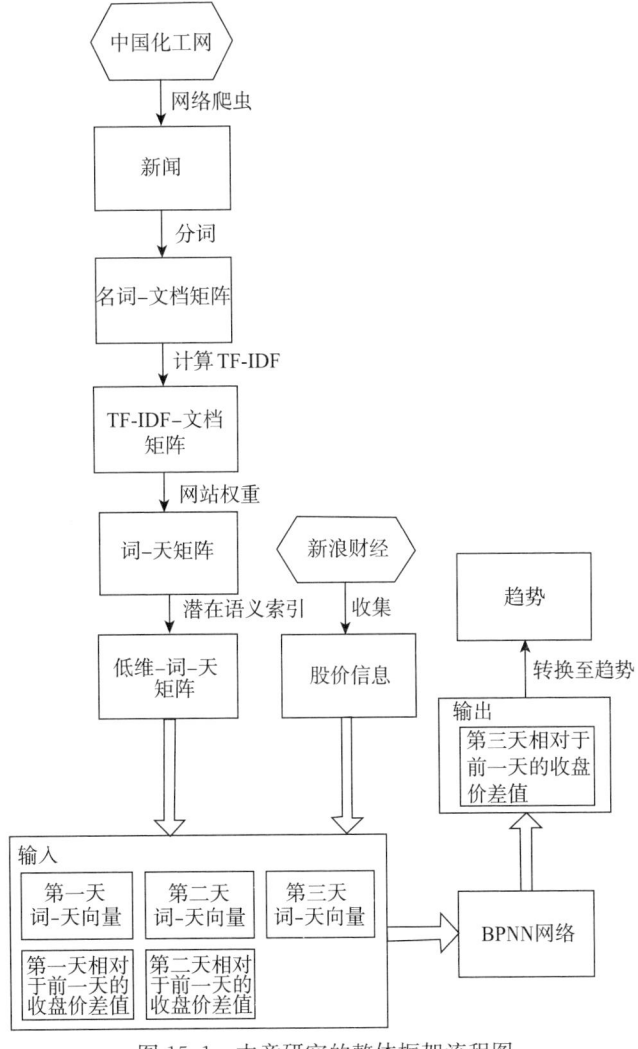

图 15.1 本章研究的整体框架流程图

15.5.1 数据获取与处理

数据获取与处理主要分为两个步骤。

1. 网络新闻的获取

本章以中国化工网为依托用网络爬虫抓取了 27 000 多篇石油化工类文章，时间跨度为 2007 年 8 月 1 日至 2012 年 4 月 19 日。文章以题目、正文、时间、来源四个栏目储存。剔除时间以及来源为空的文章后，对剩下的共 25 943 篇文章进行如下处理。

在股票价格数据方面，选用深圳证券交易所公布的深证石化指数（SHE：399135）。深证石化指数为深证制造业指数的一个小类，制造业指数是深证行业分类指数 13 个门类指数之一。深证石化指数为派氏加权价格指数，即以指数股的计算日股份数作为权数进行加权计算。指数计算公式：即日指数＝即日指数股总市值/基日指数总值×基日指数。样本包含在深圳证券交易所挂牌上市的全部分属石化行业的股票，股票价格历史数据直接从新浪财经网站抓取，使用收盘价这一基础指标考察股票走势。

此外，为了进一步研究和分析网络新闻对大盘和个股的走势影响，针对化工板块的 65 只个股，选取在 2007 年 8 月 1 日到 2012 年 4 月 19 日之间正常上市的股票，并以流通市值为参考指标，分层次选取 5 只个股，分别为保定天鹅（000687）、佛塑科技（000973）、＊ST 鑫富（002019）、江山化工（002061）、中泰化学（002092）。

2. 分词处理

ICTCLAS 采用了层叠隐马尔可夫模型，分词精度达 98.45%。本章使用 ICTCLAS 对抓取到的 25 943 条新闻进行分词处理，并使用中国科学院计算技术研究所一级汉语词性标注集对所分词语标注词性。中国科学院计算技术研究所一级汉语词性标注集将汉语分为名词、动词、代词、标点等 22 类，考虑到研究的内容是新闻事件对股票价格的影响，因此仅选择名词作为研究对象。分词后在所有新闻中共出现 28 575 个不同的名词。

下面以一篇新闻为例，新闻全文如下。

作为一种新的替代汽车燃料，甲醇燃油正在成为各能源企业争夺的新热点。昨日，记者从中海油获悉，其主导新建的全国最大甲醇项目日前在海南正式落成。

据悉，中海油通过旗下中海石油化学股份有限公司（简称中海化学）参与建设海油建滔 60 万吨甲醇项目，项目总概算 15.49 亿元。其中中海化学控股 60%、香港建滔持股 40%。

甲醇燃油是一种以煤炭或天然气为原料的新型燃料。相关专家称，甲醇燃油是一种可替代汽油的低成本燃料，随着国际油价的上涨，其已经受到各能源企业的重视。目前，包括中国神华在内的大企业均加大了该原料的生产，在四川、重庆甲醇产量已经增至近千万吨。

四川鑫得利车用燃料公司董事长冯世和透露，目前甲醇燃油的国家标准正在制定之中，"高比例车用甲醇汽油标准有望在12月出炉。"其他型号的甲醇燃料及变性燃料甲醇有望在明年陆续出台。

相关分析人士指出，甲醇燃料国际出台有望扫清其作为替代车燃料的障碍。

分词之后的文章如下，并挑选其中的名词（即/n）作为下一步的处理研究对象。

　　/x　/x作为/v 一/m 种/q 新/a 的/u 替代/v 汽车/n 燃料/n，/w 甲醇/n 燃油/n 正在/d 成为/v 各/r 能源/n 企业/n 争夺/v 的/u 新/a 热点/n。/w 昨日/t，/w 记者/n 从/p 中海/n 油/n 获悉/v，/w 其/r 主导/n 新建/v 的/u 全国/n 最/d 大/a 甲醇/n 项目/n 日前/t 在/p 海南/n 正式/a 落成/v。/w 　/x　/x据悉/v，/w 中海/n 油/n 通过/p 旗/n 下/f 中海/n 石油/n 化学/n 股份/n 有限公司/n（/w 简称/v 中海/n 化学/n）/w 参与/v 建设/v 海/n 油/n 建/v 滔/v 60/m 万/m 吨/q 甲醇/n 项目/n，/w 项目/n 总/b 概算/n 15.49亿/m 元/q。/w 其中/r 中海/n 化学/n 控股/v 60%/m、/w 香港/n 建滔/n 持/v 股/n 40%/m 。/w 　/x　/x甲醇/n 燃油/n 是/v 一/m 种/q 以/p 煤炭/n 或/c 天然气/n 为/p 原料/n 的/u 新型/b 燃料/n。/w 相关/v 专家/n 称，/w 甲醇/n 燃油/n 是/v 一/m 种/q 可/v 替代/v 汽油/n 的/u 低成本/n 燃料/n，/w 随着/p 国际/n 油价/n 的/u 上涨/v，/w 其/r 已经/d 受到/v 各/r 能源 n 企业/n 的/u 重视/v。/w 目前/t，/w 包括/v 中国/n 神华/n 在内/u 的/u 大/a 企业/n 均/d 加大/v 了/u 该/r 原料/n 的/u 生产/v，/w 在/p 四川/n、/w 重庆/n 甲醇/n 产量/n 已经/d 增至/v 近/a 千/m 万/m 吨/q。/w 　/x　/x四川/n 鑫/n 得利/v 车/n 用/p 燃料/n 公司/n 董事长/n 冯世和/n 透露/v，/w 目前/t 甲醇/n 燃油/n 的/u 国家标准/n 正在/d 制定/v 之中/f，/w"/w 高/a 比例/n 车/n 用/p 甲醇/n 汽油/n 标准/n 有望/v 在/p 12月/t 出炉/v。/w"/w 其他/r 型号/n 的/u 甲醇/n 燃/v 料及/v 变性/v 燃料/n 甲醇/n 有望/v 在/p 明年/t 陆续/d 出台/v。/w 　/x　/x相关/v 分析/v 人士/n 指出/v，/w 甲醇/n 燃油/n 国际/n 出台/v 有望/v 扫/v 清/a 其/r 作为/v 替代/v 车/n 燃料/n 的/u 障碍/n。/w

15.5.2 网站排名处理

在中国化工网上获取的新闻来源于1 466个不同的门户网站、行业网站等。在Alex.com上获取这些网站的全球排名。对排名数值进行标准分数（standard score）处理。标准分数又称z-score，中文称为Z-分数或标准化值，在统计学中是一种无因次值。标准分数可由式(15.4)求出。

$$z=\frac{x-\mu}{\sigma} \tag{15.4}$$

其中，$\sigma \neq 0$；x 为需要被标准化的原始分数；μ 为母体的平均值；σ 为母体的标准差。标准化处理后，存在负数值的情况，且考虑到排名越靠前的网站的对应数值越小，所以取权重为 $1/e^z$，无排名的网站权重取为 $1/e$。部分网站的全球综合排名与转化权重如表 15.1 所示。

表 15.1　部分网站的全球综合排名与转化权重

网站名称	网站排名	转化后的权重
乌兰察布新闻网	6 734 929	0.151 066
中国硫酸工业协会	6 453 829	0.166 189
深圳晚报	4 187	1.483 598
中国城镇水网	385 138	1.303 653
中国植物提取物网	2 870 042	0.560 883
宁波日报	2 043 229	0.742 591
中国煤炭工业协会	15 412 615	0.007 944
中国化工装备网	15 105 562	0.008 816
中国涂料网	1 338 641	0.943 213
国联证券	86 110	1.442 914
现代金报	463 260	1.269 540
中国化学矿工业协会	4 893 797	0.282 201
中国联合商报	4 241 177	0.352 176
中国轮胎	3 477 589	0.456 369
中国农资传媒	3 347 833	0.476 918
全国海关信息中心	258 046	1.361 119
中国农产品加工网	2 155 731	0.714 770
中国棉纺织行业协会	2 011 011	0.750 756
中国氯碱网	1 827 383	0.799 036

注：网站综合排名是 2013 年 3 月数据

15.5.3　计算 TF-IDF 值

分词后的词语仍不便于预测，通过计算每个词的 TF-IDF 值将词语数值化。该步骤通过 Java 程序完成，为减少计算成本，舍弃在全部文档中总出现次数少于 6 次的词，因此最终得到一个 25 943×8 670 的文档-词矩阵。25 943 代表文章数，8 670 代表剩余的词数。参考李媛媛和马永强(2008)提出的基于潜在语义索引的文本特征词权重计算方法，在 TF-IDF 的基础上，得到更适合潜在语义索引的权重计算方案，此时有

$$a_{ij} = \frac{1}{1 + e^{-(tf_{ij} \cdot idf_i)}} \cdot \text{rank} \quad (15.5)$$

其中，rank 表示网站的排名权重。然后，将位于同一天的相同的词的 a_{ij} 相加，得到词-天矩阵。

15.5.1 小节中那篇文章的名词 TF-IDF 计算值及添加网站权重后的计算值如表 15.2 所示。

表 15.2 名词 TF-IDF 计算值及添加网站权重后的计算值

名词	词频	TF-IDF	添加权重后
汽车	1	0.005 912 647	0.741 039 288
燃料	8	0.043 368 045	0.754 873 838
甲醇	10	0.055 810 466	0.759 467 572
燃油	3	0.033 469 796	0.751 218 509
能源	2	0.007 575 621	0.741 653 630
企业	3	0.007 034 500	0.741 453 727
热点	1	0.007 638 204	0.741 676 749
记者	1	0.005 294 601	0.740 810 967
中海	4	0.036 093 511	0.752 187 487
油	3	0.011 628 669	0.743 150 901
主导	1	0.007 106 671	0.741 480 389
全国	1	0.004 838 279	0.740 642 390
项目	3	0.012 536 603	0.743 486 305
海南	1	0.007 368 970	0.741 577 288
旗	1	0.006 608 586	0.741 296 385
石油	1	0.003 534 512	0.740 160 744
化学	3	0.018 639 272	0.745 740 660
股份	1	0.006 192 916	0.741 142 826
有限公司	1	0.004 221 152	0.740 414 407
海	1	0.006 677 475	0.741 321 834
概算	1	0.012 873 533	0.743 610 771
香港	1	0.007 996 135	0.741 808 977
建滔	1	0.013 770 430	0.743 942 095

续表

名词	词频	TF-IDF	添加权重后
股	1	0.006 770 425	0.741 356 172
煤炭	1	0.006 160 732	0.741 130 937
天然气	1	0.006 238 586	0.741 159 698
原料	2	0.008 798 856	0.742 105 518
专家	1	0.004 641 957	0.740 569 863
汽油	2	0.009 847 209	0.742 492 800
低成本	1	0.009 112 956	0.742 221 553
国际	1	0.003 291 814	0.740 071 086
油价	1	0.005 092 953	0.740 736 473
中国	2	0.004 444 723	0.740 497 000
神华	1	0.009 502 419	0.742 365 429
四川	2	0.013 210 813	0.743 735 367
重庆	1	0.008 225 752	0.741 893 802
产量	1	0.004 603 949	0.740 555 822
稿	1	0.007 089 430	0.741 474 019
化工	1	0.002 807 986	0.739 892 347
网	1	0.003 683 815	0.740 215 901
鑫	1	0.008 738 741	0.742 083 311
车	3	0.017 594 211	0.745 354 617
公司	1	0.002 899 117	0.739 926 013
董事长	1	0.007 539 775	0.741 640 387
冯世和	1	0.015 854 953	0.744 712 133
国家标准	1	0.008 738 741	0.742 083 311
比例	1	0.006 634 487	0.741 305 953
标准	1	0.004 886 670	0.740 660 267
型号	1	0.008 423 875	0.741 966 993
人士	1	0.004 188 546	0.740 402 362
国标	1	0.009 939 010	0.742 526 713
障碍	1	0.009 413 416	0.742 332 549

15.5.4 潜在语义索引降维

在计算 TF-IDF 值并转化为潜在语义分析更好处理的权重值之后，对词-天矩阵进行降维。潜在语义索引是以矩阵的奇异值分解为基础的，奇异值分解将原始特征词-文档矩阵 A_{mn} 分解为三个矩阵的乘积 $A_{mn} = TSD^T$，取阈值 $\theta = 80\%$，得到 $k = 204$，提取出前 k 个最大的奇异值及其对应的奇异矢量构成一个 k 秩近似矩阵来表示原始矩阵。经过潜在语义分析重构后的特征词-文档矩阵是原始特征词-文档矩阵的最佳 k 阶近似。保留 T 的前 k 列得到矩阵 T_k，$N_{mk} = T_k^T \times A_{mn}$，$N_{mk}$ 即所求的低维矩阵。可使用 MATLAB 完成上述操作。

15.5.5 利用 BPNN 建模

利用 BPNN 建模主要分为以下四个步骤。

(1) 建立基本对照模型。根据时序数据建立 ARIMA 模型，视为基本对照模型。很明显，股票价格的变动是与时间序列相关的，之前的股票价格对之后的股票价格有一定的影响。

(2) 建立包含网络新闻变量的初始预测模型。利用网络新闻信息，按传统的方法流程进行建模预测，以识别新闻对股票的影响。

(3) 建立包含网络新闻变量的改进预测模型。在第二步的模型基础上，进行多网站权重和时间效用函数的改进，并和第一、二步的结果进行比较。

(4) 测试模型对大盘(石化指数)以及五只个股的影响。这步主要是研究新闻的影响对于化工整个市场以及流通市值不同的个股而言是否相似。

石化指数和五只个股被选为实际的股票市场数据来训练和测试模型。与股票市场数据时间跨度相同的经过处理后的网络新闻将被用来测试网络上的信息对于预测股票市场是否有实质性的帮助。

15.6 预测模型设计与实验结果分析

15.6.1 输入、输出向量选取

考虑到新闻的时效性，并辅以多种滞后长度的新闻预测，本章选用前三天的新闻预测第四天股票价格趋势的方式来检验预测模型。

要预测股票市场的趋势相对于前一天的收盘价是涨还是跌，我们将收盘价转化成数值差距 $D_t = \text{price}_t - \text{price}_{t-1}$，然后得到了相对变化。所以，被选用的评价标准只有正确率。

输入向量包括前三天的天-词向量，前两天的股价差值，这样共得到 32 个数值变量作为输入向量。输出结果为单一变量，即第三天的收盘价相对于前一天收盘价的差值，这样就把数值上的差距转化为了上涨或者下跌的趋势。在本章的研究中，我们仅进行股票的趋势预测，即若预测值相对于前一天收盘价升高，则认

为预测结果为涨，否则为跌，并与实际走势对比计算正确率。

采用 m 重交叉验证法（m-fold cross validation）选取训练集和测试集，在实验中 m 取 3，将数据集随机分为 3 组，依次将其中两组作为训练集，另一组作为测试集。训练集用于建立模型，测试集用于评估模型的预测等能力。随机选出一些数据作为模型（训练集），发现其规律，然后把全部数据中剩下的部分作为一个类似模型（测试集），计算检测这个模型的规律与训练集的误差等，从而确定这个规律是否正确。使用怀卡托智能分析环境（Waikato environment for knowledge analysis）的多阶感知器 Multilayer Perceptron 来实现 BPNN 建模部分，BPNN 的激活函数为非线性的 Sigmoid 函数。

$$f(x)=\frac{1}{1+e^{-ax}}, \quad 0<f(x)<1 \tag{15.6}$$

BPNN 参数通过多次重复实验，选择训练时间（training time）为 1 000，学习率为 0.2，动量（momentum）为 0.5 以及隐藏层节点为 t。

15.6.2 时间序列模型结果

本章借助 Eviews 6.0 构建 ARIMA 模型，先确定石化指数与五只个股的模型参数，并采用样本内的静态预测方法对石化指数与五只个股进行数值预测，然后再转化趋势，表 15.3 为石化指数与五只个股的参数选择以及趋势预测正确率。

表 15.3　石化指数与五只个股的参数选择以及趋势预测正确率

代码	名称	流通市值/亿元	d	p	q	正确率/%
399135	石化指数	—	1	1	1	48.17
S000687	保定天鹅	25.92	1	1	1	48.86
S000973	佛塑科技	33.29	1	5	5	50.04
S002019	*ST 鑫富	13.68	1	4	2	52.44
S002061	江山化工	12.40	1	6	6	52.32
S002092	中泰化学	70.05	1	3	2	48.42

15.6.3 包含新闻的初始模型和基于多网站权重的改进模型结果

初始模型和基于多网站权重的改进模型的区别主要在于，在做潜在语义索引降维之前，初始模型的权重为直接的 TF-IDF 值，而改进模型计算出 TF-IDF 值后考虑了不同网站的排名权重，并在之后应用了随机时间效用函数。预测结果如表 15.4 所示。

表 15.4 预测结果

代码	名称	流通市值/亿元	预测正确率/% 初始模型	预测正确率/% 改进模型
399135	石化指数	—	53.50	47.71
S000687	保定天鹅	25.92	57.90	67.14
S000973	佛塑科技	33.29	57.10	65.96
S002019	*ST 鑫富	13.68	55.00	54.59
S002061	江山化工	12.40	60.10	60.00
S002092	中泰化学	70.05	53.60	60.96

(1)包含新闻的预测模型与时间序列模型结果对比。从整体数值来看,包含新闻的预测结果普遍比只用历史股票数据作为输入变量的时间序列模型的结果要好,说明新闻确实对于股票市场有影响。但是数值差别不是很大,分析原因可能是 BPNN 的参数或者滞后长度等因素导致新闻的影响没有被合理地衡量。

(2)五只个股的预测结果与大盘(石化指数)的预测结果对比。考虑到模型预测五只个股的平均正确率都很接近甚至高于石化指数,有理由推测,预测模型不仅适用于整个市场(石化指数),而且对于预测个股的趋势也是很有帮助的。此外,由于深证石化指数仅包含深圳证券交易所挂牌上市的石化类股票,可能无法代表国内石化板块的股票走势。获取的新闻主要以化工行业为主,仅含少量的石油新闻,但是石化指数不仅包括化工行业,所以导致预测化工板块的个股的准确性稍高些。

(3)初始网络新闻模型和改进网络新闻模型的预测结果对比。整体来看,改进模型的预测结果略好于初始模型,添加了网站权重等多步改进的模型更有效地利用了排名不同的网站的新闻,小幅度地提高了预测准确率。网站权重加入预测模型的具体公式值得探索,以达到信息利用最大化的目的。

15.7 本章小结

本章利用互联网上爬取的 25 943 条化工新闻及新浪财经上的石化指数和五只化工板块的个股 2007 年 8 月 1 日至 2012 年 4 月 19 日的历史价格数据,提出了基于网络新闻的 BPNN 预测股票趋势的模型。同时通过多步改进,提出了基于多网站平台新闻的股票趋势预测模型。实证结果显示,该改进方法比初始的文本信息模型以及时间序列模型具有更高的预准确度。这说明,股票价格不仅有较强的时间序列性质,还与现实动态基本面息息相关。在对股票的趋势预测上,本章提供了一种新的思路。

除了可以对各个步骤的参数选择展开进一步的研究和选择之外，未来研究可以在以下几个方面做出改进。

(1)关键词的位置加权。在 TF-IDF 算法中并没有体现出单词的位置信息，对于 Web 文档而言，权重的计算方法应该体现出 HTML 的结构特征。特征词在不同的标记符中对文章内容的反映程度不同，其权重的计算方法也应不同。因此，可考虑对处于文章结构不同位置的特征词分别赋予不同的系数，然后乘以特征词的词频，以提高文本表示的效果。

(2)其他新闻因素的添加。把现在的所得新闻事件作为整体因素，再考虑添加其他因素，如新闻文章的种类、长度、数量、新闻强度等，考虑这些因素对股票走势的影响，从而进行更全面的预测分析。

(3)对比性。本章主要是以化工市场为研究对象，模型具有普适性，还可以用在其他市场或者股票上，所以可以进行不同行业市场(甚至是不同国家的股市)的对比，以研究其不同的市场有效性。

第16章

基于众包的社会媒体情感分析研究

本章建立了一个基于众包的社会媒体情感分析方法。首先，本章通过众包方式进行情感标注；其次，利用机器学习方法进行主动学习；再次，将训练的模型进行情感分析；最后，将不同方法进行比较，并对参数进行讨论，表明提出方法的有效性。

16.1 引言

文本情感分析，主要是从文本中挖掘用户在文本中想要表达的观点及观点的情感倾向，因此又常被称为观点挖掘、观点分析、主客观分析等。文本情感分析作为自然语言处理领域的一个典型应用，基于商品的评论能发现用户的喜好和用户对商品的情感，基于新闻的评论能够了解舆情，其意义极大。

文本情感分析一般使用数据挖掘里的文本分类方法，而文本分类方法根据是否具有已经分类好的训练样本可以分为有监督式学习（supervised learning）、无监督式学习（unsupervised learning）及近年来新提出的结合两者的半监督式学习（semi-supervised learning），又常被称为增强学习（reinforcement learning）。其中，无监督式学习方法是一个自组织的过程。在这个过程中，没有已知类别的任何样本，需要耗费大量的计算资源，而且最终生成的类别可能与期望的类别相背离，因此无监督式学习方法的不确定性很大。有监督式学习方法首先需要标注好各个类别的部分样本，然后通过这些样本来学习构造分类器的方法。这类算法比较简单、健壮，而且效果也相对不错，但是需要用到大量的优质标记数据，标注语料需要消耗一定的人力。

有监督式学习需要对大量的训练进行手工标注，工作量巨大，因此很多相关文本研究采用的是网络上已经标注好的文本。但这些标注好的文本可能不适用于具体研究的需要，因此要得到大量标注好的文本情感，众包是一个很好的解决方案。本章提出一种基于众包的情感智能分类模型，通过众包这一模式迅速方便地获得标注好的训练文本。然后设计一种筛选训练文本准确性的算法，利用此算法进行情感分析。

本章的创新之处是利用众包的手段来获取情感的标注，探寻一种有效利用众包解决研究中的限制和瓶颈、计算机和人工协同工作问题的方法。

16.2 国内外情感分析研究现状和发展趋势

16.2.1 有监督式学习方法

有监督式学习方法偏向于以词汇为基础，其常见方法是设计一种文本分类算法，依靠一些已有的情感词库以及手工标注的一些训练文本进行训练，得到一个分类器，利用训练好的分类器处理测试文本，得到测试文本的情感倾向。

在国外研究中，Pang 和 Lee(2004)收集了电影评论并人为注明了情感极性的划分，然后根据这些数据分别使用了朴素贝叶斯、最大熵(maximum entropy, ME)和 SVM 的方法来训练有监督的分类器，再用这些分类器来对电影评论的情感极性进行正向情感和负向情感的划分。实验结果表明，一元词提取和 SVM 组合时的分类效果最好，准确率达到了 83%。Davidov 等(2010)利用 Tweets 中的标签和笑脸符号作为特征，训练出了一个基于类似 K 近邻(k-nearest neighbor, KNN)算法的有监督的分类器来对 Tweets 进行情感分类。

在国内研究中，杨经和林世平(2011)等通过构建基准情感词，进而挖掘潜在情感词，最后使用 SVM 分类的方法对句子进行情感识别及分类。谢丽星等(2012)分别使用基于表情符号的规则方法、基于情感词典的规则方法、基于 SVM 的多层次结构多策略方法进行研究，实验结果表明，基于 SVM 的层次结构多策略方法在三者中效果最好。之后，他们又分别选择主题无关和主题有关的特征作为多层级结构多策略方法的特征，结果表明引入主题相关的特征的准确率略高于引入主题无关的特征。樊娜等(2012)将整个文本的情感划分为局部情感和全局情感，先用条件随机场模型确定局部情感，再通过 K-近邻算法计算全局情感。王祖辉和姜维(2012)认为，固定搭配特征在情感极性判断中有很大贡献，他们提出了一种运用粗糙集来挖掘固定搭配特征并将其融合于 SVM 与朴素贝叶斯等的在线评论情感分析方法。酒店的在线评论分析结果表明，粗糙集规则能够提高 SVM 模型和朴素贝叶斯模型的情感判别精度。杨亮等(2011)分析了文本中情感的迁移规律，采用语言特征与情感间迁移规律相结合的方法，通过机器学习实现文本的情感分类，实验结果表明，这种方法相对于传统方法能提高情感分类的准确率。

通过有关文献的学习，我们可以将一般有监督式学习的情感分类方法的实验流程概括为图 16.1。

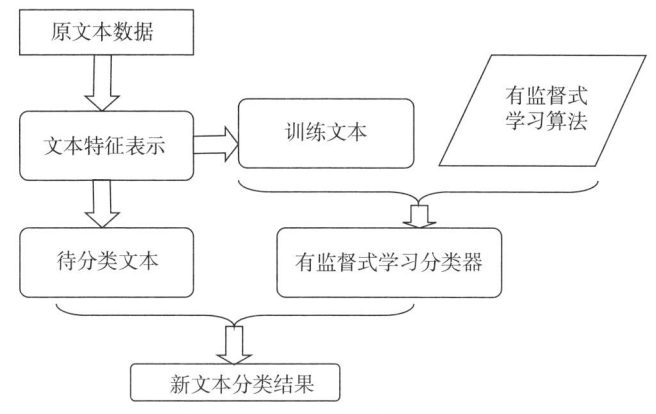

图 16.1 有监督式学习的情感分类方法的实验流程

16.2.2 无监督式学习方法

在国外的研究中，Turney(2002)从 epinions.com 上选取了手机、银行、电影和旅游 4 个领域的 410 篇评论作为语料，使用"excellent"和"poor"两个词汇作为种子，利用点互信息方法和语义导向(semantic orientation，SO)方法来判断其他词汇的语义倾向，再对每条评论中所有二词词语的平均语义进行计算。实验结果在手机、银行、电影和旅游 4 个领域分别取得了 84%、80%、65.82%和 70.53%的正确率。Dave 等(2003)通过提取文本特征并评分的方法设计了一套对商品评论进行正负极性智能分类的算法。Hu 和 Liu(2004a，2004b)设计了一套通过同义词集合和层次结构来获取情感标注的词汇，对情感商品的评论进行情感极性分类。

在国内的研究中，李思等(2009)提出了一种在词语级情感分析方法中采用条件随机场(conditional random fields，CRFs)模型和在句子级情感方法中采用基于最大熵的合并模型的方法。实验测试结果显示，在用 COAE(Chinese opinion analysis evaluation，即中文情感分析评估)测试集进行实验时，基于合并模型的方法能在确保结果的召回率的同时提升结果准确率。庞磊等(2012)提出了一种基于情绪词和表情图片的无监督式学习方法，对非标注语料进行自动标注作为训练集，再构建微博情感文本分类器，对微博文本进行情感极性自动分类。刘鸿宇等(2010)对评价对象的抽取和倾向性判断进行了深入研究，利用基于网络挖掘的 PMI 算法、名次剪枝算法和分析规则对情感句进行倾向性判断，这种方法在

COAE 2008 任务三中表现良好。赵小永和赵政文(2011)利用简单线性相关算法实现了对情感数据相关性的分析和验证,并尝试预测情感趋势。

16.2.3 众包应用研究

众包是互联网带来的一种组织劳动力的全新方式,通过志愿者或相关人士利用其空余时间提供解决方案。近五年来,众包模式开始挑战数据挖掘的工作,已经逐渐应用于科学研究的训练和测试阶段,并且在学术和工业的相关评测方面广泛应用。

目前在众包应用方面 Ahn 和 Dabbish(2004)设计了一种两个用户根据图片给出标签的游戏,借此利用互联网用户为图片生成标签。Ahn 等(2008)设计了一种利用网络验证码,借助用户的力量识别旧版的纸质《纽约时报》的方法,目前已经完成 20 年的资料搜集工作,识别了近 4.4 亿个单词。Castillo 等(2011)曾提出了一种判断一条 Twitter 信息是否可信的分类算法,他们在前期工作中一共应用两次众包的模式获取每条微博的分类属性。McDuff 等(2012)请参与者有选择地观看一些简短的视频,在参与者允许的情况下,他们的面部表情会被实时记录和分析,并且结果会立即返回给参与者。McDuff 等通过众包的模式,既减少了花销,又加快了数据获取速度,而且由于参与者的面部表情都是在自然情况下自发形成的,有效保证了数据集质量。

在已有研究基础上,本章提出一种基于众包的情感智能分类模型,通过众包这一模式,迅速方便地获得标注好的训练文本。我们设计了一种筛选训练众包正确性的算法,利用此算法去从众包得到的训练集中选择符合要求的训练集,并利用此训练集建立朴素贝叶斯分类器,用以进行文本的情感智能分类。

16.3 数据的获取和处理

16.3.1 微博数据获取的方法

微博作为 Web 2.0 的一种新的信息载体和传播途径,相对于博客、论坛等传统社会化媒体来说具有及时性和富媒体性的特点。及时性主要体现在微博沟通了 PC 互联网和移动互联网,可以在 PC、手机和平板电脑等多种客户端使用。而这些使得用户可以随时随地发微博。微博甚至可以比传统媒体更快地直播新闻事件发生的全过程。富媒体性是指,微博除了文本以外,还可以包括图片、视频、音频、链接、标签、表情符号等多种媒体的信息。随着微博用户的增加,微博的内容也从心情状态转变到包括新闻评论、娱乐报道等生活的各个方面。从微博内容中进行情感分析,是目前自然语言研究、机器学习研究和舆情观测等领域的一个热点。新浪微博现在是中文用户最多的微博,为获取用户的微博信息,必须抓取新浪微博数据。

常见的微博抓取方法分为两种：第一种是利用官方开放的应用程序接口(application programming interface，API)获取新浪微博信息。为获取新浪微博信息，我们使用的是新浪官方的 API，它可以获取用户的状态。第二种是利用网络爬虫抓取含有指定内容的网页信息，再利用正则表达式筛选等方法选出微博信息。

两种新浪微博抓取方法的优缺点比较见表 16.1。

表 16.1 两种新浪微博抓取方法的优缺点比较

抓取方法	通过新浪微博 API 抓取	通过网络爬虫抓取
优点	软件开发简洁方便，返回的数据好解析	可以获取自己需要的个性化信息
缺点	由于新浪微博应用的是 Oauth 2.0 授权，每次授权的有效时间为 1 天，每次过期都得重新授权，比较麻烦。另外，一个新浪微博应用的 API 调用次数是有限的，所以它很难在短时间里大量抓取微博信息	需要大量的编程工作，虽然访问限制没有 API 那么多，但长时间的大量抓取仍可能导致服务器端的拒绝服务，甚至可能导致 IP 被服务器端记入黑名单
适用领域	小数据量，短期抓取	大数据量，长期抓取

考虑到本章研究需要使用的微博数据量不是很大，我们采用通过新浪微博 API 抓取微博数据的方法。

16.3.2 通过新浪微博 API 抓取

通过新浪微博官方推荐的 python SDK，我们可以获取热点微博和任何个人微博的信息。新浪微博官方 API 的字段说明如表 16.2 所示。

表 16.2 新浪微博官方 API 的字段说明

返回值字段	字段类型	字段说明
created_at	String	微博创建时间
id	int64	微博 ID
text	String	微博信息内容
reposts_count	Int	转发数
comments_count	Int	评论数

其中，只有 text 是我们需要的。因此，通过新浪微博官方推荐的 python SDK 的 r = self. client. statuses. user_timeline. ids. get(uid=id，count=100)的函数调用，我们可以得到包含一个微博用户最近的 100 条状态信息的 json 文件。通过"for st in r. statuses"的循环可以依次读取这 100 条状态信息。通过"output. write(st. text+" \ n")"可以将这 100 条状态信息存储起来。通过不断地重

复调用可以得到足够量的微博信息。本章共抓取并存储了 1 万条微博信息。

16.4 情感智能分类算法

16.4.1 微博数据的预处理

根据上文得到的微博数据只是粗糙的原始文本数据，要进行情感分类，需要先将其处理成分类器能识别的数据格式。本章的微博数据处理主要包括特征表示、过滤无关信息、中文分词、停用词过滤等步骤，具体流程如图 16.2 所示。

图 16.2 微博数据的预处理流程

16.4.2 特征表示

由于文本数据的内容是日常生活中使用的自然语言，没有类似数据库数据的规律结构，计算机处理起来很不方便。因此，需要对文本进行预处理，抽取文本中的元数据作为特征代表，将其转化为一种比较规整的能反映内容特征的文本模型。常见的文本特征表示方法有布尔模型、概率模型、向量空间模型等。

布尔模型是基于集合模型和布尔代数的一种简单的检索模型，每一个文档都被表示成关键词的集合 $K=(k_1, k_2, \cdots, k_n)$，查询被表示为关键词的布尔组合 R，用与、或、非逻辑演算符号连接起来，并用括弧指示优先次序。一个文档当且仅当它能够满足布尔查询式时，才被检索出来。布尔模型虽然简单，但忽略了原文档中单词的频度，遗漏了部分信息。

概率模型是基于布尔模型为解决检索中存在的一些不确定性而引入的。它在存储特征词的信息的同时还存储了特征词的概率值，表示特征词在相关文档中的相关性概率。

向量空间模型抽取一个文本数据分割成基本的语言单位，又称为特征项。文本可看做关于特征项的 N 维空间的一个向量，我们称此为文档的向量空间模型或向量表示。

布尔模型的原理简单易理解，容易在计算机上实现并且具有检索速度快的优点，但布尔模型忽略了元数据的文档词频，无法在匹配结果集中进行相关性大小排序，且逻辑表达式过于严格，往往造成重要特征大量遗漏。

布尔模型和概率模型因为检索速度快的特点，常用于检索领域，不太适合本章的情感分析模型。向量空间模型能保存文档内容信息，因此我们采用向量空间模型。

16.4.3 过滤无关信息

因为获取到的微博信息只有部分内容是我们需要的，所以我们需要进行微博信息预处理。预处理可以过滤文本中的无关信息，提高后续检测环节的计算速度和准确性。本章处理的规则如下。

(1)过滤微博中"//@用户"的部分。因为"//@用户"表示的是引用用户的状态信息，该信息与该微博用户的状态无关，还可能对该微博用户的状态有影响。

(2)过滤微博中"@用户"的部分。"@用户"的部分表示的是提醒用户，是原用户与被@用户之间的互动。用户的用户名与原微博的情感状态无关，部分带有情感倾向的用户名可能影响微博中的情感判断。

(3)过滤微博中"http://t.cn/******"的部分(*代表一个字符)。"http://t.cn/******"是微博中引用网址的短网址链接，属于无关信息。

(4)过滤微博中"#话题名#"部分。"#话题名#"部分将微博归为话题类，对微博的标签分类有很大作用，但大多数对微博的情感信息没有很大影响。

16.4.4 中文分词

本章使用的是 Python 中常用的中文分词第三方库文件——"结巴"中文分词(https://github.com/fxsjy/jieba)。"结巴"中文分词是"基于 Trie 树结构实现高效的词图扫描，生成句子中汉字所有可能成词情况所构成的有向无环图(directed acyclic graph，DAG)；采用了动态规划查找最大概率路径，找出基于词频的最大切分组合；对于未登录词，采用了基于汉字成词能力的 HMM 模型，使用了 Viterbi 算法"。

为提高"结巴"中文分词的能力，我们选择搜狗互联网词库(SogouW，http://www.sogou.com/labs/dl/w.html)。据搜狗网络实验室介绍，"互联网词库来自于对搜狗搜索引擎所索引到的中文互联网语料的统计分析，统计所进行的时间是 2006 年 10 月，涉及的互联网语料规模在 1 亿个页面以上。统计出的高频词词条数约为 15 万条，除标出这部分词条的词频信息之外，还标出了常用的词性信息"。

搜狗互联网词库的部分内容如图 16.3 所示，数据格式为

词 A 词频　词性 1 词性 2 ⋯ 词性 N
词 B 词频　词性 1 词性 2 ⋯ 词性 N
词 C 词频　词性 1 词性 2 ⋯ 词性 N

图 16.3　搜狗互联网词库截图

16.4.5　停用词过滤

停用词(stop words)是指搜索引擎在索引页面或处理搜索请求时,为节约储存空间和提高搜索效率会忽略的一些字或词。停用词常包括两类,第一类是连词、冠词、介词、助词等虚词。自然语言句子中的单词根据语法结构常分为名词、动词、形容词、助词、介词、冠词和连词等,一般认为句子的情感信息包含在名次、动词、形容词等实词中,而连词、冠词、介词、助词等虚词,如"的""地""得"等,本身没有实际意义,只有在完整的句子中才有作用,对情感分析作用不大。第二类是一些各种文本里都出现的部分高频词,这些高频词无法给出情感分析需要的信息,对微博没有重要作用。

过滤停用词语主要的优点:可以降低文本的噪声,压缩信息,提高情感分析效率。本章使用哈尔滨工业大学社会计算与信息检索研究中心(http://ir.hit.edu.cn/)的停用词表,除去了其中的一些停用词符号,总共应用了 504 个停用词。

哈尔滨工业大学停用词表(部分)如图 16.4 所示。

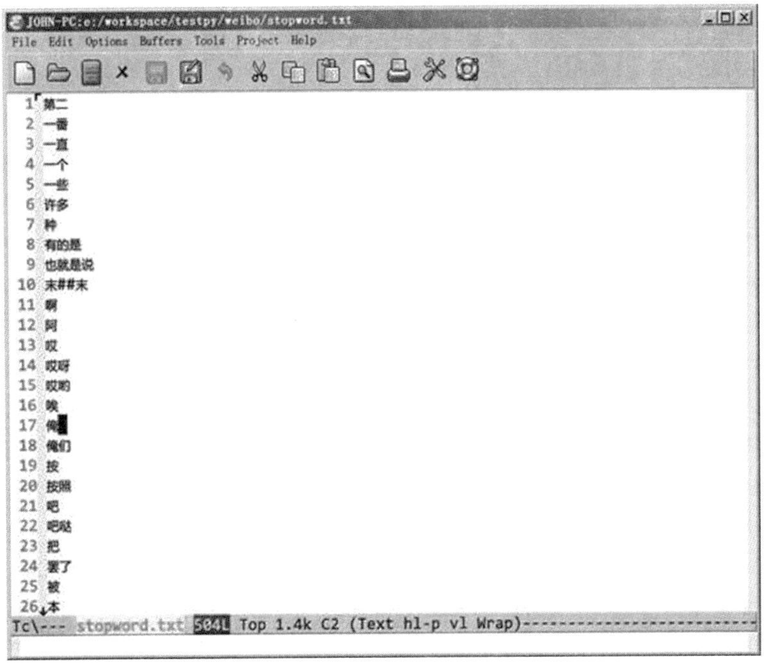

图 16.4 哈尔滨工业大学停用词表(部分)

16.4.6 朴素贝叶斯分类器

朴素贝叶斯分类器方法属于有监督式学习，本身非常简单，但是在很多情况下很有效。

朴素贝叶斯分类器分类的算法基本流程如下。

设 $X=\{a_1, a_2, a_3, \cdots, a_m\}$ 为一个待分类项，每个 a 为 X 的一个特征属性。

设 $Y=\{C_1, C_2, C_3, \cdots, C_n\}$ 为类别集合，每个 C 为 Y 中的一个情感类别。

对一个待分类项目进行标注分类，当做训练语料。

统计得到在各类别下各个特征属性的调剂概率估计，即

$$P(a_1 \mid C_1), P(a_2 \mid C_1), \cdots, P(a_m \mid C_1)$$
$$P(a_1 \mid C_2), P(a_2 \mid C_2), \cdots, P(a_m \mid C_2)$$
$$\vdots$$
$$P(a_1 \mid C_n), P(a_2 \mid C_n), \cdots, P(a_m \mid C_n)$$

贝叶斯分类假定各个特征属性是条件独立的，则根据贝叶斯定理有

$$P(C_i \mid x) = \frac{P(x \mid C_i)P(C_i)}{P(x)} \tag{16.1}$$

又因为各特征属性是条件独立的,所以有

$$P(x \mid C_i)P(C_i) = P(a_1 \mid C_i)P(a_2 \mid C_i)\cdots P(a_m \mid C_i) = P(C_i)\prod_{j=1}^{m} P(a_j \mid C_i)$$
(16.2)

所以式(16.1)可以改写成

$$P(C_i \mid x) = \frac{P(x \mid C_i)P(C_i)}{P(x)} = \frac{P(C_i)\prod_{j=1}^{m} P(a_j \mid C_i)}{P(x)} \quad (16.3)$$

其中,参数 $P(C_i)$ 和 $P(a_j \mid C_i)$ 可以根据最大似然估计法来估算,即

$$P(C_i) = \frac{\text{Count}(C_i)}{\text{Count}(x)} \quad (16.4)$$

即当前分类的先验概率为当前分类下的文档数除以所有文档。

$$P(x_j \mid C_i) = \frac{\text{Count}(x_j)}{\text{Count}(C_i)} \quad (16.5)$$

即当前分类下出现的所有 x_j 词数除以当前分类下所有的次数。

$\text{Count}(x)$ 的计数方式主要有两种:一种叫做多项分布(multinomial distribution),就是一个字或词在文本中重复出现,每次出现都计数,出现几次计数几次,然后再将所有词出现的频度加总;另一种常称为 0-1 分布(binary distribution),就是一个字或词只要在文档中出现,无论重复出现多少次,都只计数为 1 次,然后再将所有词出现的频度加总。因为在情感分析中词语的反复出现必然会增加词语的情感极性倾向,所以本章采用 $\text{Count}(X)$ 的计数方式分别计算 $P(c_1 \mid x)$,$P(c_2 \mid x)$,$\cdots$,$P(c_k \mid x)$。

记 $P(c_k \mid x) = \max\{P(c_1 \mid x), P(c_2 \mid x), \cdots, P(c_k \mid x)\}$,则 x 属于 c_k。

朴素贝叶斯分类器方法还有两个可能出现的问题。

(1)可能出现的问题 1。在进行预测时,如果某篇特征字或词在文本中没有出现,会出现某个 $P(a_j \mid C_i)$ 取值为 0,在使用贝叶斯公式 $P(C_i \mid x) = \dfrac{P(C_i)\prod_{j=1}^{m} P(a_j \mid C_i)}{P(x)}$ 计算时会导致 $P(C_i \mid x)$ 取值为 0,这与我们的设想是相反的。

解决方法:使用拉布拉斯平滑技术对特征字或词特征维度值简单地加 1 处理(或者一个常量,通常在 0 到 1 之间效果较好)。这里我们只需要让 $\dfrac{P(C_i)\prod_{j=1}^{m} P(a_j \mid C_i)}{P(x)}$ 的分子和分母同时加上一个小值即可,假如分子加上 λ,

则分母需要加上 $N \cdot \lambda$，其中 N 为所有单词的去重后数量(这是因为分子为每一个词汇都计算一次)。新的贝叶斯公式为

$$P(C_i \mid x) = \frac{P(C_i)\prod_{j=1}^{m} P(a_j \mid C_i) + \lambda}{P(x) + N \cdot \lambda} \tag{16.6}$$

(2)可能出现的问题 2。由于贝叶斯公式 $P(C_i)\prod_{j=1}^{m} P(a_j \mid C_i)$ 是对概率进行求积，而这里会出现两个困难：第一，因为大量的求积运算，相对于简单的加减运算而言，运行效率较低。第二，因为概率 P 取值为 $[0, 1]$，所以大量的概率乘积很可能会导致浮点数结果溢出。

解决方法：考虑到 $P(c_k \mid X) = \max\{P(c_1 \mid x), P(c_2 \mid x), \cdots, P(c_n \mid x)\}$，即朴素贝叶斯分类器只要求比较各个概率值的大小，而对具体概率值并没有要求。因此我们考虑对式(16.2)进行改进，即对分子求自然对数。这样的好处主要有两个。

(1)ln 运算是单调运算，即它不影响原来数值的大小比较。

$$\ln\left(P(C_i)\prod_{j=1}^{m} P(a_j \mid C_i)\right) = \ln(P(C_i)) + \sum_{j=1}^{m} \ln(P(a_j \mid C_i))$$

(2)ln 运算后的概率是相加，而不是相乘，避免了可能的浮点数数值溢出的情况，而且加快了计算机运算的效率。

16.4.7 情感智能分类算法

众包作为一种全新的标注方式有很多特点，其与手工标注的比较见表 16.3。

表 16.3 众包与手工标注的比较

情感标注获取方式	手工标注	众包
数据规模	小规模标注数据	大规模标注数据
标注人员	来自少数标注人员	来自广大普通用户的有组织的群体智慧
标注规范	高	一般
标注时间代价	耗时长	耗时不定，但一般较短
标注质量	高	一般

本章情感智能算法流程如下。

首先，确定测试集。设测试集 $Y = \{y_1, y_2, y_3, \cdots, y_n\}$，其中 $y_j(j=1, 2, \cdots, n)$ 为一个待测试项，而每个 $y_j = \{a_1, a_2, a_3, \cdots, a_m\}$ 为一个待分类项，每个 a 为 y_j 的一个特征属性。

其次，从抓取的待标注的集合 $X = \{x_1, x_2, x_3, \cdots, x_m\}$ 中，选取包含最

多测试集的特征属性的待标注项 x_i 作为训练集。

最后，将确定数量的训练集通过网络众包给多人，让其对每条微博信息人工进行情感分类，将微博的情感分为高兴、悲伤、愤怒、恐惧、厌恶、惊奇六大类，如果不确定是哪一类情感，填不确定，并在第三列填写理由。然后对每条微博，选取其被人归为某一类情感的次数最多的那类情感作为该微博的情感。本章选择全国最大的在线服务交易平台猪八戒网作为众包的平台（图 16.5），将 2 000 条微博分为 200 条一个任务，共 10 个任务，分给多个网络用户进行手工情感标注。其标注过程如图 16.6~图 16.8 所示。

图 16.5　众包网站截图

图 16.6　众包情感标注任务网站界面截图

利用上述流程获得的训练集，根据 16.4.6 小节中介绍的朴素贝叶斯分类算法训练朴素贝叶斯分类器，对测试集合进行情感标注。

图 16.7　众包情感标注任务中标界面截图

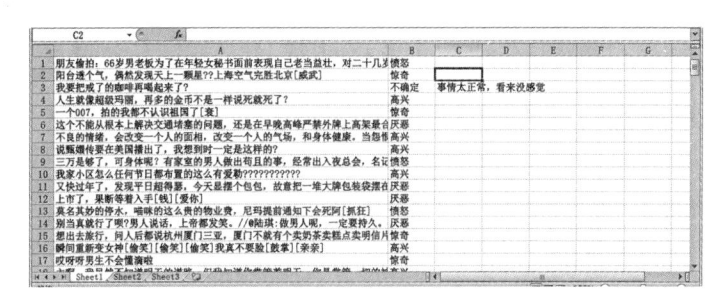

图 16.8　众包完成任务截图

16.5　实证分析

16.5.1　实验数据集

实验的数据集采用我们抓取的 2011 年 3 月 16 日到 2013 年 3 月 7 日的任意微博数据共 10 000 条，先确定一个数据量大小为 750 的测试集，然后从其余的 9 250 条微博数据中按照情感智能分类算法挑选出 2 000 条对测试集影响最大的微博数据，通过网络众包给 10 人得到训练集 1。从其余的 7 250 条微博数据中随机选取 3 000 条微博数据，个人对其标注，作为测试集 2。利用朴素贝叶斯分类算法分别对测试集做测试。

16.5.2　性能指标

性能指标选择正确率、召回率和 F 指标。正确率是指分类正确的样本占所有目标在样本中的比例，召回率是指分类正确的样本占所有被指定为目标类的样本的比例。对于类别 C_i，其测试结果的邻接表如表 16.4 所示，其中，RS_i 表示本应分配到类别 C_i 且实际分配到类别 C_i 的文档数；WS_i 表示本应分配到类别 C_i 却被分配到类别 C_j 的文档数；WU_i 表示本应分配到类别 C_j 却被分配到类别 C_i 的文档数；RU_i 表示本应分配到类别 C_j 且实际分配到类别 C_j 的文档数。

表 16.4　测试结果的邻接表（以类别 C_i 为例）

指标	实际分配到分类 C_i	实际分配到 $C_j(j\neq i)$
本应分配到分类 C_i	RS_i	WS_i
本应分配到分类 $C_j(j\neq i)$	WU_i	RU_i

定义 $\text{Precision}=\dfrac{RS_i}{RS_i+WU_i}$，$\text{Recall}=\dfrac{RS_i}{RS_i+WS_i}$，两者从不同角度反映了分类质量，值越大分类越明显。

F 指标是关于 Precision 和 Recall 的综合性指标，其计算公式为 $F_\beta=\dfrac{(\beta^2+1)\cdot\text{Precision}\cdot\text{Recall}}{\beta^2\cdot\text{Precision}+\text{Recall}}$，其中，当 $\beta=1$ 时有 $F_1=F_{\beta=1}=\dfrac{2\cdot\text{Precision}\cdot\text{Recall}}{\text{Precision}+\text{Recall}}$，$F_1$ 是一种常用的衡量分类整体效果的评估方法。

16.5.3　实验结果与分析

根据 16.4 节的情感智能分类算法对众包获取的情感分类数据进行分类，选取其中的 80% 作为训练集，20% 作为测试集，得到结果如图 16.9、图 16.10、表 16.5、表 16.6 所示。

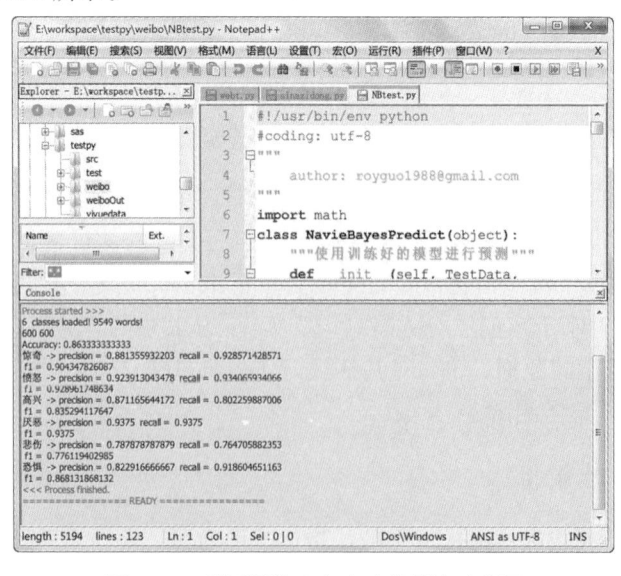

图 16.9　利用网络众包实验结果演示截图

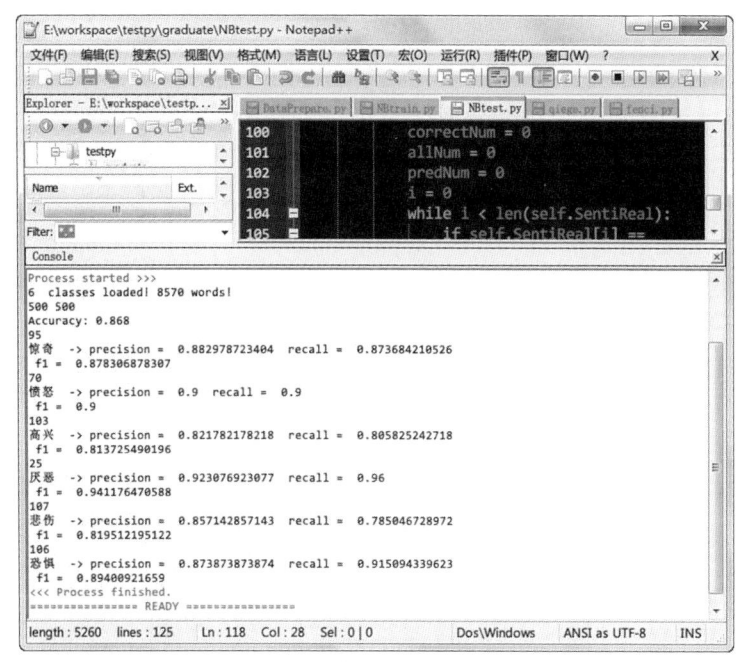

第 16 章 基于众包的社会媒体情感分析研究

图 16.10 个人标注实验结果演示截图

表 16.5 利用网络众包的实验结果

情感	正确率	召回率	F_1 指标
高兴	0.871 165 644 172	0.802 259 887 006	0.835 294 117 647
悲伤	0.787 878 787 879	0.764 705 882 353	0.776 119 402 985
愤怒	0.923 913 043 478	0.934 065 934 066	0.928 961 748 634
恐惧	0.822 916 666 667	0.918 604 651 163	0.868 131 868 132
厌恶	0.937 500 000 000	0.937 500 000 000	0.937 500 000 000
惊奇	0.881 355 932 203	0.928 571 428 571	0.904 347 826 087
总平均	0.870 788 345 733	0.880 951 297 193	0.875 059 160 581

表 16.6 个人标注实验结果

情感	正确率	召回率	F_1 指标
高兴	0.821 782 178 218	0.805 825 242 718	0.813 725 490 196
悲伤	0.857 142 857 143	0.785 046 728 972	0.819 512 195 122
愤怒	0.900 000 000 000	0.900 000 000 000	0.900 000 000 000

续表

情感	正确率	召回率	F_1 指标
恐惧	0.873 873 873 874	0.915 094 339 623	0.894 009 216 59
厌恶	0.923 076 923 077	0.960 000 000 000	0.941 176 470 588
惊奇	0.881 355 932 203	0.928 571 428 571	0.904 347 826 087
总平均	0.876 205 294 086	0.882 422 956 647	0.878 795 199 764

从图 16.11～图 16.13 中可以看出，基于众包的情感智能分类算法虽然只使用了 2 000 个数据的训练集，得到的六类情感分类的效果能与经典的朴素贝叶斯分类器使用 3 000 个数据的训练集得到的效果媲美。这说明基于众包的情感智能分类算法在挑选了合适的训练集后，能取得很好的分类效果。

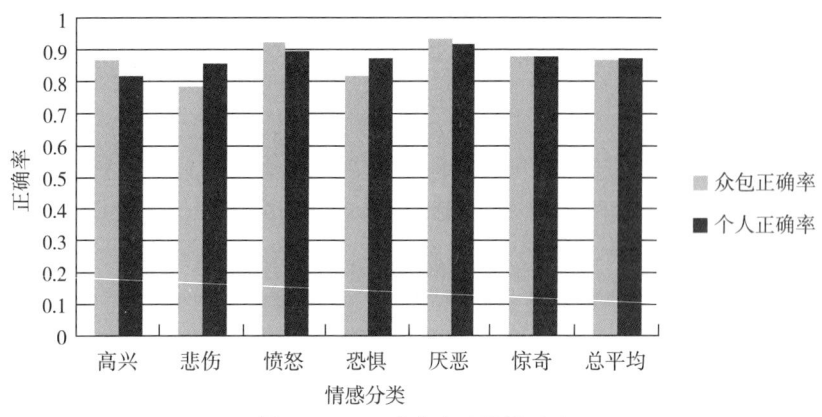

图 16.11　正确率实验结果对比

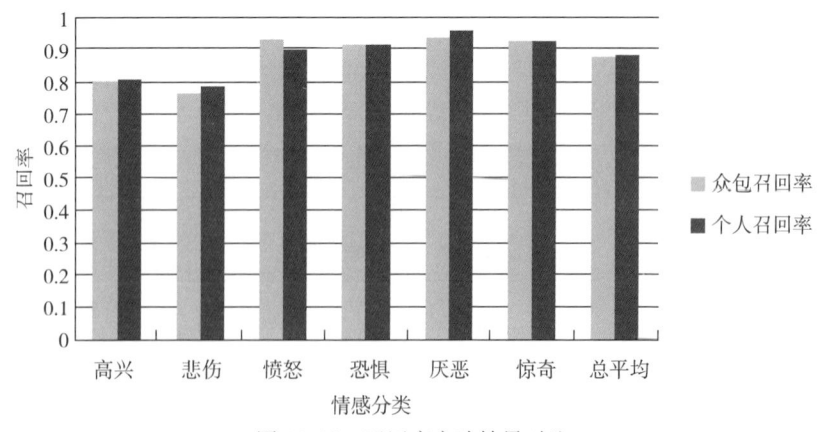

图 16.12　召回率实验结果对比

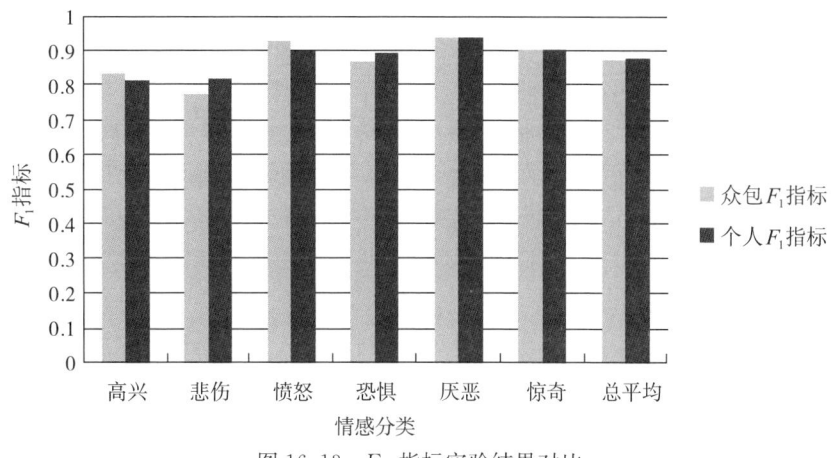

图 16.13　F_1 指标实验结果对比

16.6　本章小结

近年来，随着微博用户的增加，微博越来越成为一种信息量巨大的新媒体。但在信息量巨大的同时，因为微博本身的限制，微博目前仍然只是一些碎片信息。微博中每天有数以万计的信息关于热点事件、新闻评论、消费反馈等，如果能有效地将这些碎片信息连接起来，从数亿甚至数十亿条微博中挖掘出有用的信息，将是一件很有用的事情。引进智能算法，利用数据挖掘和机器学习的技术，将极大地提高效率和简化任务的复杂度。

本章通过利用众包，对微博的情感进行了手工分类标注，再利用朴素贝叶斯分类器实现了对微博的智能情感分类。

本章的主要工作包括根据朴素贝叶斯分类算法进行改进，在确定测试集的基础上选出对测试集影响最大的训练集，在相同标注量的情况下获取最高的准确度。通过众包的模式获取训练集的手工标注，相对于一般的专人手工标注的方法，能更有效率地对训练集进行情感分类。通过从微博中获取状态信息，使用已经标注过的文本，利用朴素贝叶斯分类器对微博的状态信息进行分析，对微博中的情感进行智能分类。

本章的主要创新有以下几点：①利用分类器选择最佳的训练集，从而改进分类效果。②利用众包的模式进行训练集的手工标注，对大规模的情感进行快速高质的标注。③直接从微博中实时获取信息。目前情感分析主要是通过把文本数据储存起来进行人工标注然后再加以分析。而本章通过新浪微博 API 直接获取最新的微博数据，不仅能分析出最新的微博的情感极性倾向，还能将分析出来的情感极性倾向保存起来，加入训练集中继续增强分类器的分类能力。④对朴素贝叶斯分类器的训练结果进行存储。把朴素贝叶斯分类器的训练结果储存在文件中，避免了每次测试都要重新训练分类器，提高了分类器的使用效率。

本章应用朴素贝叶斯分类器分析了微博中的情感极性倾向，但通过整个实验过程和相关研究的比较，发现本章还有一些地方可以改进和深入研究。

(1)众包模式的改进。可以将众包的情感分类改成网页端，这样用户就不需要下载任何程序或数据，可以直接在浏览器中完成标注任务，而且可以将标注方式改得更有趣些，避免用户感觉乏味，吸引更多用户进行情感标注。

(2)表情符号的研究。微博中提供了大量丰富的表情符号，而这些表情符号包含了用户强烈的情感倾向。如果能把表情符号加入分类器的规则中，将对情感极性倾向的判断有很大帮助。

(3)主题分析。本章是对一般文本的情感分析，但文本情感跟文本的主体有很大的关系。例如，体育评论和财经新闻之间的情感倾向就有很大不同，它们用的情感词也有很大差别。能根据文本所属的主题来分析情感词，不仅能提高效率，而且因情感词的准确选择能极大地提高文本情感极性倾向。

(4)句法的分析。因为本章使用的是朴素贝叶斯分类器，主要是针对情感词的分析方法，所以舍弃了文本的句法分析。对一些使用了否定词和双重甚至多重否定句的情感判断效果不好。因此，如果能添加文本的句法分析，能更有效地对文本的情感进行分析。

第 17 章

基于数据挖掘的金融微博情感分析研究

本章构建了一个基于联合情感词典的情感挖掘框架,本框架主要包括数据获取和情感挖掘两个主要步骤。在数据获取阶段,使用网络数据爬虫收集金融微博评论及转发信息。在情感挖掘阶段,对微博数据进行特征提取、特征项权重计算、基于投票机制的分类模型设计和实验结果验证分析等处理。提出新颖的特征项权重计算方法,为提高分析结果准确性提出一种基于投票机制的分类模型。

17.1 引言

随着互联网的发展进入 Web 2.0 时代,用户可以通过许多 Web 2.0 应用,如维基百科、博客、论坛、微博等,发布自己的观点。大量的网络内容,包括生活经验、情感抒发、对产品和股市的批评和赞扬等,充斥着整个社交网络的平台,并且不断有新的用户加入这个行列。在海量的网络评论数据中,必然有对商业和经济市场运行的启示和预测价值,所以很多研究人员收集和分析网络评论,进而发现有用的价值。

在博客与论坛等平台繁荣之后,微博,这个全新的平台,迅速登上舞台,成为全世界最流行的工具,已经成为社交的主流平台。微博通过关注机制分享简短实时信息,把用户的关系拉得更近,让世界变得更小。截至 2012 年 12 月底,新浪微博注册用户已超过 5 亿个。日活跃用户数达到 4 620 万个,微博用户数与活跃用户数保持稳定增长。微博有许多特点:第一,简短的格式使得微博可以很快速地被阅读和编辑;第二,微博可以方便地在移动终端,如手机上接收转发,因此用户可以即时转发或浏览;第三,转发别人的帖子或评论不需要任何许可,并且转发机制让信息传播得更迅速。许多现实事件已经证明了微博的力量,如"7·23"动车组事件和郭美美炫富事件等。

股市的发展情况早已成为衡量一个国家经济发展水平的重要指标。在很多发达国家，股票市场总值占 GDP 的比重高达 50% 以上。随着我国经济的快速发展，对股市的研究必然有极其重大的意义。从国家层面来讲，股市研究可以为政府决策提供智力支持，保证股市的繁荣，从而保证国家经济的发展。对投资者来讲，股市的预测必不可少，因为投资行为需要慎重分析，综合多方面因素考虑，而股市预测正是为投资者提供了投资的辅助决策。

传统的资产定价理论主张价格是由市场需求与供给决定的，并且排除投资者主观情绪的影响。但是这种理论并不被行为金融所接受，行为金融理论认为套利行为的有效性仅限在某些特定的情况下，投资者行为可能受心理因素和情感因素的影响。很多研究已经证明投资者情感能够影响投资决策并与将来收益相关，如重大利好消息的释放、灾难事件的发生（如日本大地震等）对金融市场有直接或间接的影响。

而微博正是获得社会舆论最直接的方式之一，海量的数据中充斥着用户的个人观点和个人思想。本章的目的在于通过构建微博评论的框架，使用情感挖掘技术分析出用户对股市和某些个股的态度，即正面还是负面，然后再从评论中找出用户所持态度的原因。例如，分析用户对中国银行这只股票的预期是什么，并分析持这种预期的原因是什么，从而能够分析股市波动的规律，进而辅助投资者做出投资决策。

由于金融市场预测分析对于政策制定者、投资者等都有很重要的意义，所以大量学者对此领域有深入研究。从基本分析方法而言，常用的股票投资分析方法基本上可分为定性分析和定量分析，定性分析主要有基本分析、技术分析和组合分析，这类方法着重预测市场发展的性质。在 1900 年 Charles Dow 提出道氏理论以后，Sam Nelson 在道氏理论的基础上提出了市场行为原则，后续又出现了 Richard Schabacker 的"缺口"理论和研究市场波动循环的波浪理论等。定量分析主要包括时间序列分析、神经网络分析等。时间序列分析方法认为历史数据必定能反映未来，这种方法利用时间顺序排列历史数据，推算出预测对象未来的变化趋势。其中的一类方法以统计学为基础，如自回归模型、ARIMA 模型等，这些方法直接从世界数据出发，利用概率统计方法推算未来市场的运动规律，并取得了很好的效果，但是缺乏经济学上的理论性。另外一种方法按照经济学原理建模，如投资组合理论、资本定价模型、套利定价模型等，这种方法虽然具有很强的经济理论依据，却在实际的应用中没能取得好的效果。后来，Engle(1982)提出了著名的 ARCH 模型，在一定程度上克服了线性模型的局限性，得到广泛的认可。

人工智能的发展，使神经网络在很多领域得到了很好的应用。自 Matsuba (1991) 第一次将神经网络用于股市的预测分析以来，将神经网络用于金融市场分析的研究层出不穷。Gencay(1996)使用统计模型对道琼斯指数进行预测验证分析，表明相对于简单的移动平均规则，统计模型效果明显。后来，Fernandez-

Rodriguez 等(2000)提出了基于平均移动规则的人工神经网络,在对西班牙股市的预测中有较好的表现。

近年来,随着计算机网络的发展,许多研究学者开始利用网络文本、网络新闻、公司年报等网络信息研究金融市场,Chan(2003)比较了有新闻和没有新闻的个股价格的变化。Schmeling(2009)验证了投资者负面情绪在不同国家的金融市场的反应情况。Shan 和 Gong(2012)验证了 2012 年汶川地震后中国股市的低迷,并指出距离震中越近对股市影响越大。Akhtar 等(2011)提出市场对负面事件的反应较大,相反对正面事件却没有大的反应。

随着微博等社交平台的出现,围绕这个平台的分析开始出现。Y. M. Li 和 T. Y. Li(2013)构建了一个框架用于微博话题提取、观点分类和可信度评价。Mostafa(2013)利用微博情感获取公众对 Nokia、IBM 等知名品牌的评价。Du 等(2013)利用微博对电影票房进行了预测。但是,较少有人利用微博对金融市场进行分析,通过分析金融微博的情感,进而研究金融市场波动。

17.2 金融微博情感模型构建

17.2.1 总体思路框架

本章模型的主要目的是通过对金融微博数据的收集和情感挖掘,得出量化结果,然后综合评论分析结果,最终分析出当前金融市场的大众情感趋向。

在文本预处理阶段,首先,我们将金融微博数据进行规范化处理,即去除不规范符号、错误字词等;其次,将评语进行分词处理并取出停用词,以便于使用联合的情感词典进行特征提取等步骤。

在情感挖掘阶段,系统采用了中文分词、特征提取、文本表示、特征词权重确定和文本分类器建模等操作步骤,将各分句进行情感分析,最后形成量化分析结果,以达到从微博数据中获取网民对金融市场态度的目的。

金融微博情感挖掘建模流程如图 17.1 所示。

17.2.2 数据获取

1. 数据抓取

网络爬虫技术,又称网络蜘蛛,是按照特定规则自动地抓取网络或者微博信息的一种应用程序。金融微博数据抓取的主要任务是从网络微博中抓取金融市场相关数据,本章构建了专用的微博抓取工具以抓取新浪微博和腾讯微博的数据。

2. 分词

汉语文本与英语文本不同,汉语文本没有自然的词汇间隔,所以在汉语自然

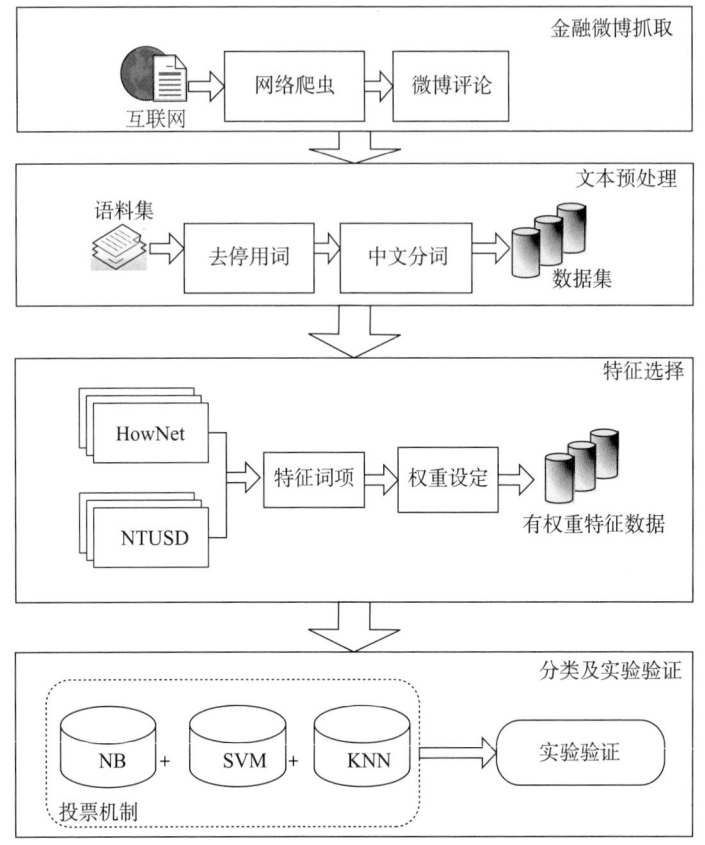

图 17.1 金融微博情感挖掘建模流程

语言处理研究中，分词是一个必不可少的步骤。而汉语又是一门相对复杂的语言，尤其歧义词和新词的识别更为复杂。

现有的分词方法主要有基于字符匹配、基于理解和基于统计分析三种方法。三种分词方法各有优缺点，基于字符匹配的分词法主要是对分词词典中的情感词进行字符匹配，这种方法简单易行，但是过于依靠词典，容易造成精度不高。基于理解的分词法使用知识推理的思想分析，依靠句法分析和语义分析辅助提升效率，但此方法对信息量需求较大，所以实现起来有些难度。基于统计分析的分词法依赖概率模型，同时考虑上下文语境，能够提高歧义词的识别能力，但是对于不是词语而共同出现频率高的词的剔除效果不好。

本章采用 ICTCLAS 分词工具，ICTCLAS 是一个基于隐马尔可夫模型的汉语分词系统。在歧义词识别和新词识别上都有很大的提升，分词精度达到 98.45%。

17.2.3 数据处理

1. 特征提取

由于文本中不同的字词数量巨大，所以文档向量维数也巨大，对运算效率和特征突出都有很大的影响，所以特征提取成了文本预处理中的必然选择。特征提取又称特征选择，其主要目的是提高运行效率、降维去噪和防止过拟合。现在的常用方法主要包括文档频率法、信息增益法、互信息法、χ^2 统计量法等。

本章使用联合情感词典的方法进行特征提取，通过联合两大常用的汉语情感词典进行关键词比对，然后采用情感词典与测试语料集匹配的方法选取特征词。即选择一个已有情感词典，逐个提取情感词典中的特征词，将其与已经分好词的中文语料集进行字符匹配，若匹配成功，则选择该特征词。为尽可能扩大情感词典的词库规模，本章将汉语自然语言处理最优秀的两个情感词典进行联合，得到一个联合情感词典。本章选择的情感词典是中国知网整理的情感分析用词语集和台湾大学整理的中文通用情感词典 NTUSD(*NTU Sentiment Dictionary*)。

2. 权重计算

在特征词权限的计算阶段，本章将特征词对于文档的重要性和特征词的情感重要性进行统一考虑，Deng 等(2014)已经使用该方法在情感分析任务中取得了较好的效果。

设 D 为情感词库，且 $D=\{t_1, t_2, \cdots, t_n\}$，正向情感的文档子集为 D_1，负向情感的文档子集为 D_2。另设有一个文档 $d_j=(w_{1j}, w_{2j}, \cdots, w_{nj})$，其中，$w_{ij}$ 为情感词的权重，其定义为

$$w_{ij}=w_{td}(t_i, d_j)\times w_{ts}(t_i) \tag{17.1}$$

其中，$w_{td}(t_i, d_j)$ 为词项 t_i 在文档 d_j 中的重要性；$w_{ts}(t_i)$ 为词项 t_i 表达情感上的重要性。

对于词项在文档中的重要性 $w_{td}(t_i, d_j)$ 的计算，本章采用词频的两倍归一化方法，将权重控制在 0.5~1。

$$w_{td}(t_i, d_j)=0.5+\frac{0.5\times f_{ij}}{\max_m f_{kj}} \tag{17.2}$$

其中，f_{ij} 为词项 f_i 在文档 d_j 中出现的频率。

17.2.4 基于投票机制的分类模型建模

在完成特性选择和权重计算后，我们对分类模型进行了设计。在前人的研究中，最常用的三种机器学习的分类模型有 SVM、朴素贝叶斯和 KNN 三种分类方法。为达到更好的分类准确性，本章在利用三种最常用的分类器基础上设计了基于

投票机制的集成分类方法,即将金融微博情感分别用三种常用分类器进行分类,最后按照投票的机制决定输出结果,实践证明这种分类方法取得了较好的效果。

17.3 实证分析

17.3.1 数据集

本章使用特殊构建的微博爬虫对新浪微博和腾讯微博的金融数据进行爬取,在经过数据预处理后,获得新浪微博数据 15 504 条、腾讯微博数据 12 658 条,如表 17.1 所示。

表 17.1 语料集表

微博类型	新浪微博	腾讯微博
训练集	10 336	8 439
测试集	5 168	4 219
总数	15 504	12 658

17.3.2 模型验证与对比

在实验验证部分,我们分别使用两个预处理好的语料集,包括 2012 年 9~12 月腾讯微博和新浪微博的数据,将 SVM、朴素贝叶斯和 KNN 三种算法的分类结果与本章设计的集成模型分类结果进行比较。评价指标采用文本分类常用的评价指标查准率、查全率和 F-measure。

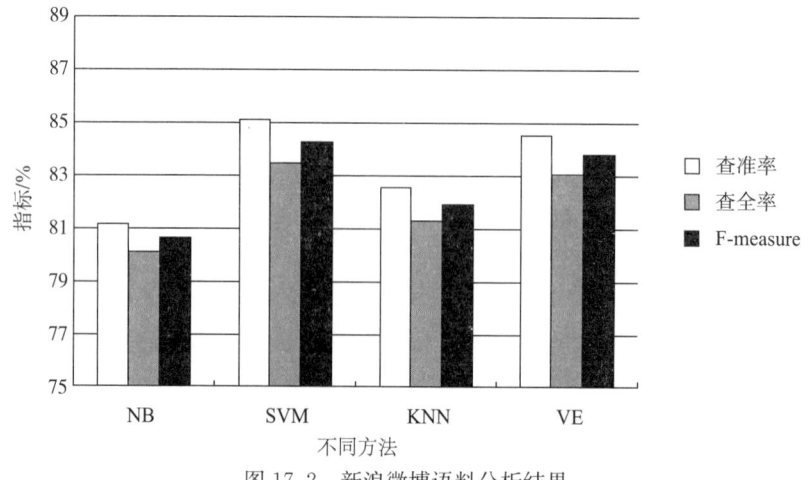

图 17.2 和图 17.3 为实验分析结果。

图 17.2 新浪微博语料分析结果

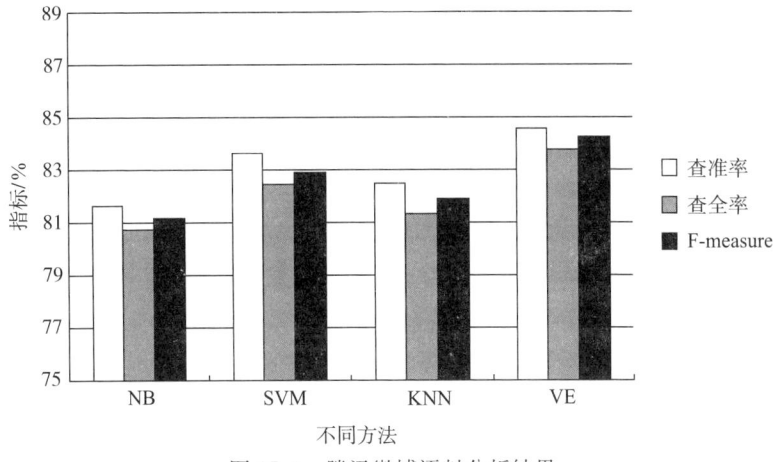

图 17.3　腾讯微博语料分析结果

17.4　本章小结

本章通过构建网络爬虫对新浪微博和腾讯微博的金融相关数据进行抓取，各获取微博评论 15 504 条和 12 658 条。本章情感挖掘模型在前人的基础上创新性地提出了既考虑特征项的文档重要性又考虑特征项的情感表达能力的方法。首先，选取两个广泛应用的情感词典进行合并，将其与训练集进行匹配以进行特征提取。其次，采用了加权算法对特征项权重进行设定。最后，提出了一个基于投票机制的分类器，对数据进行情感挖掘。实践证明，此方法取得了良好的效果。

使用本章提出的情感挖掘模型对金融微博数据进行分析，可以方便地从微博评论中直接获得社会大众对金融市场的态度。通过情感挖掘结果，可以为投资者提供更为可靠真实的参考，能够为投资行为提供大力支持。

第 18 章

基于微博情感的股市预测

本章建立了一个基于微博情感的股市预测模型，主要的预测目标为股市指数的涨跌。该模型从现实出发，利用微博情感的导向作用，通过数理统计分析建模对股市总体进行预测分析。最后，通过与现实数据进行对比以说明该方法的有效性。

18.1 引言

在当今 Web 2.0 的网络模式下，用户生成内容（user generated content, UGC）在互联网中广泛生成和传播，其中最为典型的，如维基百科、博客等，创造了大量关于个人经历、情感表达和个人评价等的主观信息。随着越来越多的用户进入 UGC 的生成过程中，其所承载的潜在商业价值和商业信息对于商业管理起到越来越重要的导向作用。因此，相对于被动等待式地获取客户信息，主动而积极地通过网络媒介收集和获取客户信息作为市场分析和研究的信息源成为研究市场的重要来源。

随着博客的发展与繁荣，微博也随之出现和发展。自 2006 年微博问世以来，其逐渐成为网络中最具影响力的 UGC 形式之一。

就市场角度而言，股市指数的波动主要取决于投资者对股票市场的总体期望，而投资者的期望最直接地可以体现在其 UGC 的情感表现中。因此，对其 UGC 进行情感分析将会对股市的预测有重要的导向作用。基于此，本章提出了一种利用微博情感的股市预测模型，为股市投资决策提供支持。

18.2 基于微博情感的股市预测建模

18.2.1 总体思路框架

本章模型基于实证的角度,通过统计分析来对股市指数升降变化进行预测。模型可分为如下四个部分。

(1)数据采集:选取适合分析预测的微博用户,以其微博作为分析样本。
(2)数据处理:对微博进行筛选、分析和处理,确定微博预测情感倾向。
(3)预测分析:通过微博情感倾向和相关属性进行统计分析,预测股指升降。
(4)模型验证:将股市指数预测结果与实际股市指数进行精准度对比,验证模型预测准确率。

基于微博情感的股市预测流程如图 18.1 所示。

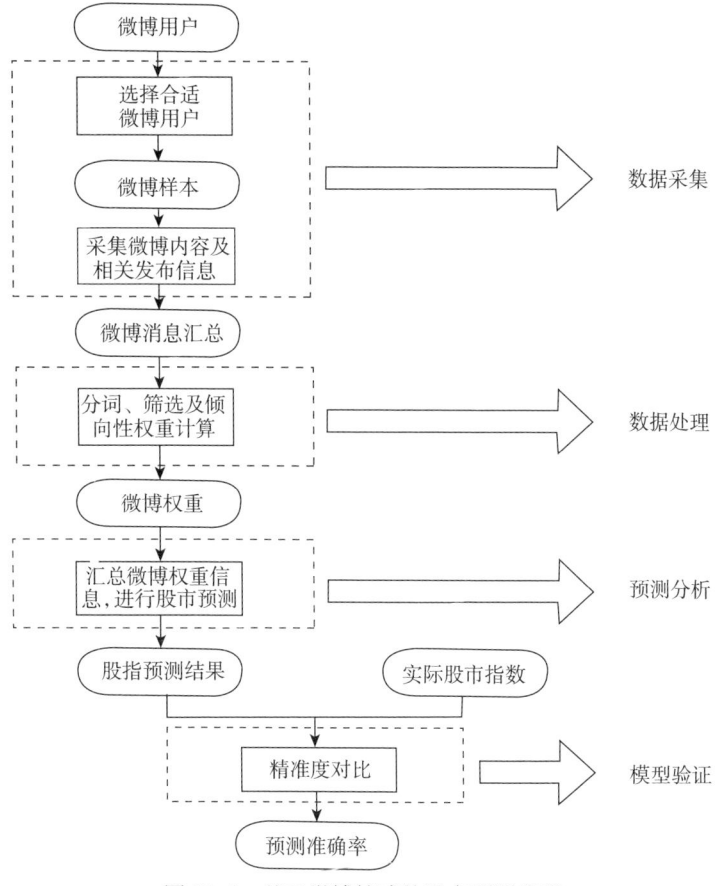

图 18.1 基于微博情感的股市预测流程

18.2.2 数据采集

1. 选取合适的微博用户

从网络上寻找合适微博用户(记为 $User_i$，$i=1,2,\cdots,n$)，为方便预测和研究，选取的微博用户应满足如下两个条件：①用户所发微博信息有部分涉及股票市场；②用户所发股票市场领域微博信息频度较高。

此外，为方便研究，选取所发微博涉及发布股票市场领域信息时间较广(至少6个月以上)或者影响力较大的用户。

为保证所选用户能够较为充分地代表投资者意向，所选取的数据量 n 应该尽量大，为适合研究并保证良好的预测效果，假设 $n \geqslant 500$。

2. 采集微博内容及相关属性

搜集已选好的微博用户 $User_i$ 的微博信息，记 Sum_i 为 $User_i$ 微博总数，记 $Microblog_{i,j}$ 为 $User_i$ 按时间顺序排序后发布的第 j 条微博信息，其中，$1 \leqslant i \leqslant n$，$1 \leqslant j \leqslant Sum_i$。

同时，$Microblog_{i,j}$ 有如下定义。

$$Microblog_{i,j} = (Sentence_{i,j}, Date_{i,j})$$

其中，$Sentence_{i,j}$ 为文本信息；$Date_{i,j}$ 为发布时间。

18.2.3 数据处理

1. 分词处理

对每一个 $Sentence_{i,j}$ 进行分词操作，所分得词汇集为 $SWords_{i,j}$，定义如下：

$$SWords_{i,j} = \bigcup \{(word_{i,j,k}, ps_{i,j,k}, sum_{i,j,k})\}$$

其中，$word_{i,j,k}$ 为文本词汇表示；$ps_{i,j,k}$ 为词性；$sum_{i,j,k}$ 为该词汇的出现次数。

2. 微博筛选

首先，我们构造一个集合 $Set = \{standard_l\}$，其中 $standard_l$ 为名词，且为股市标志性使用词汇。

其次，将每一个 $ps_{i,j,k} = noun$(即该词为名词词性)的 $word_{i,j,k}$ 与 Set 中词汇进行匹配。若

$$\forall i', j', k', \exists l', \text{s.t. } Word_{i',j',k'} = standard_{l'}$$

则记 $(i,j) \in Set'$。

同时，记 $SubBlog = \{Microblog_{i,j} \mid (i,j) \in Set'\}$ 为所有与某特定股市指数相关的微博。

3. 微博情感倾向性分析

首先，构造两个词汇集 Nagative＝{NWord$_i$}，Positive＝{PWord$_j$}。其中，Nagative 词汇集包含的为看涨词汇；Positive 词汇集包含的为看跌词汇。

将包含 SubBlog 中的每个 Microblog 的词汇集 SWords 分别与 Nagative 词汇集和 Positive 词汇集相匹配，计算每个 Microblog$_{i,j}$ 的股市预测情感倾向，计算公式如下：

$$V_{i,j} = \sum_{\text{word}_{i,j,k} \in \text{Positive}} \text{Sum}_{i,j,k} - \sum_{\text{word}_{i,j,k} \in \text{Nagative}} \text{Sum}_{i,j,k}$$

据此，我们定义

$$\text{Value}_{i,j} = \begin{cases} 1, & \text{若 } V_{i,j} > 0 \text{（期望为股市上涨）} \\ 0, & \text{若 } V_{i,j} = 0 \text{（期望为股市持平）} \\ -1, & \text{若 } V_{i,j} < 0 \text{（期望为股市下跌）} \end{cases}$$

Value$_{i,j}$ 即单条微博信息情感倾向性期望值。

18.2.4 预测分析

为简化说明举例，我们采取较为简单的预测算法说明。

对于某一天 date，第二天的期望为

$$E_{\text{date}+1} = \sum_{\text{Microblog}_{i,j} \in \text{SubBlog} \wedge \text{Date}_{i,j} = \text{date}} \text{Value}_{i,j}$$

其中，date+1 为 date 之后的一天。

需要注意的是，若 $\forall (i, j)$，s.t. Microblog$_{i,j}$ ∈ SubBlog ∧ Date$_{i,j} \neq$ date，则定义 $E_{\text{date}+1} = \text{null}$。

据此，$E_{\text{date}+1}$ 与预测结果对应表如表 18.1 所示。

表 18.1　$E_{\text{date}+1}$ 与预测结果对应表

预测结果	预测条件
预测股指上涨	$E_{\text{date}+1} > 0$
预测股指持平	$E_{\text{date}+1} = 0$
预测股指下跌	$E_{\text{date}+1} < 0$
无法确定股指变化	$E_{\text{date}+1} = \text{null}$

18.3　实证分析

为方便研究和说明，我们选定具有良好市场代表性、能够反映中国 A 股市场整体走势的沪深 300 指数作为预测对象来说明模型的实际构建方法。

18.3.1 数据采集

综合考虑微博的影响力以及用户使用的活跃度，采取新浪微博数据进行实证分析。我们通过新浪微博网站获取符合条件的股票领域微博用户，作为微博用户样本分析对象 $User_i$，并通过中国科学院高能物理研究所等推出的开放爬虫平台系统（bigdataopc.ihep.ac.cn）来获取微博消息数据，并将其按照 $Microblog_{i,j}$ 的形式采集文本内容和日期。其中，为保证用户的权威性，我们以通过新浪个人认证的用户和新浪机构认证的用户为主。

18.3.2 数据处理

对于每一条微博信息，采用 ICTCLAS 对微博内容进行中文分词和词性标注，对每一个 $Sentence_{i,j}$ 进行相应分词操作，中文分词和词性标注结果汇集为 $SWords_{i,j}$ 集。然后，为提高股市标志性使用词汇集 Set 的准确性和针对性，我们用如下方法生成 Set 集。

首先，定义
$$AllWords = \bigcup SWords_{i,j}$$

故若
$$\forall word \in AllWords, \exists i', j', k', \text{ s.t. } word = word_{i',j',k'} \wedge ps_{i',j',k'} = noun$$

则定义
$$\left(word, \sum_{word=word_{i,j,k} \wedge ps_{i,j,k}=noun} sum_{i,j,k}\right) \in NounWords$$

其中，NounWords 词汇集即微博中所有名词信息，通过将 NounWords 与特定股票类词汇进行比对和部分删减与修改，最终获得 SNounWords 为微博中股票类微博信息相关词汇，即 Set=SNounWords 为最终与沪深 300 股指具有相关性的股票类微博信息词汇。

同理，我们通过此方法获得 Nagative 词汇集和 Positive 词汇集。据此，我们最终确定股票类微博信息集合 SubBlog 以及微博信息情感倾向性期望值集合 $\{Value_{i,j}\}$。

18.3.3 预测分析

根据上文所得数据，计算 E_{date+1} 的终值，即最后的预测结果。

18.3.4 模型验证

由最终预测结果 E_{date+1}，我们可以得出一个序列 ESequence，其为 E_{date+1} 按时间排布形成的序列，不妨设序列的形式如下：

$$\text{ESequence} = [E_{\text{date}_1}\ E_{\text{date}_2}\ E_{\text{date}_3}\ E_{\text{date}_4}\ E_{\text{date}_5}\ E_{\text{date}_6}\cdots E_{\text{date}_{q-1}}\ E_{\text{date}_q}]$$

另外，根据序列 ESequence 可以得出其数据对应的时间序列 DateSequence，表现形式如下：

$$\text{DateSequence} = [\text{date}_1\ \text{date}_2\ \text{date}_3\ \text{date}_4\ \text{date}_5\ \text{date}_6\cdots\text{date}_{q-1}\ \text{date}_q]$$

据此，通过实际沪深 300 指数的数据，我们得出与 DateSequence 所表示的指定时间顺序对应的实际指数的升降表示序列 FactSequence，其形式如下：

$$\text{FactSequence} = [F_{\text{date}_1}\ F_{\text{date}_2}\ F_{\text{date}_3}\ F_{\text{date}_4}\ F_{\text{date}_5}\ F_{\text{date}_6}\cdots F_{\text{date}_{q-1}}\ F_{\text{date}_q}]$$

定义其相关性系数：

$$\rho = \sum_{1 \leqslant x \leqslant q} \max(\text{abs}(F_{\text{date}_x} - E_{\text{date}_x}),\ 0)$$

ρ 的值越小，表明结果预测准确度越高；ρ 值为 0 时，为完全准确。

18.4 本章小结

本章通过微博情感来对股市进行预测，提供了一种股市指数预测方法。但是，其中有很多地方可以改进，具体有如下三点。

(1)在本章模型的数据处理阶段，我们假定所有的微博消息所包含的事件均为同样真实可靠且有效的。但实际上，微博消息的种类多种多样，有官方信息、非官方信息、虚假信息及真实信息等多种情况，会对股市产生不同情况的影响。因此，如何区分微博消息的种类对以后研究的改进将会有十分重要的意义。

(2)在本模型预测的分析中，设定所有的微博消息权重均一样。基于该点，一个改进方向就是确定每个微博消息的权重。确定的方法包括微博用户粉丝数目、微博消息转发量及评论数目和内容等。

(3)在模型的预测分析阶段，简单地设定第 date 天的微博消息仅会影响第 date+1 天的股市指数，但有些微博消息具有一定的延迟性或者一定的影响时间段，而非单纯的某一天，故这也将是模型改进的一个重要方面。

第19章

基于微博用户的股市预测

金融市场预测研究因其研究数据的易获取性和潜在的获利机会而备受数据挖掘领域学者们的青睐。许多研究者和实践者对金融市场预测研究予以高度关注，他们提出了大量的预测模型和方法，包括人为判断的方法和统计学方法等。在之前的研究中，人为判断的方法主要依赖于专家的意见与判断，这在某种程度上是一种对研究资源的浪费，同时也导致了较低的预测准确率。统计学方法建立在统计学模型的基础上，相对而言更加准确适用，但是当不确定事件发生时，统计学模型将不能取得较好的结果，甚至会完全失效。本章通过将网络舆情纳入模型，提出了两种新颖的金融市场预测模型，旨在克服一般预测模型的缺点。在第一个模型中，我们选定网络用户的言论观点并把它们纳入模型，用于预测金融市场。在第二个模型中，我们构建了用于金融市场预测的数据挖掘模型，它同时结合了网络用户的言论观点和金融市场相关的时间序列数据。实证研究结果证明，这两个金融市场预测模型不但在理论上是可行的，而且在实际应用中也是有效的，同时也证明了它们的效果明显优于传统的人为判断模型和部分现有的统计学模型。这些结果说明，该方法是一种创新型且前景光明的金融市场预测方法。

19.1 引言

目前，金融市场预测是一项在数据挖掘领域极具吸引力的研究。它之所以炙手可热，部分原因是它极易获取数据源，而且它具有丰厚的潜在获利机会。许多实践者和研究者已经参与到金融市场预测研究中来，他们提出了大量的预测模型，包括判断模型和统计学模型等。在过去的预测中，判断模型扮演了极其重要的角色(Webby and O'Connor, 1996)。该模型主要依赖于专家经验和一些专业部门及组织的意见(Lawrence et al., 2006)。例如，Blair 等(2002)曾用专家判断模型来预测 2011 年的美国经济复苏。类似地，他们也在 2010 年预测了同年的美国经济复苏。Remus 等（1995）通过研究得出了人为判断模型中信息可靠度与预测准确率之间的关系，实验结果显示如果能够结合相关的时间序列信息，判断模型将会得到更好的预测结果。2004 年，Bolger 和 Onkal-Atay（2004）研究了判断模型的反馈效应并且得出结论，如果结合反馈效应，预测结果将会有显著的提高。Onkal 等（2012）重新审视了判断模型在金融市场预测中的重要地位，并检验了没有角色扮演的群结构预测的效果。此外，Wright 和 Rowe（2011）还结合现有知识检验了不同群决策的预测方法（group judgmental forecasting methods）。

尽管判断模型是一种重要的预测模型，然而由于判断模型主要依赖于专家判断和意见，并没有结合更多其他有用信息，所以不仅浪费了资源，更在很多情况下导致预测准确率较低。为了提高模型预测准确率，统计学方法被引入金融市场预测研究中。最初被引入的是时间序列模型（如 ARIMA 模型）。例如，Thomakos 和 Guerard（2004）用 ARIMA 模型进行了预测，并将预测结果与其他常用模型结果进行了比较。此外，若干计量经济学模型也被引入金融市场预测中。例如，Hung（2009）将一种全新的 GARCH 模型应用于金融市场预测中，并取得了远好于传统 GARCH 模型的结果。伴随着人工智能领域的发展，一些数据挖掘方法也被研究者们逐渐发展起来并用于金融市场预测。例如，Refenes 和 Holt（2001）就利用神经网络对金融市场波动进行了预测。Atsalakis 和 Valavanis（2009）总结收录了许多智能的股市价格预测方法。同时，现有的许多文献都对时间序列模型、计量经济学模型及机器学习模型等统计学模型进行了比较。Kanas 和 Yannopoulos（2001）比较了线性和非线性模型在股市收益预测上的优劣。类似地，Cao 等（2005）比较了人工神经网络模型和计量经济学模型的预测能力，并得出人工神经网络模型优于其他预测模型的结论。更进一步，一些结合了上述模型技术的混合统计学模型也被相继提出。例如，Roh（2007）提出了用混合神经网络 GARCH 模型来预测股价波动的方法；Pai 和 Lin（2005）提出了混合 ARIMA 和 SVM 模型；Khashei 等（2008）结合神经网络模型和模糊回归模型对金融市场进行了预测。

虽然统计学方法在金融市场预测中展现出了强大的预测能力，但是一些不确定事件的发生会破坏这些方法的有效性，甚至使得这些方法彻底失效。因此，为了结合判断模型和统计模型各自的优势，一些集成预测模型开始崭露头角并被作为范例写入许多文献中。Sanders 和 Ritzman（1995）将专家判断融入他们的预测模型中。Goodwin（2002）结合统计模型和判断模型提高了预测准确率。另外，Cheikhrouhou 等（2011）提出了一种结合判断模型的方法并对市场需求进行了预测。在这些方法中，数学预测方法作为基础，曾被不同领域的预测者们调整、改良，最终形成了一套综合性的预测方法。

最近，网络信息资源逐渐被研究者们引入金融市场预测中。一开始，许多学者试图从网络新闻着手。例如，Mittermayer（2004）运用文本挖掘技术成功将网络新闻文章用于金融市场预测中；Chan 和 Franklin（2011）开发了一个基于网络文本的决策支持系统；Schumaker 和 Chen（2010）将金融类新闻用于预测股价的波动，早在 2009 年，这两位学者就已经开发了一套基于金融新闻的量化金融预测系统，更进一步，UGC 也被人们用于改善金融市场预测效果。Das 和 Chen（2007）利用从股市留言板提取的投资者言论对股市进行了预测。类似地，Sehgal 和 Song（2007）抓取了金融网站留言板上的网民个人言论用于进行金融市场预测。之后，Bollen 和 Mao（2011）更是大胆利用 Twitter 网络言论来进行金融市场预测。在之前对基于 UGC 的金融预测的研究中，研究者们收集了大量网络用户言论，并针对网络舆情与金融市场之间的关系进行了科学建模。

本章研究了结合网络舆情后的金融市场预测模型的预测效果。与之前的研究相比，本章的研究有两点创新之处：第一，本章结合网络舆情信息而非专家、组织意见提出了两个新颖且具有代表性的模型。在第一个模型中，我们提取了若干具有代表性的网络用户言论，并将它们结合到预测模型中对金融市场进行预测。在第二个模型中，我们结合了用户言论和金融时间序列构造了用于进行金融预测的数据挖掘模型。第二，本章所提出的预测方法主要依赖若干特定的网络用户，而非整个社交网络的舆情。因此，本章提出的方法是一种创新的预测方法，在一定程度上能较好地替代传统的预测模型。

19.2 集成学习理论背景

本节将介绍一些经典实用的理论，包括集成学习理论和神经网络，这些理论在本章的模型构建中将扮演至关重要的角色。由于神经网络在上文已有介绍，这里仅介绍集成学习理论。

集成学习理论在预测研究中所运用的基本思想是通过每个预测变量各自的特征对不同的模式进行捕捉，再利用某种融合策略对预测变量的输出进行融合得出最终的预测结果(Czyz et al., 2004)。在该理论中，单个预测变量表示如下：

$$F_i = A + \varepsilon_i \tag{19.1}$$

其中，F_i 为预测值；A 为真实值；ε_i 为预测误差；$i=1, 2, \cdots, m$ 表示第 i 个预测变量。

由于单个预测变量可能会使预测值大大高于或低于真实值，为了降低最终预测误差，1996 年 Maines 将各个预测变量的预测值进行加权平均的方式（即集成方式)引入集成学习理论中。集成预测公式表示如下：

$$F_e = \sum_{i=1}^{m} k_i F_i \tag{19.2}$$

其中，F_e 为最终的预测值；k_i 为第 i 个预测变量值的权重，且 $\sum_{i=1}^{m} k_i = 1$。

为提高集成学习模型的效果和效率，需要考虑两个方面的问题：如何构造多个预测变量；如何结合一组预测变量(即以何种方式赋予每个预测变量合适的权重)。针对第一个方面，一些已有方法如 Stacking (Breiman, 1996)、Bagging (Mao, 1998)、Boosting (Mao, 1998) 和随机子空间 (random subspace) (Ho, 1998) 均可被应用于寻找各个预测变量。例如，可将 Stacking 方法结合不同方法产生多个预测变量，从而提高预测准确度。针对第二个方面，研究者们提出了许多方法，如简单平均 (simple average)、择优法 (outperformance method) (Bunn, 1975) 和最优化方法 (optimal method) (Bates and Granger, 1969)。择优法以如下方式将各个预测变量结合在一起：$F_e = \sum_{i=1}^{m} p_i F_i$，其中，$p = (p_1, p_2, \cdots, p_m)$ 为概率分布。

19.3 预测模型构建

本章提出了一种基于网络舆情的金融市场集成预测方法。为了完成预测工作，首先选择若干合适的网络用户。其次，提出两个基于网络舆情的模型并用于金融市场预测。在第一个模型中，我们结合了被选中用户的言论进行预测。而在第二个模型中，我们构建了一个结合用户言论和金融时间序列的数据挖掘模型，并用该模型对金融市场进行预测。其中，第一个模型属于判断模型范畴，第二个模型则是判断预测和统计预测模型结合的综合模型。最后，利用实际数据验证并比较这两个模型，并最终选择最优的模型用于金融市场预测。图 19.1 展示了本章提出的基于微博用户的股市预测方法框架，模型的细节将在接下来的子模块中探讨。

19.3.1 在线网络用户筛选

选择合适的网络用户对于我们提出的预测模型来说至关重要，原因如下：首先，如果选择的网络用户不常发表网络言论，那么我们将无从得到足够的模型所需信息。因此，所选择的用户在我们所选定的时间范围内发表言论的频率不应过低。其次，由于我们的模型以用户言论替代专家言论进行预测，因此所选择用户的言论可靠性不能过低。最后，所选择用户的言论应该与金融领域相关。因此，

图 19.1　方法框架

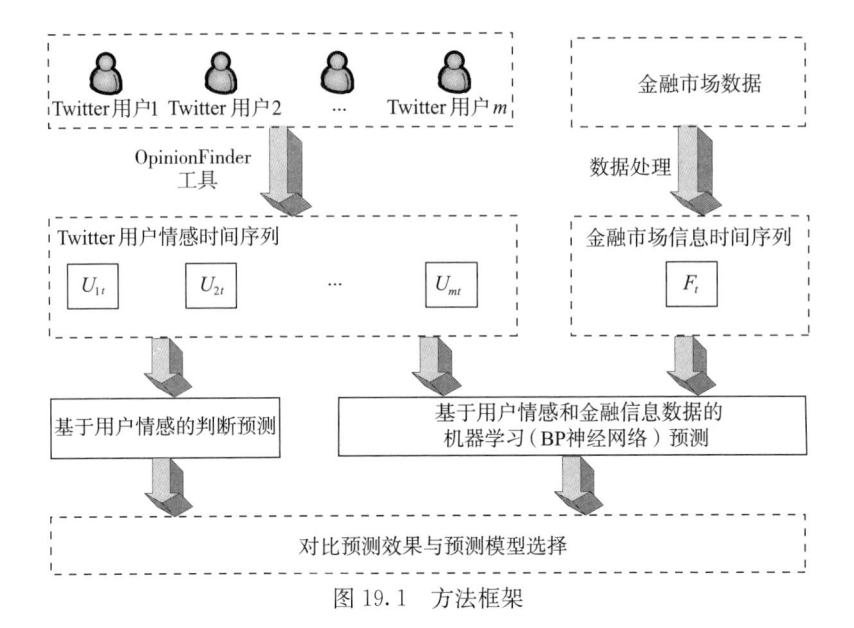

我们将根据这些标准来选择用户。当在线网络用户选定后，他们的网络言论原始数据将被数据采集器从网络上抓取下来。

19.3.2　模型一：判断预测模型

在选定了在线网络用户并爬取了他们的原始言论数据后，按以下步骤构建判断预测模型。

步骤1：提取出选定用户原始言论中的观点。在此过程中，开源工具 OpinionFinder 利用 MPQA(multi-perspective question answering)将每个词的情感值进行分类。进一步，用户每句言论的情感力度可以通过该言论中包含的词的情感力度计算出来。最后，我们可以得到三个基于用户言论的时间序列（以天为单位），分别是积极观点序列（P_t）、消极观点序列（N_t）以及代表单个用户最终言论情感的合成观点序列（U_t），其中，合成观点序列计算公式为 $U_t = P_t - N_t$。

步骤2：结合所有选定用户的观点。不妨设金融时间序列为 F_t，所预测的值为 F_{t+1}，预测公式为

$$F_{t+1} = \sum_{i=1}^{m} k_i U_{it} \tag{19.3}$$

其中，k_i 为第 i 个用户的权重，且 $\sum_{i=1}^{m} k_i = 1$；U_{it} 表示第 i 个用户的合成观点。权重 k_i 由第 i 个用户言论的历史预测能力决定，在测试过程中，第 i 个用户观点的预测能力越强，则赋予他的权重 k_i 就越大。

步骤3：进行金融市场趋势预测。当所有的权重都确定后，利用式(19.3)进行金融市场预测。

19.3.3 模型二：集成预测模型

在已经选定了在线网络用户并爬取了他们的原始言论数据后，结合判断预测模型和统计预测模型的集成预测模型将按照以下步骤进行。

步骤1：提取出选定用户原始言论中的观点。根据19.3.2小节中所讲方法，我们可以得到三个基于用户言论的时间序列（以天为单位），分别是积极观点序列（P_t）、消极观点序列（N_t）和合成观点序列（U_t）。

步骤2：构造神经网络模型。为了构造神经网络模型，将三个时间序列P_t、N_t、U_t和金融时间序列F_t以及它们的滞后项作为神经网络的输入数据，将金融时间序列F_{t+1}作为神经网络的输出数据。具体第i个用户的神经网络建模过程详见图19.2。

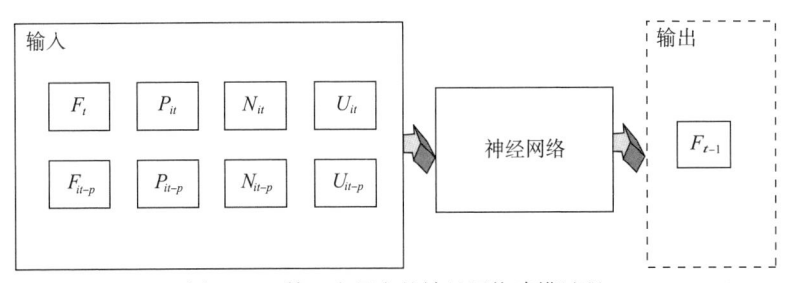

图 19.2 第i个用户的神经网络建模过程

步骤3：将多个用户的神经网络模型相结合。设第i个用户的神经网络模型预测值为F_{it+1}，则最终的预测值F_{t+1}可由式(19.4)算出。

$$F_{t+1} = \sum_{i=1}^{m} k_i F_{it+1} \tag{19.4}$$

其中，k_i为第i个模型的权重，且$\sum_{i=1}^{m} k_i = 1$。

类似地，权重k_i由第i个模型的历史预测能力决定。在测试过程中，第i个模型的预测能力越强，则赋予它的权重k_i就越大。

步骤4：进行金融市场趋势预测。当所有的权重都确定后，式(19.4)便可用于金融市场预测。

19.3.4 比较及模型择优

通过对上述两个模型的预测效果进行比较，我们可以选出更优的模型作为最终进行金融市场预测的模型。

19.4 实证分析

19.4.1 数据描述及模型评价标准

为了验证模型的可行性和有效性,我们进行如下实证研究分析:首先,从斯坦福 SNAP(Stanford Network Analysis Project)图书馆(http://snap.stanford.edu/data/twitter7.html)选择涵盖两千万个用户共计 4.67 亿条原始言论(TwitterPosts)的数据集。本章的研究始于 2009 年 8 月 3 日,至 2009 年 11 月 30 日结束。同时,关于金融时间序列数据,本章从雅虎财经(http://finance.yahoo.com)获取了道琼斯指数每日股市交易收盘价格的时间序列数据,其中以 2009 年 8 月 3 日到 2009 年 10 月 31 日的金融时间序列数据作为模型的训练数据集,以 2009 年 11 月的数据作为模型的测试数据集。

为了便于比较预测效果,选择 RMSE 进行评价模型的预测效果。RMSE 计算公式为

$$\text{RMSE} = \sqrt{\sum_{i=1}^{N}(F_t - F_t')^2/N} \tag{19.5}$$

其中,F_t 为当日真实的收盘价;F_t' 为模型预测的收盘价;N 为数据的个数。

19.4.2 实验结果

按照本章的研究方法和流程,首先应筛选出合适的在线网络用户。在本章的实验中,依据发布频率选择 Twitter 上最活跃的 40 位用户作为研究对象,并利用 OpinionFinder 工具对选定用户的言论进行挖掘分析,计算反映每个用户观点的时间序列数据,即得到三个关键的时间序列数据 P_{it}、N_{it}、U_{it}($i=1, 2, \cdots$, 40)。但是在具体的实验过程中,我们也许会缺失某些时间序列数据,如某用户某天未发表任何言论。因此,为了更好地完善本章的实验模型,对缺失的时间序列数据根据该用户的历史数据情况进行补充。

1. 实验结果:模型一

根据 19.3.2 小节所述,将得到第 i($i = 1, 2, \cdots$, 40)个用户的合成观点序列数据 U_{it}。其中,将 2009 年 8 月 3 日至 10 月 31 日的数据用于计算每个用户的 RMSE。根据每个用户的 RMSE 来确定其权重:

$$\text{Weight}_i = \frac{1}{\text{RMSE}_i} \bigg/ \sum_{i=1}^{n} \frac{1}{\text{RMSE}_i} \tag{19.6}$$

其中,n 代表用户个数,在四次实验中分别设定为 10、20、30、40。RMSE 实验结果如表 19.1 所示。

表 19.1 RMSE 实验结果

用户数量/个	10	20	30	40
RMSE	826.77	802.67	813.25	817.38

从表 19.1 中可以看出，20 个用户的模型预测结果优于其他模型。进一步可以得出，上述四个模型的平均 RMSE 小于单个用户的 RMSE，实验结果表明该模型的预测效果优于单个用户的预测结果。

2. 实验结果：模型二

根据 19.3.3 小节所述，得到第 i 个用户的合成观点序列数据 P_i、N_i、U_i。在本章的实验中，依次测试三个用户观点时间序列的不同组合，如表 19.2 所示。

表 19.2 三个用户观点时间序列的不同组合

编号	1	2	3	4	5	6	7
情感序列	P_i	N_i	U_i	P_i,N_i	P_i,U_i	N_i,U_i	P_i,N_i,U_i

对于每个用户，依次用 BPNN 对表 19.2 中的 7 个组合进行测试。输入节点(IN)的个数等于不同组合中序列的个数，而隐藏节点(HN)的个数和输入节点(IN)个数之间的关系由公式 $HN=\log_2(IN)$ 给出。在 BPNN 中，训练函数设定为动量梯度下降法和自适应学习算法，学习速度设置为 0.05。除此之外，用神经网络的测试集输出数据计算 RMSE。每个用户的权重将由式(19.6)给出。仍然在四次实验中分别设定用户个数为 10、20、30、40。因此，共建立并测试了 28 个模型，各模型的 RMSE 见图 19.3 和表 19.3。

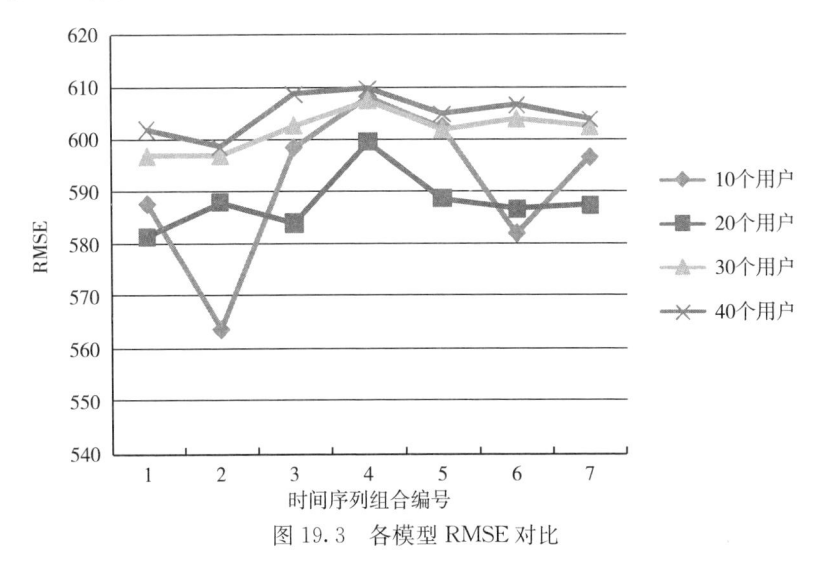

图 19.3 各模型 RMSE 对比

表 19.3　各模型 RMSE 对比

时间序列组合编号 \ 用户数量/个	10	20	30	40
1	587.97	581.72	596.97	602.05
2	564.10	588.21	597.06	598.82
3	598.68	584.19	602.86	608.95
4	608.41	599.52	607.69	609.90
5	602.61	588.81	602.03	605.13
6	582.40	586.84	604.08	606.90
7	596.77	587.59	602.55	604.08

从表 19.3 中可以看出，10 个用户和使用时间序列 N_t 的模型预测结果要优于其他模型。加入金融时间序列数据后模型预测的 RMSE 见表 19.4。

表 19.4　加入金融时间序列数据后模型预测的 RMSE

时间序列输入	N_t, F_{t-1}	$N_t, N_{t-1}, F_{t-1}, F_{t-2}$	$N_t, N_{t-1}, N_{t-2}, F_{t-1}, F_{t-2}, F_{t-3}$
RMSE	333.82	409.60	369.83

从表 19.4 中可知，加入了金融时间序列数据后，模型的预测能力有了显著提高，同时自变量为 N_t, F_{t-1} 的模型的 RMSE 最小，即预测效果最好。

19.4.3　模型比较及讨论

本节比较了判断预测模型和集成预测模型的实验结果。从表 19.1、表 19.3、表 19.4 可以看出，加入了金融时间序列的集成预测模型的效果要明显优于未加入金融时间序列的集成模型和单纯的判断预测模型。同时，从表 19.3 中可以看出，只利用消极观点时间序列的集成模型要优于其他的集成模型，这说明消极网络舆情可能会极大地影响金融市场。

19.5　本章小结

本章提出了一种全新的基于网络舆情的集成金融市场预测方法，通过结合在线网络用户数据，而非专家数据，提出了包括判断预测模型和集成预测模型在内的两个实例模型。在特定的评价体系下实证研究显示，在这些模型中，集成模型的效果优于单纯的判断模型，同时，利用消极观点和金融时间序列的集成预测模型预测效果又要明显优于其他模型。更进一步，实验结果表明消极网络舆情可能加速金融市场的波动。这些结果说明，本章提出的判断模型是一种新的评判预测方法，而所提出的另一种基于网络舆情的集成预测模型更是一种可行并富有潜力的金融市场预测工具。

然而，本章研究仍有一些不足需要研究者们进一步思考和探索。首先，由于实验用户的选择对于预测而言十分重要，如何客观有效地评估并选择在线网络用户作为实验数据来源是件值得深究的事。同时，实验用户的数量和预测表现之间的关系也需要进一步地思考。其次，尽管本章提出了创新的评判预测模型和集成预测模型，仍然有更多其他的模型有待研究者们挖掘和尝试。再次，通过在线用户的帮助，研究者们可以尝试开发一个人机交互的金融市场预测系统。最后，本章所提出的方法经过修改调整也可用于其他许多研究领域，如房地产市场预测、汇率预测和电子商务欺诈监控等。

第 20 章

基于网络视频的股市预测

本章在基于文本信息对股市预测的基础上，提出了一种利用网络视频对股票市场继续预测的新方法。该方法从网络视频及视频标注中抽取相关信息，进行股票市场预测模型，并通过实证分析验证提出方法的有效性。

20.1 引言

近年来，股市预测的研究已经从早前的仅基于结构化数据的预测发展为包含非结构化数据的预测，其中基于新闻文本的股市预测受到越来越多的研究者的关注。随着信息技术、通信、传媒等行业的快速发展，尤其是互联网技术的日新月异，人们获取信息的渠道日益多元化，已不再局限于书本、文字，而是更多地使用音频、视频等方式。后者在感官上的直接性，使得信息更容易被接受，传达信息的效率更高，所以越来越多的投资者选择通过网络视频来获取信息。并且，随着科技的进一步发展，未来视频信息在股市预测中必将拥有更加重要的地位。

网上的文本和视频都是股民获取信息的渠道，而视频与文本有着不一样的特质，虽然说网络上的视频信息也是大量的，但是相较于文本而言，视频的发布量是较小的，更新速度也是比较慢的。一个文本网页，第二天和第一天的文本内容往往不同，而对于视频网页，一个视频在这个展示页面上可能存在一周之久，这也就意味着一个视频对股民有着更为持久的影响。从股民对信息接收的方面来看，视频中提供的内容可能在文本中也有出现，因此由内容所带来的信息在信息发布的当天就可能已经被消化了，然而由于视频中的信息会在后续的时间仍然被股民所接收，所以这部分信息被强化了，我们假设出现在视频中的消息相较于文本而言更为重要，而且这部分被强化的信息不是之前文本形式的简单的重复，而是另外一种媒体信息，即带有语音的信息，展现给大众，所产生的效果与文本是不相同的。也就是说，不考虑视频信息的这种后续延长的异质性的强化效应，就无法正确解释信息在网络扩散中的持续影响效应。所以，本章的研究在基于普通文本信息研究方法的基础上加入了网络视频独有的语音信息和时间效应，进行了模型的改进和优化。

20.2 网络内容挖掘方法介绍

20.2.1 文本处理

在视频处理的过程中，我们同样用到了传统文本处理的方法：一是在网络视频周围，我们可以找到与视频相关的简介与评论；二是视频所带的音频信息，在进行一定处理后可归为文本信息。下面简要介绍文本信息的处理过程。

首先，我们需要对文本进行特征提取。我们通过对收集文本的解析，建立词汇库，以充分代表文本传达的信息。通常可以建立两个词汇库，一个是为同类文本建立的专项词汇库，另一个是为所有文件建立的总词汇库。本章选择建立后者。在词汇库的建立过程中，一些停用词需要首先进行排除。停用词，就是指一些价值不大的单词，如汉语中的虚词。本章主要选取汉语中的名词、动词、形容词与副词建立词汇库。其中，名词用以建立关键词库，而动词、形容词、副词用于建立情感词库。

其次，进行特征提取，以进一步剔除那些不重要的特征项。本章选取了算法 TF-IDF。

$$\text{TF}_{i,j} = \frac{n_{i,j}}{\sum_k n_{k,j}} \tag{20.1}$$

$$\text{IDF}_i = \ln \frac{|F|}{|\{j: t_i \in d_j\}| + 1} \tag{20.2}$$

$$\text{TF-IDF}_{i,j} = \text{TF}_{i,j} \times \text{IDF}_i \tag{20.3}$$

其中，$n_{i,j}$ 为词 t_i 在文件 f_j 中出现的次数；$\sum_k n_{k,j}$ 表示在文件 f_j 中所有词出现的次数之和；$|F|$ 表示文件总数；$|\{j: t_i \in d_j\}|$ 表示包含词语 t_i 的文件数目，加"1"是为了防止分母为零。通过 TF-IDF 算法，我们得到 n 个特征项。

最后，将文本文件用特征矩阵代表。通过之前的处理，我们得到了 n 个特征项。而我们一共有 m 个文本，这样可以构成一个 $m \times n$ 的矩阵 $\boldsymbol{D}$，用以表述整个文本文件，它的每一项为 $d_{i,j}$。对于名词，$d_{i,j}$ 代表了特征 j 在文本 i 中的重要性，这个值是依据 TF-IDF 值得到的，具体算法会在 20.3.2 小节给出。

通常 D 是一个稀疏矩阵,并且很庞大,所以需要对 D 进行降维。降维操作的主要思想是,在矩阵 D 中,很多特征是近乎同义的,所以可以把它们归为一类。近年来,此类降维操作的技术发展成熟,主要有词语聚类和潜在语义分析。

20.2.2 音频处理

为了分析视频中的音频信息,首先利用音频分离技术将音频从视频中批量地分离开来,也就是只保留视频中的音频信息。分析音频的信息的工作从以下两个方面展开。

第一,从音频的文字内容中获取有用的信息。首先,利用科大讯飞股份有限公司的语音云平台将音频全部转换成文字,再利用词语切分技术将整段的文字切分成单独的词语;其次,选取适当的算法从这些词语中提取出该音频的主题。

第二,从音频的声音特性中获取有用的信息。音频的基本特征有音调、音色、能量和音长。音调反映的是一个音节的声调(在中文中即阴平、阳平、上声、去声),在语音识别中具有重要作用,但对音频情感的反映程度不大,因此没有选取。音色则与说话人的个人特质相关,也不予选取。能量反映了一个人说话时的轻重,音长反映了一个人说话的快慢程度,所以,我们选取能量和音长作为音频本身的特征来反映这段音频隐含的情感信息。在具体的实施上,我们选用 OpenSMILE 来进行特征提取。在能量方面,我们以 0.01 秒为一个时间单位提取能量值,再将一天中所有音频端的能量值进行平均,从而得到这一天的音频能量特征。在音长方面,首先针对一个音频计算出全部音节的个数 N,用这个音频的总时长 T 除以音节个数 N 得到平均音长 aT,再对这一天的所有音频的平均音长进行平均,从而得到这一天的音频音长特征。

20.2.3 带有时间效用的 SVM 算法的股市预测

在股市预测中,神经网络或 SVM 的方法已经被广泛接受。机器学习可以通过其大规模的非线性并行处理系统,发掘数据的内在联系,并拟合出数据的非线性函数关系,而且它不需要探究数据产生的原因。正是机器学习这种优秀的自我学习能力和强大的抗干扰能力,使得它成为研究股票价格这个通常被认为是有噪声的随机时间序列的非常合适的工具。

正如上文所说,机器学习主要是基于历史数据,然而不同时间的历史数据对当前价格的影响应该是不同的。这是显而易见的,如上一个月的股票价格对今天股票价格的影响应该弱于上个星期股票价格对今天的影响。而且,对于视频网络,它的影响力应该比普通文本信息的影响力时间跨度更大。为了研究时间因素在预测中的影响,我们不能简单地赋予历史数据相同的影响权重,而是需要通过改进 SVM、加入时间效用函数来研究不同发布时间的网络视频对股市预测的影响。

我们在模型精确度检验的步骤中修改损失函数，将时间效用函数乘以损失函数，使得算法在训练最佳结果时考虑时间的因素。我们用到的时间效用函数为

$$\varphi(t_n) = \frac{1}{t+1}\exp\left(\int_{t_1}^{t_n}\mu(t)\mathrm{d}t + \int_{t_1}^{t_n}\sigma(t)\mathrm{d}B(t)\right) \qquad (20.4)$$

其中，t_1 表示预测日的前一天；t_n 表示第 n 天（$n<1$）；t 表示 t_1 至 t_n 的天数，分母中加"1"是为了防止分母为零；$\mu(t)$ 为漂移函数，是一个趋势；$\sigma(t)$ 为波动函数；$B(t)$ 为标准的布朗运动。这个时间函数的意义是，越是近期的信息，对预测的影响力越大。

经过优化后，带有时间效用的 SVM 算法预测流程图如图 20.1 所示。

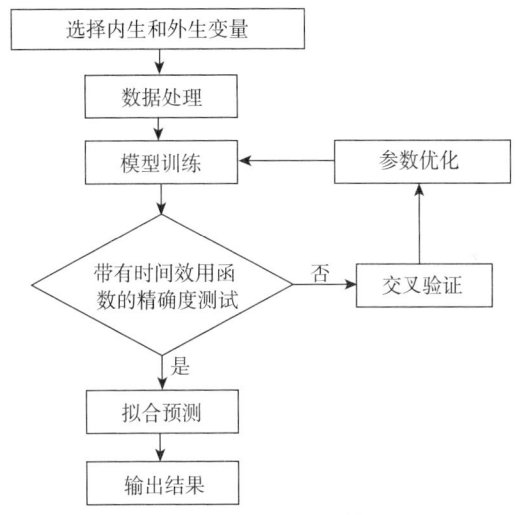

图 20.1 带有时间效用的 SVM 算法预测流程图

20.3 基于网络视频的股市预测模型构建

20.3.1 模型结构

基于网络视频的股市预测模型如图 20.2 所示。

20.3.2 模型流程

1. 网络视频处理

首先，我们利用火车头采集器采集视频的周围信息（如地址、名称、标签、

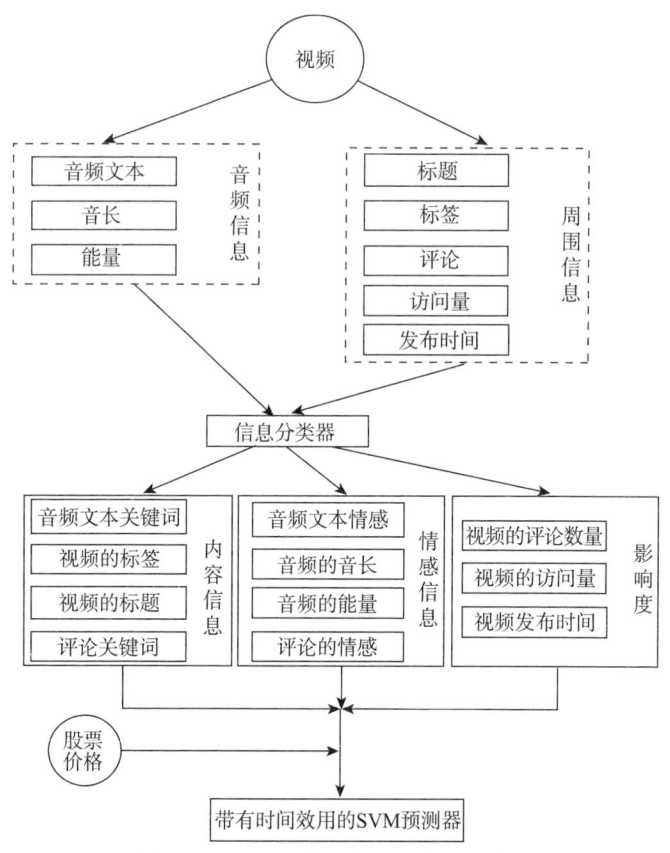

图 20.2　基于网络视频的股市预测模型

时间、评论等），然后再用上面得到的视频的地址信息，通过视频下载软件批量地下载完整的视频。

对于每一个视频，我们将它的信息分解为音频信息与周围信息。其中，对于音频信息，我们用上面介绍的音频处理的方法得到音频文本、音长和能量方面的信息；对于周围信息，我们选择了标题、标签、评论、访问量和发布时间。

为了进一步处理得到的信息，将信息集重新划分，不再是以它们获得的渠道，而是以它们的信息属性进行划分，分为内容信息、情感信息和影响度三类。其中，内容信息包括音频文本关键词、视频的标签、视频的标题、评论关键词；情感信息包括音频文本情感、音频的音长、音频的能量和评论的情感；影响度包括视频的评论数量、视频的访问量和视频发布时间。

2. 不同信息集的处理

1）内容信息集的处理

对于内容信息集，其子信息集有音频文本关键词、视频的标签、视频的标题和评论关键词。这些关键词传达视频新闻的主题，都为名词。对于音频文本和评论这两个较长的文本源，我们用文本信息处理的方法计算出关键词的 TF-IDF 值，再将该值标准化后得到 $e_{i,j}$，$e_{i,j}$ 代表了关键词 j 在视频 i 中的相对重要性，取值为 0~1。对于标题和标签这两个较短的文本源，我们采用直接划词的方法找出名词，并认为标题和标签中的名词即关键词。记录词语在子信息集中出现的次数，标准化后得到 $e_{i,j}$，为该关键词的相对重要性。

由于不同子信息集中的文本会出现重复的情况，并且不同子信息集的重要性是不同的，所以在计算关键词的重要性 $e_{i,j}$ 时，我们用如下算法进行处理：将子信息集进行分级。标题为一级信息，标签为二级信息，音频文本关键字为三级信息，评论关键词为四级信息，并认为一级信息为最高级信息，四级信息为最低级信息。若关键词在高级信息中出现，则在低级信息中剔除该词不进行计算。并且，我们为不同的信息集级别赋予不同的权值，一级信息为 w_1，二级信息为 w_2，三级信息为 w_1，四级信息为 w_4，并且 $\sum_{l=1}^{4} w_l = 1$。这样关键词 j 在视频 i 中的绝对重要性为 $c_{i,j}$。

$$c_{i,j} = e_{i,j} \times w_l$$

其中，关键词 j 所属的信息集级别为 l。由 $c_{i,j}$ 组成视频的内容信息的稀疏矩阵为 $\boldsymbol{C}^*$，进行压缩处理后为 $\boldsymbol{C}$，称为内容信息矩阵。

2) 情感信息集的处理

情感信息集的子信息集有音频文本情感、音频的音长、音频的能量、评论的情感。

对于长文本、音频文本和评论，我们应用现在较为成熟的情感分析方法。对于情感信息的关键词，除了用 TF-IDF 计算重要性 g_{ij} 外，还根据现有情感词典（清华情感词典）对它们的情感进行分类，其分为正向情感、负向情感和中性情感，并且分别让 $g_{i,j}$ 乘以 1、−1 和 0 作为最终带有符号的关键词 j 在视频 i 中的相对重要性 f_{ij}，计入矩阵 $\boldsymbol{F}$。

对于音质信息、音长和能量，我们直接用其数值代表该音频 i 所传递的情感信息。音长记为 f_{1i}，能量记为 f_{2i}，再分别加入矩阵 $\boldsymbol{F}$ 对应的位置，最终组成情感矩阵 $\boldsymbol{F}$。

3) 影响度的处理

视频影响度的子信息集有评论数量、访问量和发布时间。对于评论数量和访问量，我们直接用其数值代表该视频 i 的影响度。评论数量记为 n_{1i}，视频访问量记为 n_{2i}，将两者对应相同视频记入同列，形成影响度矩阵 $\boldsymbol{N}$。

网络视频的特殊影响因子发布时间对股市预测有不同于普通文本信息的影响。所以这里我们不是简单地将影响因素加入信息矩阵，让 SVM 进行学习；而是通过优化 SVM 算法，使得不同发布时间的视频对当日股票价格的影响是不同的。所以我们使用带有时间效用的 SVM 算法。具体操作如下：在 SVM 输入层加入四个信息，即每日股票收盘价格 P、内容信息矩阵 C、情感信息矩阵 F、影响度矩阵 N。输出层为次日股票收盘价 p。在损失函数上乘以时间效用函数 $\varphi(t_n)$，并设定相关参数值，这里我们设定漂移函数 $\mu(t)=2$，也就是说，历史信息趋势对当下预测有着较显著的影响；而波动函数 $\sigma(t)=0$，我们认为时间的任意波动因素是较小的，可以忽略。

20.4 实证分析

选取 2011 年 10 月 10 日至 2013 年 3 月 8 日的上证收盘指数作为预测数据，同时选取同时段的网络视频作为预测资源。

20.4.1 数据预处理

首先，对数据进行预处理，如做归一化等适当调整，使得股市市场中的噪声影响尽量降低。图 20.3 为原始上证指数的每日收盘指数，图 20.4 为原始上证指数的每日收盘数归一化后的图像。

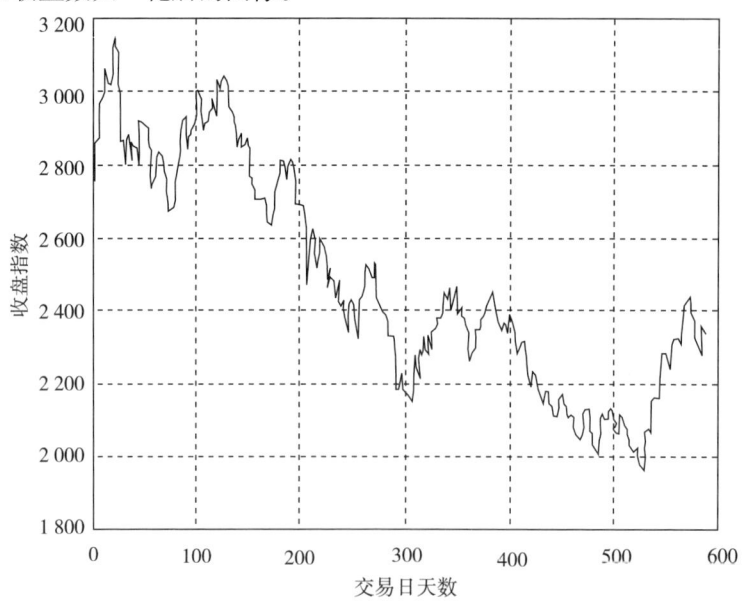

图 20.3 原始上证指数的每日收盘指数

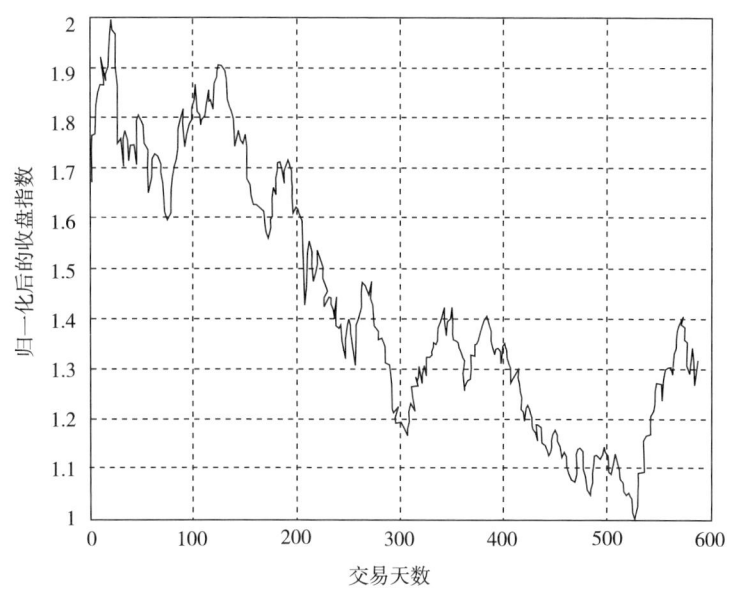

图 20.4 原始上证指数的每日收盘数归一化后的图像

20.4.2 时间效用函数

从表 20.1 的模型误差对比中可以看出,带有时间效用函数的 SVM 最优交叉验证的 RMSE 更小。

表 20.1 模型误差对比

方法	最优交叉验证的 RMSE	SVM 最优参数 c	SVM 最优参数 g
无时间效用函数结果	0.001 639 29	0.353 553	1.414 21
带有时间效用函数结果	0.001 562 86	0.574 349	1.741 10

20.4.3 预测结果

经过实验,我们看出预测结果还是比较理想的。图 20.5 为原始数据与回归预测数据的对比,图 20.6 为实验结果的相对误差图。

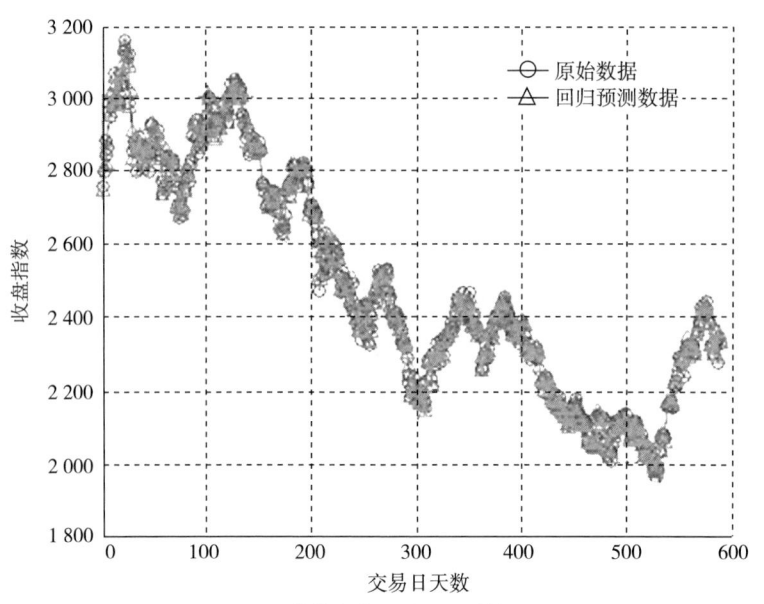

图 20.5　原始数据与回归预测数据的对比

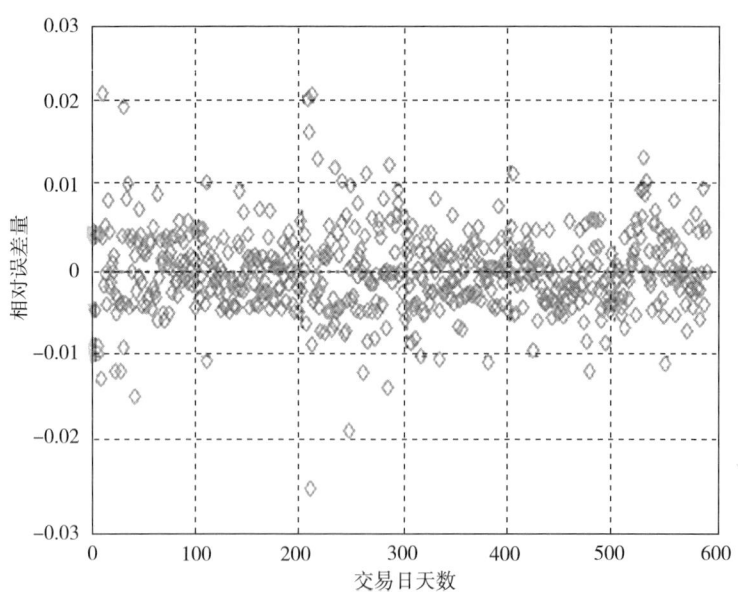

图 20.6　实验结果的相对误差图

20.5 本章小结

本章考虑网络中的视频信息，提出了一个基于网络视频的预测模型，并验证了模型的可行性，是网络视频大数据在金融市场分析中的一次尝试。但由于技术的限制，本章的研究不能在短时间内收集到大量一手的网络视频，并做出预测分析。但是，本章的研究是具有一定前瞻性的。未来人们获取信息的渠道会越来越丰富，会渐渐偏向于看视频这种更直观更多维的信息传播渠道，这就更加突显了本章研究的意义。

第 21 章

基于网络信息的股票自动交易系统

本章着重阐述如何将网络信息应用到股票自动交易系统中,这里的股票自动交易系统是基于股票价格拐点预测而设计的,系统设计分为两个方面:一是如何进行股票价格拐点的预测;二是如何选择交易策略。

本章前半部分建立一个基于网络信息的股价拐点预测模型及交易策略。这一模型在传统预测模型的基础上融入了网络信息这一指标,从而进一步提高了预测准确率,自然而然地也提高了股票交易的收益。

本章的后半部分论述了网络信息对其他模型的影响,最终得到"网络信息能够适用于目前广泛使用的多种模型"这一结论,其普适性得到证实。

21.1 引言

自动交易系统是指事先指定完整的股票期货买卖交易规则体系,编成计算机可识别的机器语言,由计算机依据规则体系对股票期货数据进行处理,供相应的决策,并自动执行对应的操作的交易手段。随着股票从业者投资理念的逐渐成熟,自动交易系统越来越受到人们的关注。

股票自动交易系统可以由单个交易模型组成,也可以由多个交易模型组成,并通过计算机高速自动化实现交易过程的自动化、智能化、科学化。由于计算机系统的自动化程度较高,故依据其进行交易的客观性较强,因此有效地规避了交易过程中出现的人性弱点。

许多研究人员与算法开发人员都试图预测买进或卖出股票的最佳时机,但无论是多么具有经验的股票从业者,都有做出错误决定的可能。交易信号预测困难的原因如下:金融市场价格的变化是高度不稳定的,不仅受到市场的供需影响,而且受到经济环境和政治局势等很多外部信息的影响。

本章在之前研究的基础上，运用分段线性表示（piecewise linear representation，PLR）的方法来判断拐点，并转换成交易信号，通过交易信号而不是股票价格和数据指标进行拟合。另外，本章使用的模型是多核支持向量机，在一定程度上克服了单核支持向量机的片面性，具有一定的进步性，是一种有益的尝试。

在介绍本章算法之前，让我们先来共同回顾一下股票交易信号的检测以及研究方法。

1. 传统的时间序列预测

许多的研究尝试使用公式和统计工具来寻找股票交易信号，其中，最常用的方法包括回归模型、GARCH 模型、ARIMA 模型、概率模型。

回归模型是一种简单的线性预测模型，输出值 B 取决于输入信号 A_1，A_2，…，A_n。然而这种模型对股票和外汇价格不能进行很好的预测。

GARCH 模型是一个在传统交易信号预测中经常使用的模型，专门针对金融数据。除去和普通回归模型相同之处，GARCH 对误差的方差进行了进一步的建模，特别适用于波动性的分析和预测，这样的分析对股票从业者和投资者的决策能起到良好的指导作用。

ARIMA 模型结合了数据移动平均线的价值，通过与智能方法结合，该模型发挥了更大的作用。例如，与 SVM 结合来预测股票价格，预测值与实际值十分接近。

概率模型首先试图找到股票数据的拐点，然后采用马尔可夫网络，以便找到可能的最优交易信号。

2. 模式识别

模式识别也是一种经常被使用的预测股票交易信号的方法。研究者使用股票的历史数据的模式来预测未来的交易信号，其中，启发式图表是目前运用于金融时间序列中的最流行的模式识别工具。Leigh 等（2002）利用这种方法预测 NASDAQ 指数、道琼斯工业指数和标普 500 指数，实验结果较好。

3. 技术指标分析

技术指标分析是通过分析股票的历史价格来判断价格可能的趋势。技术指标分析的方法是以历史信息形成为规律的基础的，并且认为历史的结果会在未来重复。现在，很多的研究将技术指标分析与智能方法进行结合，已取得更好的交易信号。

4. 计算智能

计算智能现在也是金融预测领域最流行的方法。其中，神经网络与 SVM 是最经常使用的方法。然而，基于神经网络与 SVM 的应用都有它的优点和缺点。以神经网络为例，研究表明，它在短期预测中可以取得好的成绩，而且对于非线性、高噪声的市场非常有效。但是，它不能提供内在决策处理过程，因此仅依靠神经网络的决策是不可靠的。基于此，本章提出了一种利用网络文本信息预测交易信号的模型，对相关投资研究决策提供支持。主要方法步骤如下。

(1)使用 PLR 方法把股票的时间序列数据进行分段，找到股价局部的拐点。

(2)把 PLR 方法产生的分段结果转换成交易信号。

(3)利用遗传算法优化的方法挑选技术指标。

(4)采用多核支持向量机对交易信号和技术指标进行训练与预测。

(5)建立一个动态的交易策略来决定具体的交易动作。

21.2 股票自动交易方法介绍

21.2.1 PLR

PLR 是时间序列数据挖掘的一个重要方法。由于时间序列通常是海量数据，数据中可能存在大量的噪声，直接对原始数据进行挖掘效率是很低的。因此就需要在时间序列数据挖掘之前对原始数据进行变换，从而提高数据挖掘的层次。

为提取时间序列的有效特征、压缩数据，人们提出了时间序列模式表示方法来对时间序列进行降维。其中，PLR 方法因具有形式直观、数据压缩度高等特点，越来越受到人们的青睐。

PLR 方法的具体步骤如下。

(1)设置 PLR 中分段的阈值(δ)。较大的阈值会产生较长的趋势图形，相反，当阈值很小时，图形会非常敏感，不断地进行细分，直至达到阈值之下。阈值 δ 是 PLR 中最重要的参数，它的取值直接决定了分段效果的好坏。因此，本章采用遗传算法对该参数进行优化。

(2)寻找拐点。PLR 被用来进行模式匹配以寻找局部的最优值，即本章中的拐点(交易点)。这些分段完成之后，拐点就会被转化成交易信号，作为多核支持向量机的输入。值得注意的是，不同的阈值 δ 会产生不同的分段结果。一个较小的阈值会产生一组较细致的分段，但也代表着信号更敏感、交易更频繁。为了找到能够获得最大利润的拐点，本章采用遗传算法来优化 δ 值。

21.2.2 多核支持向量机

SVM 使用核函数 $k(x_i, x_j)$ 来比较两个样例 x_i 和 x_j 的相似性。SVM 学习的结果是权重为 α 的核元素的线性组合，偏移量为 b，表达式为

$$f(x) = \text{sign}\Big(\sum_{i=1}^{n} \alpha_i y_i k(x_i, x) + b\Big) \tag{21.1}$$

其中，x_i 为 n 个标记的训练样本；$y_i \in \{\pm 1\}$。

对于 m 核支持向量机，可用凸组合来解释。

$$k(x_i, x_j) = \sum_{k=1}^{m} \beta_k k_k(x_i, x_j) \tag{21.2}$$

其中，$\beta_k \geqslant 0$ 且 $\sum_k \beta_k = 1$，各核 k_k 均独立。对于设计合适的子核 k_k，如何优化系数显得尤为重要，如果可以通过某种方式来获得精确的分类，那么就能很简单地解释结果决策函数。

21.3 基于网络信息的股票拐点预测建模

21.3.1 总体思路框架

本章的研究模型大致可以分为训练和预测两个过程。

1. 训练过程

(1) 利用 PLR 从股票价格信息中找到拐点，并将拐点信息转换成交易信号，使用遗传算法优化 PLR 中的阈值。

(2) 使用遗传算法挑选技术指标。

(3) 将技术指标分别与交易信号一起放入广义多核学习支持向量机 (generalized multiple kernel learning support vector machine, GMKLSVM)，训练出分类原则。

2. 预测过程

(1) 将测试数据输入多核学习支持向量机中，输出预测的交易信号的秩。

(2) 根据交易信号，按照交易规则进行买入或卖出。

(3) 计算利润。

本章的研究框架图如图 21.1 所示。

21.3.2 数据准备

本章的数据包括样本股票一个时间段内的每个交易日的收盘价以及技术指标的数据，具体包括 MA(5)、MA(6)、MA(10)、MA(12)、BIAS(5)、BIAS(10)、RSI(6)、RSI(12)、K(9)、D(9)、MACD(9)、W%R(12)、P_senti、N_senti 及其相应的波动值共 35 个指标。

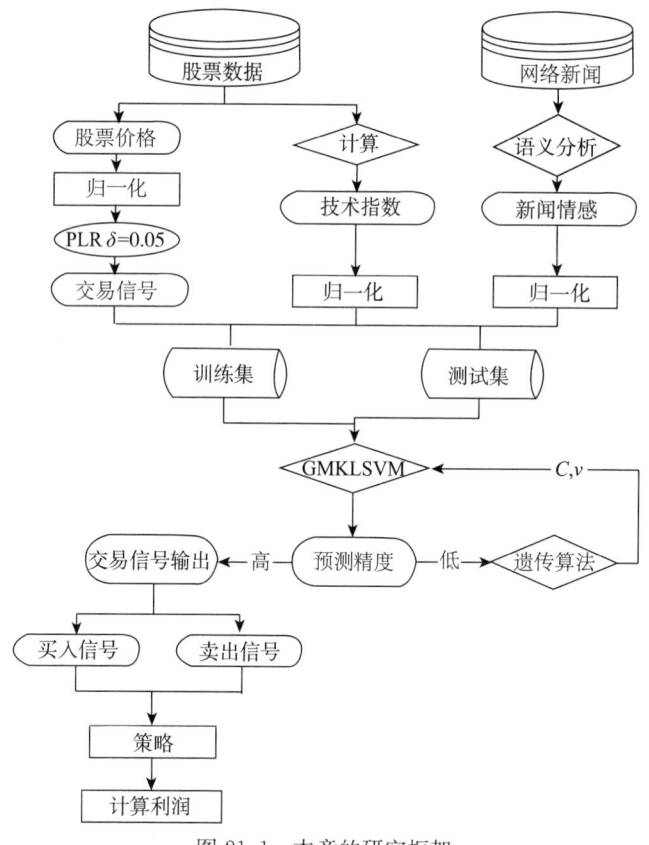

图 21.1 本章的研究框架

21.3.3 用 PLR 确定拐点

为提取时间序列的有效特征，本部分运用 PLR 对数据进行处理。首先，通过 PLR 在标准化的海量时间序列数据中挑选出拐点信号。其次，将 PLR 的结果转换成交易信号作为多核学习支持向量机的训练集。

1. 数据标准化

传统的方法可以将股票价格与技术指标作为买卖股票的信号，普遍认为低价买入、高价卖出。然而，当股票价格正处在一个比较高位置，但短期内进行一个回调时，便会出现向上的拐点。通过价格判断，股价较高，不值得进行购买。但通过交易信号判断，不管股价处于一个什么样的位置，只要拐点出现就会有交易的价值。这就是本章不直接使用股票价格，而是要通过 PLR 的方法将股票价格转换成交易信号的原因。

同时，由于不同股票价格高低程度不同，为了使本章算法适用于不同价位的股票，本部分在运用 PLR 之前先对数据进行标准化。

对于技术指标 A 来说，第 i 日的绝对值记为 a_i，那么其 n 日标准值 $\widetilde{a}_i$ 的计算公式为

$$\widetilde{a}_i = \frac{a_i - \min\{a_i\}}{\max\{a_i\} - \min\{a_i\}}, \quad i \in \{1, 2, \cdots, n\} \tag{21.3}$$

2. 运用遗传算法确定 PLR 最佳阈值

对于 PLR 来说，不同的阈值代表着不同的分段密度。阈值越小，PLR 对于原时间序列的分段也就越细（图 21.2），但由于交易费用的存在，并不是分得最细的方法会取得最大的收益。

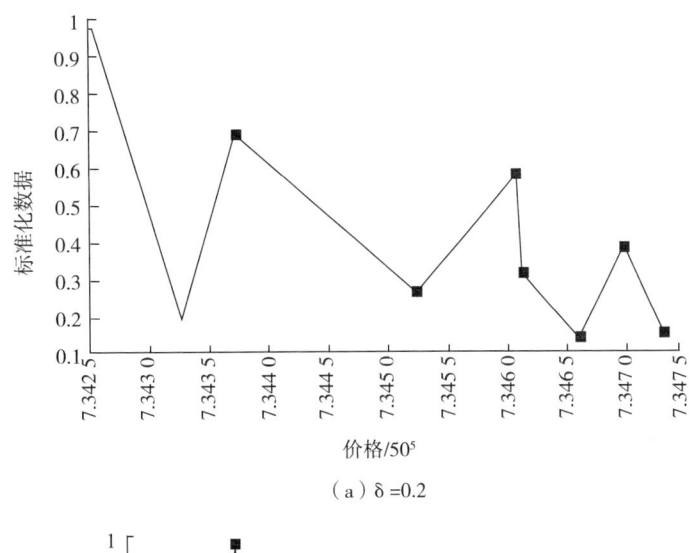

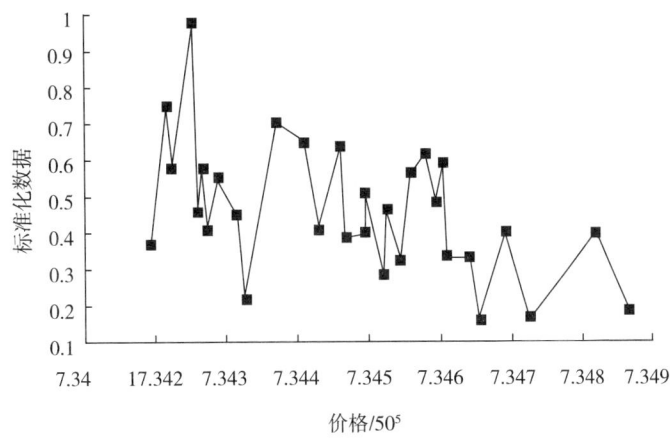

(a) $\delta = 0.2$

(b) $\delta = 0.1$

(c) δ=0.05

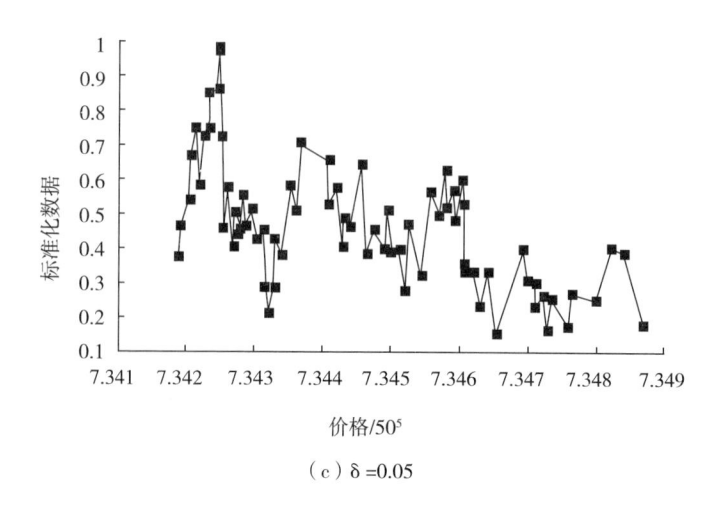

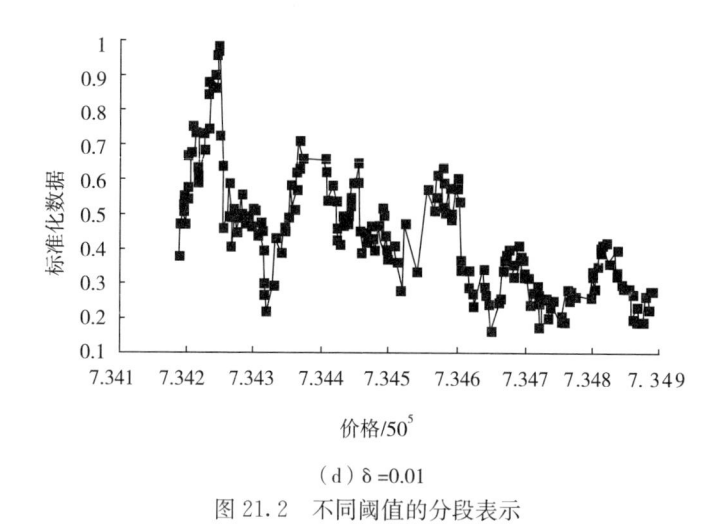

(d) δ=0.01

图 21.2 不同阈值的分段表示

因此，为了找出能够取得最大收益的分段方法，本章直接通过遗传算法来找到最优的阈值，最终将阈值设定 0.05。

3. 运用 PLR 将股票数据分段

改进的 PLR 方法有四种基本算法，即自顶向下、自底向上、滑窗、滑窗式自底向上算法。本章采用自顶向下的方式逐渐分割时间序列，直至满足研究的需要。

基本步骤如下。

(1)连接数据段起点 B 与数据段终点 E，记作线段 L。
(2)计算数据段起点到终点之间的每个点到线段 L 的垂直距离。
(3)选出距 L 垂直距离最大的点 X，它们之间的距离为 D。
(4)如果 D 大于阈值，则递归分割 B 到 X 的数据段与 X 到 L 的数据段。
(5)如果 D 小于阈值，则不再进行分段。

4. 将 PLR 结果转化成交易信号

分段完成之后，得到的是一个个高低不同的不连续的拐点。但就实际的意义来说，由于每个拐点的交易价值相同，最好的情况是每个拐点的交易机会都被利用。而且对于 SVM 来说，一个连续的信号会更有利于进行训练与分类，因此本章把 PLR 得到的结果转换成交易信号。

具体来说，本章把它转换成以时间为横轴，以 0 或 1 来表示的交易信号的坐标图。

在图 21.3 中，纵坐标为 0 的点表示"买点"，纵坐标为 1 的点表示"卖点"。

21.3.4 遗传算法选择技术指标

1. 技术指标分析

技术指标分析是通过对历史股票价格的分析，把股票市场上所有可能因素的影响都包含在股价的起伏之中，并以此来预测未来股票价格的可能趋势。正因为它是建立在历史形成的规则之上的，它的前提是"假定未来会重演历史的结果"。

对应于大数据时代，本章通过运用正、负情感值的波动值来表达网络信息对股票交易的影响。本部分重点是如何将网络信息应用于股市预测、音频、股票交易等方面，故这里不再赘述情感值的计算方法，着重介绍情感指标的用法。

对于正情感值 P_senti 与负情感值 N_senti 的运用，传统研究使用过 N、P、$N+P$、$N-P$ 四种指标，本章的创新之处在于使用情感波动值，即 ΔP_senti 与 ΔN_senti。将这两项指标与随机指标、乖离率等传统指标一起作为多核学习支持向量机的输入。

具体技术指标如表 21.1 所示。

(a) 转换前

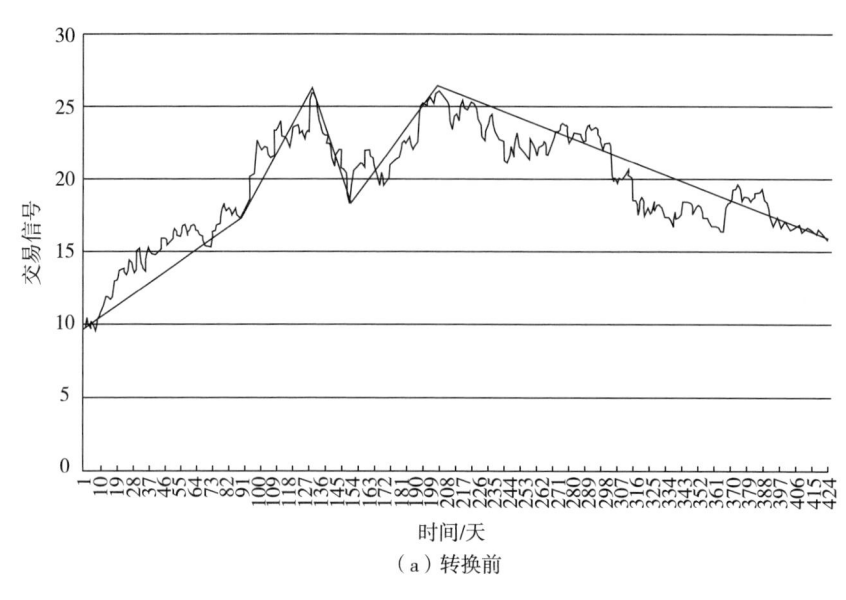

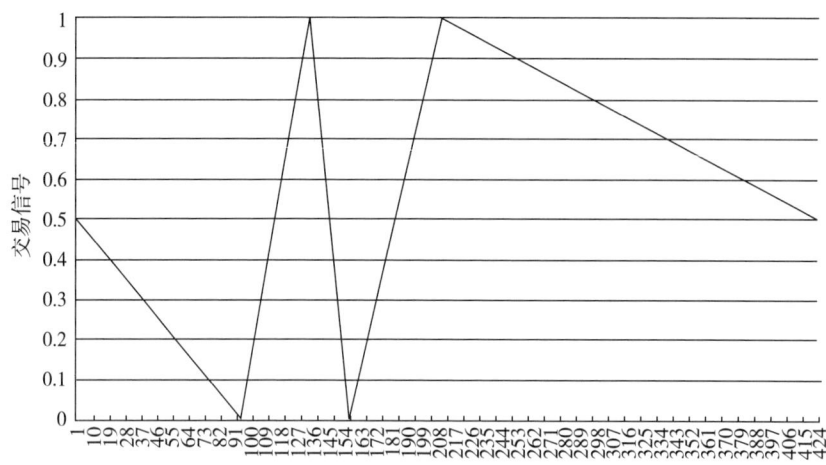

(b) 转换后

图 21.3 交易信号示意图

表 21.1 具体技术指标

技术指标名称	具体的技术指标	说明
移动平均	MA(5)、MA(6)、MA(10)、MA(12)	反映股价指数未来发展趋势的指标 MA(N)＝N 天收盘价的平均值
乖离率	BIAS(5)、BIAS(10)	反映股价在波动过程中与移动平均线偏离程度的技术指标 BIAS(N)＝(当日收盘价－N 日内移动平均价)/N 日内移动平均价×100%

续表

技术指标名称	具体的技术指标	说明
相对强弱指标	RSI(6)、RSI(12)	反映股票自身内在相对强度的指标 RSI(N)=100×RS(N)/[1+RS(N)] RS(N)=N 天的平均上涨点数/X 天的平均下跌点数
随机指标	K(9)、D(9)	反映价格趋势的强弱的指标 当日 RSV(N)=(当日收盘价-N 日内最低价)/(N 日内最高价-N 日内最低价)×100 K(N)=2/3×前一日 K 值+1/3×当日 RSV(N) D(N)=2/3×前一日 D 值+1/3×当日的 K 值
指数平滑异同移动平均	MACD(9)	反映股票趋势的转变的指标 MACD 从负数转向正数，是买的信号 MACD 从正数转向负数，是卖的信号
威廉指标	W%R(12)	反映市场超买超卖现象的指标 W%R(N)=100×(N 日内最高价-当日收盘价)/(N 日内最高价-N 日内最低价)
成交量	成交量	成交量是指一个时间单位内某项交易成交的数量，是判断股票走势的重要依据
技术指标的变化	ΔMA(5)、ΔMA(6)、ΔMA(10)、ΔMA(12)、ΔBIAS(5)、ΔBIAS(10)、ΔRSI(6)、ΔRSI(12)、ΔK(9)、ΔD(9)、ΔMACD(9)、ΔW%R(12)	第 t 天与第 $t-1$ 天的变化值
情感指标变化	ΔP_senti、ΔN_senti	第 t 天与第 $t-1$ 天的变化值 ΔP_senti=P_senti(t)-P_senti($t-1$) ΔN_senti=N_senti(t)-N_senti($t-1$) P_senti(t)表示 t 日正情感值 N_senti(t)表示 t 日负情感值

2. 遗传算法

遗传算法是可以用来解决搜索和优化问题的自适应的方法。首先把问题的参数进行编码，再利用迭代的方式进行选择、交叉、变异等操作来交换编码的信息，最终生成符合优化目标的解。遗传算法的基本步骤如图 21.4 所示。

3. 利用遗传算法优化技术指标选择

虽然技术指标分析被看做股票市场最值得信赖的分析技术之一，但由于技术指标繁多，不同股票依赖的技术指标可能不同，同一指标的不同参数也可能导致不同的决策结果，因此技术指标的选择与参数的选择都是投资者应该考虑的问题。本章使用遗传算法来选择技术指标。

对应上述遗传算法的步骤，在技术指标优化过程中，编码为 0-1 二进制串，0 表示不采用该指标，1 表示采用该指标；适应度函数为运用多核学习支持向量

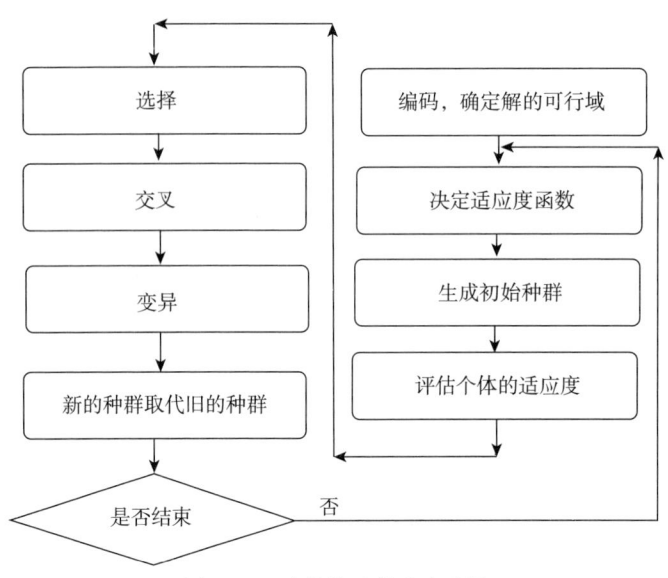

图 21.4　遗传算法的基本步骤

机算法预测交易信号的准确度，准确度越高，适应度越高；初始种群为随机生成 0-1 二进制串，位数为所有备选指标的个数。例如，对于参数 A、B、C、D、E 来说，二进制串 11100 表示采用指标 A、B、C，不采用指标 D、E；二进制串 00011 表示不采用指标 A、B、C，采用指标 D、E。

通过这样的遗传算法优化，最终得出了这一结论：对于不同趋势的股票，最好的交易信号预测方式所使用的技术指标不是完全相同的。

21.3.5　用多核支持向量机进行训练与测试

本小节先介绍多核学习的基本概念，然后介绍基于一阶多核学习（level 1 multiple kernel learning，L1-MKL）和二阶多核学习（level 2 multiple kernel learning，L2-MKL）所衍生的广义多核学习（generalized multiple kernel learning，GMKL）。

1. 多核学习框架

分类是数据挖掘中的一项重要任务，它的目的是利用一个分类函数 f 将数据最大可能地分开，可以表示为式(21.1)的形式。

式(21.1)具有权重 w 和 b 的线性拓展形式的表示式为

$$f_{w,b,\boldsymbol{\theta}}(\boldsymbol{x}) = \boldsymbol{w}^\mathrm{T}\boldsymbol{\phi}_{\boldsymbol{\theta}} + b = \sum_{q=1}^{Q}\sqrt{\theta_q}w_q\boldsymbol{\phi}_t(\boldsymbol{x}) + b \tag{21.4}$$

$\boldsymbol{\phi}_{\boldsymbol{\theta}}$：$X \rightarrow H$ 定义了一个从原始数据空间到高维空间的映射。

$$\boldsymbol{\phi_\theta} = \left(\sqrt{\theta_1}\boldsymbol{\phi}_1, \ \sqrt{\theta_2}\boldsymbol{\phi}_2, \ \cdots, \ \sqrt{\theta_n}\boldsymbol{\phi}_n\right)$$

w 和 b 可以通过解决以下优化模型得到

$$\min \quad C\sum_{i=1}^{N}R(f_{\boldsymbol{w},b,\boldsymbol{\theta}}(x_i),\ y_i)+\frac{1}{2}\boldsymbol{w}^{\mathrm{T}}\boldsymbol{w}$$
$$\text{s.t.} \ \Psi(\boldsymbol{\theta})\leqslant 1 \tag{21.5}$$

进一步做变量变换 $v_q=\sqrt{\theta_q}w_q$,这时目标函数变成了如下形式:

$$\min \quad C\sum_{i=1}^{N}R(f_{v,b}(x_i),\ y_i)+\frac{1}{2}\sum_{q=1}^{Q}\frac{v_q^2}{\theta_q} \tag{21.6}$$

多核学习的目标是通过求解该最优化模型找到最优的核权重向量 $\boldsymbol{v}=(q_1, q_2, \cdots, q_Q)$

2. 推广的多核学习

在大多数广义的多核学习方法中,对于核函数的权重都是用了一阶范式限制。也就是说,$\Psi(\boldsymbol{\theta})=\|\boldsymbol{\theta}\|_1$。一阶多核学习的优势是能够产生良好的稀疏性,但是它也抛弃了很多关于两个核函数正交或者两个核函数强烈相关时产生不唯一解所带来的有用信息。

为了弥补一阶多核学习的不足,研究者们积极地拓展了多核学习模型。有研究者对于核函数的权重加上高阶范式限制,即核函数的权重限制为 $\Psi(\boldsymbol{\theta})=\|\boldsymbol{\theta}\|_p$。这样的方法能捕获一阶多核学习丢失的信息,但是会产生非稀疏解。非稀疏解在模型解释上有所不足,而且对于噪声会非常敏感。

在这两者基础上,有学者提出了广义多核学习支持向量机 GMKL-SVM,结合了一阶和二阶范式限制。

$$\min \quad C\sum_{i=1}^{N}R(f_{v,b}(x_i),\ y_i)+\frac{1}{2}\sum_{q=1}^{Q}\frac{\boldsymbol{v}_q^{\mathrm{T}}\boldsymbol{v}_q}{\theta_q}$$
$$\text{s.t.} \quad v\|\boldsymbol{\theta}\|_1+(1-v)\|\boldsymbol{\theta}\|_p\leqslant 1$$
$$0\leqslant v\leqslant 1 \tag{21.7}$$

这个模型被证明结合了一阶多核学习和二阶多核学习的优点,其得到的最优解是稀疏的,而且当两个核函数相关性极强时仍然有良好的分类效果。

21.4 交易策略

21.4.1 激进交易策略

若得到买入信号,我们总是将手中全部现金用来购买股票;每当得到卖出信号时,将手中全部股票卖出。

我们用 v_m 表示全部投资额,即现金与股票价值的总和,起始定为 M 单位(可通过用户投资量决定,投资量越多,M 越大),且不允许后期补入;用 b_m 表示手中持有现金,起始与 v_m 相等,为 M 单位;用 $p_c(t)$ 表示当日股价;c_b 表示交易手续费的比率;用 b_s 表示手中持有的股票的数量。

若得到买入信号,则将手中持有现金全部用来购买股票,此时

$$b_s = b_s + \frac{b_m}{p_c(t) \times (1 + c_b)}$$
$$b_m = 0 \tag{21.8}$$

若得到卖出信号,则将手中持有的股票全部卖出,同时按式(21.9)更新 b_m 和 b_s 的值。

$$b_m = b_m + b_s \times p_c(t) \times (1 - c_b)$$
$$b_s = 0 \tag{21.9}$$

21.4.2 保守交易策略

若得到买入信号,将使用 1 单位的钱来购买股票,若现金不足 1 单位,则补入投资额,从而保证每个买入信号都得到利用。若得到卖出信号,则卖出全部持有的股票。交易策略表示如下。

若得到买入信号,当 $0 \leqslant b_m < 1$ 时,补入投资额,即 $v_m = v_m + 1 - b_m$,随后将 b_m 清零;当 $b_m > 1$ 时,不需补入投资额,只需减少现金,即 $b_m = b_m - 1$。随后进行买入操作。

$$b_s = b_s + \frac{1}{p_c(t) \times (1 + c_b)} \tag{21.10}$$

若得到卖出信号,则卖出全部股票,同时更新 b_m 和 b_s 的值,与积极交易策略相同。

21.5 网络情感指标对实验结果的影响

本章针对上升趋势、平稳趋势、下降趋势分别选取若干股票,图 21.5 中的六只股票便是三种趋势的代表。

股价数据包括 2010 年 2 月 1 日至 2012 年 9 月 28 日每个交易日的收盘价以及技术指标数据。情感指标的计算来源于新浪财经网站,同时使用清华情感词典与观点字典作为中文与英文的情感词典。

本章的创新之处在于使用了情感指标的波动值,即 ΔP_senti 与 ΔN_senti,而这两个指标的采用对拐点预测准确率的影响十分显著(表 21.2)。

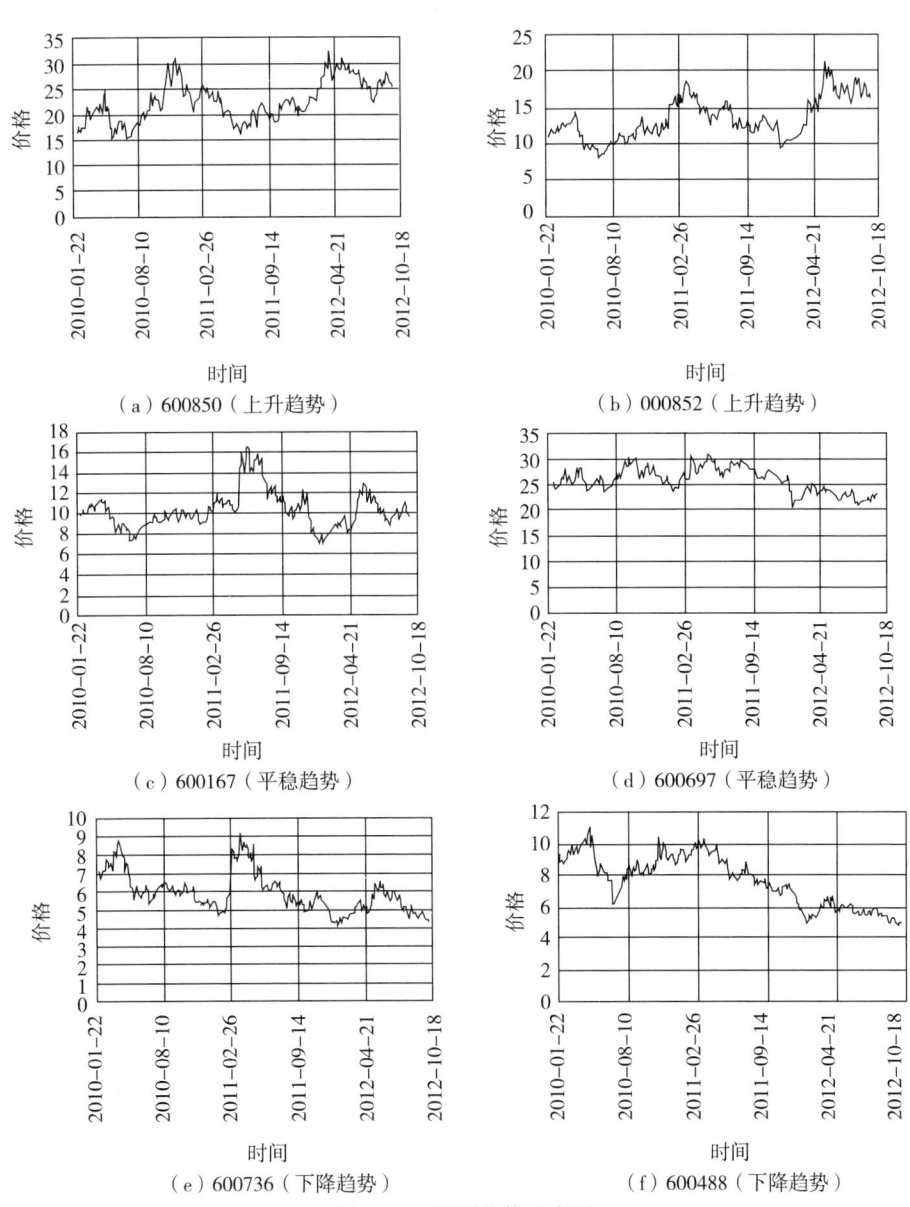

第21章 基于网络信息的股票自动交易系统

图 21.5 股票趋势示意图

表 21.2 拐点预测结果

走势	股票	预测准确率/%	M 值（起始投资源）	保守策略利润率	M 值（起始投资源）	保守策略利润率	激进策略利润率
上升趋势	600850	51.00	100	0.002 7	1	0.088 0	0.487 8
	No sentiment	52.67	100	0.008 5	1	0.241 0	0.487 8
	000852	52.38	100	0.012 8	1	1.311 9	−0.043 2
	平稳趋势	50.00	100	0.008 8	1	0.878 1	−0.043 2
平稳趋势	600167	50.00	100	−0.005 1	1	0.136 0	−0.091 8
	No sentiment	48.00	100	−0.001 0	1	−0.214 6	−0.091 8
	600697	50.00	100	−0.002 0	1	−0.111 6	−0.152 9
	No sentiment	47.00	100	0.002 3	1	0.089 0	−0.152 9
下降趋势	600736	54.76	100	−0.004 4	1	−0.245 1	−0.108 9
	No sentiment	52.38	100	−0.003 0	1	−0.358 4	−0.108 9
	600488	52.33	100	−0.006 3	1	−0.372 6	−0.496 4
	No sentiment	51.67	100	−0.007 2	1	−0.455 6	−0.496 4
	平均	51.92	100	−0.000 4	1	0.134 4	−0.675 7
	No sentiment	20.27	100	0.001 4	1	0.029 9	−0.675 7

注：No sentiment 表示没有使用情感指标波动值

通过最后两行的对比我们可以看到，加入情感指标波动值后，拐点预测准确率大部分都提高了，对于 M 分别取 100 和 1 的保守策略，利润率也相应提高了。且对于下降的股票，我们依然能够盈利。由此可以看到，在这样一个大数据时代，若能正确运用网络数据及网络情感信息，并将其应用到股票交易中，能够明显地提升拐点预测的准确率，从而获得利润。

21.6 本章小结

本章利用新浪财经上的新闻数据以及相应股票的历史价格数据，提出了基于网络信息的股票拐点预测模型，同时给出了两种交易策略。实证结果显示，该方法具有较高的预测精度，且通过对比发现，网络信息的加入能够提高股票拐点预测准确率。这说明，股票价格不仅有较强的时间序列性与历史重复性，而且与现实动态信息息息相关。

在这样一个大数据的时代，正确利用网络信息能够为我们带来许多方便之处。同时，将网络信息运用到股市预测中，能更好地完成股票交易。由此我们得到，唯有与时俱进，正确利用网络信息，才能紧跟时代步伐，完善各个行业的研究方式，加深各个行业的研究深度。

第 22 章

基于网络大数据的社会经济监测预警研究总结与展望

针对目前监测预警在实时性和准确性上存在的不足,本书提出了一个基于跨平台网络大数据的社会经济监测预警研究框架。基于这一研究框架,本书对社会经济监测预警进行了深入的研究,提出了一系列面向应用的监测和预测模型,并成功地运用于社会经济监测预警中。本书首先提出了要充分运用网络大数据的优势,对新闻、论坛、微博等多源异构信息进行集成与处理,提取与社会经济相关的信息;其次,本书强调网络大数据和传统数据的结合,通过发挥各自优势,来增强社会经济监测预警的有效性;最后,本书利用特征挖掘、社会网络分析、本体建模等方法,构造了适用于不同情况的社会经济实时监测和智能预测算法,对社会经济主要指标,如失业率、CPI 等进行了深入分析,证明了提出方法的有效性,为政府和企业的应急管理和实时响应提供了技术支撑和决策支持。

本书的研究成果,一方面丰富了网络大数据的分析和应用理论,扩充了面向大数据的预测和监测方法,在监测预警方法论上取得了一定的突破;另一方面可以为政府、企业和相关管理部门在应急管理、风险控制等方面提供有效的分析工具与决策支持。

对于网络大数据分析及其应用的理论与应用研究,本书仅是一个开端,今后还可以在以下方面进行深入研究。

首先,本书的研究虽然提出了一个跨平台网络大数据分析框架,但主要研究仍集中在单一平台上。所以,在今后的研究中,需要以跨平台网络大数据研究框架为核心,突出"跨"字,重点研究跨平台网络大数据分析和建模方法,特别是网络结构(网站结构和用户结构)对社会经济的影响研究、突发事件对社会经济的影响研究,建立网络结构与信息涌现关联模型,在大数据分析方法上进行突破,从而为跨平台网络大数据研究框架的进一步完善提供可靠的资料。

其次，本书在跨平台网络大数据的研究框架下，研究了网络大数据在社会经济监测预警中的作用，结果表明，网络大数据在社会经济监测预警中发挥了重要作用，提高了监测预警的效果。但由于网络大数据的引入，大量的非结构化信息降低了算法的效率，今后的研究可以深入探讨基于大数据分析技术的社会经济监测预警问题，将分布式计算、多核计算等引入社会经济信息处理中，以提高算法的效率与实用性。

再次，基于跨平台网络大数据的研究框架，开发有应用潜力的监测预警决策支持系统，实现对具体研究对象的分析。目前，我们已经初步搭建了大数据应用平台，实现了多源信息的爬取，并实现了对 CPI 的监测预警。实际上，还应开发更一般的系统平台，实现监测预警的自动化，构建基于跨平台网络大数据的应用平台。

最后，在跨平台网络大数据的研究框架下，拓展并发现新的监测预警研究问题。针对突出的社会经济问题，尤其是社会环境方面的新问题，如针对 PM 2.5 对社会经济生活造成的影响，研究 PM 2.5 的空间分布和监测预警，为政府决策提供支撑。同时，可以对目前提出的监测预警方法进行改进，提高监测预警的实时性和准确性，并进一步挖掘现状背后的原因，以此作为今后研究的内容之一。

参考文献

陈华，梁循.2006.互联网股票新闻归类和板块分析的方法.电脑开发与应用，19(11)：2~6.

崔百胜.2012.基于动态模型平均的中国通货膨胀实时预测.数量经济技术经济研究，7：76~91.

董景荣，杨秀苔.2001.汇率的非线性组合预测方法研究.中国管理科学，9(5)：1~7.

樊娜，安毅生，李慧贤.2012.基于K-近邻算法的文本情感分析方法研究.计算机工程与设计，33(3)：1160~1164.

"房地产价格发展趋势研究"课题组.2008.我国房地产价格发展趋势研究.统计研究，25(5)：19~25.

高辉.2003.中国货币供应量与GDP多项式分布正负反馈预测模型研究.管理科学，16(4)：77~83.

高铁梅，孔宪丽，刘玉.2003.中国钢铁工业景气指数的开发与应用研究.中国工业经济，(11)：71~77.

桂文林，韩兆洲.2010.我国居民消费价格波动和预测：1997—2010.统计研究，27(8)：48~55.

韩春，田大钢.2008.对股票市场信息的文本挖掘.中国高新技术企业，(23)：6~8.

韩德昌.2008.市场调查与预测教程.北京：清华大学出版社.

何诚颖.2003.中国股市市盈率分布特征及国际比较研究.经济研究，(9)：74~81.

何黎，何跃.2012.结合PMI的中国GDP预测模型.统计与决策，1：84~86.

胡凌云，胡桂兰，徐勇，等.2010.基于Web的新闻文本分类技术的研究.安徽大学学报(自然科学版)，34(6)：66~70.

黄波，王楚明.2010.基于排序logit模型的城镇就业风险分析与预测——兼论金融信用危机情形下促进我国就业的应对措施.中国软科学，4：146~154.

黎亮.2009.个人投资者自动交易系统的应用研究.广西大学硕士学位论文.

李大营，许伟，陈荣秋.2009.基于粗糙集和小波神经网络模型的房地产价格走势预测研究.管理评论，21(11)：18~22.

李国杰，程学旗.2012.大数据研究：未来科技及经济社会发展的重大战略领域.中国科学院院刊，27(16)：647~657.

李思，张浩，徐蔚然，等.2009.基于合并模型的中文文本情感分析.第五届全国信息检索学术会议，上海.

李媛媛，马永强.2008.基于潜在语义索引的文本特征词权重计算方法.计算机应用，6：1461~1466.

刘汉，刘金全.2011.中国宏观经济总量的实时预报与短期预测——基于混频数据预测模型的实证研究.经济研究，3：4~17.

刘鸿宇，赵妍妍，秦兵，等.2010.评价对象抽取及其倾向性分析.中文信息学报，24(1)：84~88，122.

刘云忠，宣慧玉.2004.混沌时间序列及其在我国GDP(1978~2000)预测中的应用.管理工程学报,18(2):8~10.

倪禾.2010.一种自组织混合模型在汇率波动性预测中的应用.控制理论与应用,27(4):444~450.

庞磊,李寿山,周国栋.2012.基于情绪知识的中文微博情感分类方法.计算机工程,38(13):156~158,162.

苏岩,杨振海.2007.GARCH(1,1)模型及其在汇率条件波动预测中的应用.数理统计与管理,26(4):615~620.

仝冰.2009.基于VAR的宏观经济预测及与朗润预测的比较.金融理论与实践,7:23~26.

王超,李楠,李欣丽,等.2009.倾向性分析用于金融市场波动率的研究.中文信息学报,23(1):95~99.

王文杰,部慧,陆凤彬.2009.金融海啸下我国黄金期货市场波动性的实证分析.管理评论,21(2):77~83.

王志刚,曾勇,李平.2009.中国股票市场技术分析非线性预测能力的实证检验.管理工程学报,23(1):149~153.

王祖辉,姜维.2012.基于粗糙集的在线评论情感分析模型.计算机工程,38(16):1~4.

吴岚,朱莉,龚小彪.2012.基于季节调整技术的我国物价波动实证研究.统计研究,29(9):61~65.

向小东,宋芳.2009.基于核主成分与加权支持向量机的福建省城镇登记失业率预测.系统工程理论与实践,29(1):73~80.

谢丽星,周明,孙茂松.2012.基于层次结构的多策略中文微博情感分析和特征抽取.中文信息学报,26(1):73~83.

熊志斌.2011.基于ARIMA与神经网络集成的GDP时间序列预测研究.数理统计与管理,30(2):306~314.

徐筱凤,李寿喜.2005.中国企业市盈率:理论分析与经验证据.世界经济文汇,(5):172~178.

阎霞.2008.中国饭店产业景气研究.北京第二外国语学院硕士学位论文.

杨经,林世平.2011.基于SVM的文本词句情感分析.计算机应用与软件,28(9):225~228.

杨梁彬.2003.文本检索的潜在语义索引法初探.大学图书馆学报,(6):68~72.

杨亮,林鸿飞,郭巍.2011.面向文本的情感迁移分析策略.计算机工程与科学,33(9):123~129.

杨柳.2013.餐饮产业蓝皮书:中国餐饮产业发展报告(2013).北京:社会科学文献出版社.

杨新臣,吴仰儒.2010.中国消费者物价指数预测——基于小波变换与支持向量回归的分析.山西财经大学学报,32(2):1~8.

杨一文,刘贵忠,张宗平.2001.基于嵌入理论和神经网络技术的混沌数据预测及其在股票市场中的应用.系统工程理论与实践,6:52~78.

殷光伟,郑丕谔.2005.基于小波与混沌集成的中国股票市场预测.系统工程学报,20(2):180~184.

张华平.2012-07-03.ICTCLAS中文分词系统.http://www.nlpir.org/.

张前荣. 2012. 中国宏观经济模型的研制与应用. 北京：经济管理出版社.

张旭. 2011. 中国网络字频波动与股票市场关系研究. 统计与决策，(7)：145～147.

赵德武，马永强，黎春，等. 2012. 中国上市公司财务指数编制：意义、思路与实现路径. 会计研究，(12)：3～11.

赵静梅，何欣，吴风云. 2010. 中国股市谣言研究：传谣、辟谣及其对股价的冲击. 管理世界，(11)：38～57.

赵小永，赵政文. 2011. 相关性计算在情感分析上的应用. 微型电脑应用，27(12)：39～41.

郑京平. 2013. 中国宏观经济景气监测指数体系研究. 北京：中国统计出版社.

周涛. 2013. 网络大数据——复杂网络的新挑战：如何从海量数据中获取信息？电子科技大学学报，(1)：7～8.

朱富言，李东. 2008. 北京市流动人口数量变动趋势分析. 西北人口，(4)：85～87.

宗成庆. 2013. 统计自然语言处理. 第二版. 北京：清华大学出版社.

Ahmadi H. 1990. Testability of the arbitrage pricing theory by neural networks. Proceedings of the International Conference on Neural Networks：385～393.

Ahn L，Dabbish L. 2004. Labeling images with a computer game. Proceedings of the SIGCHI Conference on Human Factors in Computing Systems.

Ahn L，Maurer B，McMillen C，et al. 2008. ReCaPTCHA：human based character recognition via web security measures. Science，321：1465～1468.

Akerlof G A. 1970. The market for "lemons"：quality uncertainty and the market mechanism. Quarterly Journal of Economics，84(3)：488～500.

Akhtar S，Faff R，Oliver B，et al. 2011. The power of bad：the negativity bias in Australian consumer sentiment announcements on stock returns. Journal of Banking and Finance，35(5)：1239～1249.

Anastasakis L，Mort N. 2009. Exchange rate forecasting using a combined parametric and nonparametric self-organizing modeling approach. Expert System with Applications，36：12001～12011.

Andersen T G，Bollerslev T. 1998. DM-dollar intraday volatility：activity pattern, macroeconomic announcements, and longer run dependences. Journal of Finance，53：219～265.

Andersen T G，Bollerslev T，Diebold F，et al. 2003. Micro effects of macro announcements：real-time price discovery in foreign exchange. American Economic Review，391：38～62.

Angelini E，Camba-Mendez G，Giannone D，et al. 2011. Short-term forecasts of Euro Area GDP growth. Econometrics Journal，14：25～44.

Antipa P，Barhoumi K，Brunhes-Lesage V，et al. 2012. Nowcasting German GDP：a comparison of bridge and factor models. Journal of Policy Modeling，34：864～878.

Antweiler W，Frank M Z. 2004. Is all that talk just noise? The information content of internet stock message boards. The Journal of Finance，59(3)：1259～1294.

Antweiler W，Frank M Z. 2006. Do US stock markets typically overreact to corporate news stories? SSRN Working Paper.

Askitas N, Zimmermann K F. 2009. Google econometrics and unemployment forecasting. Applied Economics Quarterly, 55(2): 107~120.

Atsalakis G S, Valavanis K P. 2009. Surveying stock market forecasting techniques-part II: soft computing methods. Expert Systems with Applications, 36: 5932~5941.

Bagozzi R P, Gopinath M, Nyer P U. 1999. The role of emotions in marketing. Journal of the Academy of Marketing Science, 27: 184~206.

Bailey W. 1988. Money supply announcement and the ex ante volatility of asset prices. Journal of Money Credit and Banking, 20: 611~620.

Balahur A, Turchi M. 2014. Comparative experiments using supervised learning and machine translation for multilingual sentiment analysis. Computer Speech & Language, 28 (1): 56~75.

Bao D, Yang Z. 2008. Intelligent stock trading system by turning point confirming and probabilistic reasoning. Expert Systems with Applications, 34: 620~627.

Bardhan A, Edelstein R, Tsang D. 2008. Global financial integration and real estate security returns. Real Estate Economics, 36(2): 285~311.

Barnbura M, Runstler G. 2011. A look into the factor model black box: publication lags and the role of hard and soft data in forecasting GDP. International Journal of Forecasting, 27: 333~346.

Basak D, Pal S, Patranabis D C. 2007. Support vector regression. Neural Information Procession-Letters and Reviews, 11(10): 203~224.

Bates J, Granger C. 1969. The combination of forecasts. Operations Research Quarterly, 20: 451~468.

Baur D G, Lucey B M. 2010. Is gold a hedge or a safe heaven? An analysis of stock, bonds, and gold. The Financial Review, 45(2): 217~229.

Bhattacharya S P, Thomakos D D. 2008. Forecasting industry-level CPI and PPI inflation: does exchange rate pass-through matter? International Journal of Forecasting, 24: 134~150.

Blair A R, Nachtmann R, Saaty T L, et al. 2002. Forecasting the resurgence of the US economy in 2001: an expert judgment approach. Socio-Economic Planning Sciences, 36: 77~91.

Blair A R, Mandelker G N, Saaty T L, et al. 2010. Forecasting the resurgence of the U. S. economy in 2010: an expert judgment approach. Socio-Economic Planning Sciences, 44: 114~121.

Blasco N, Corredor P, del Rio C, et al. 2005. Bad news and Dow Jones make the Spanish stocks go round. European Journal of Operational Research, 163: 253~275.

Blei D M, Ng A Y, Jordan M I. 2003. Latent dirichlet allocation. Journal of Machine Learning Research, 3: 993~1022.

Boero G, Marrocu E. 2002. The performance of non-linear exchange rate models: a forecasting comparison. Journal of Forecasting, 21: 513~542.

Bolger F, Onkal-Atay D. 2004. The effects of feedback on judgmental interval predictions. Inter-

national Journal of Forecasting, 20: 29~39.
Bollen J, Mao H. 2011. Twitter mood as a stock market predictor. IEEE Computer, 44(10): 91~94.
Bollen J, Pepe A, Mao H. 2011a. Modeling public mood and emotion: Twitter sentiment and socio-economic phenomena. ICWSM 2011 Proceedings.
Bollen J, Mao H, Zeng X. 2011b. Twitter mood predicts the stock market. Journal of Computational Science, 2: 1~8.
Bollerslev T. 1986. Generalized autoregressive conditional heteroscedasticity. Journal of Econometrics, (31): 307~327.
Bordino I, Battiston S, Caldarelli G, et al. 2012. Web search queries can predict stock market volumes. PLoS ONE, 7(7): e40014.
Bork K H, Klein B M, Mobak L, et al. 2006. Surveillance of ambulance dispatch data as a tool for early warning. Eurosurveillance, 11(12): 229~233.
Box G E P, Jenkins G M. 1970. Time Series Analysis: Forecasting and Control. San Francisco: Holden-Day.
Bradburn N M. 1969. The Structure of Psychological Well-being. Chicago: Aldine.
Breiman L. 1996. Stacked regressions. Machine Learning, 24: 49~64.
Brown G W, Cliff M T. 2004. Investor sentiment and the near-term stock market. Journal of Empirical Finance, 11(1): 1~27.
Bunn D W. 1975. A Bayesian approach to the linear combination of forecasts. Operational Research Quarterly, 26: 325~329.
Cai J, Cheung Y L, Wong M C S. 2001. What moves the gold market? Journal of Futures Markets, 21: 257~278.
Campbell J Y, Grossman S J, Wang J. 1993. Trading volumn and serial correlation in stock returns. The Quarterly Journal of Economics, 108(4): 905~939.
Cao Q, Leggio B K, Schniederjans J M. 2005. A comparison between Fama and French's model and artificial neural networks in predicting the Chinese stock market. Computers & Operations Research, 32: 2499~2512.
Cao Q, Ewing T B, Thompson A M. 2012. Forecasting medical cost inflation rates: a model comparison approach. Decision Support Systems, 53: 154~160.
Cashin P, McDermott C J, Scott A. 2002. Booms and slumps in world commodity prices. Journal of Development Economics, 69(1): 277~296.
Castillo C, Mendoza M, Poblete B. 2011. Information credibility on Twitter. Proceedings of 20th International Conference on the World Wide Web.
Castillo C, Mendoza M, Poblete B. 2013. Predicting information credibility in time-sensitive social media. Internet Research, 23(5): 560~588.
Chan S W K, Franklin J. 2011. A text-based decision support system for financial sequence prediction. Decision Support Systems, 52(1): 189~198.

Chan W S. 2003. Stock price reaction to news and no-news drift and reversal after headlines. Journal of Financial Economics, 70: 223~260.

Chang C C, Lin C J. 2011. LIBSVM: a library for support vector machine. ACM Transaction on Intelligence Systems and Technology(TIST), 2(3): 1~27.

Chang P C, Fan C Y, Liu C H. 2009a. Integrating a piecewise linear representation method and a neural network model for stock trading points prediction. IEEE Transactions on Systems, Man and Cybernetics Part C: Applications and Reviews, 39(1): 80~92.

Chang P C, Liu C H, Lin J L, et al. 2009b. A neural network with a case based dynamic window for stock trading prediction. Expert Systems with Application, 36: 6889~6898.

Chang P C, Liao T W, Lin J J, et al. 2011. A dynamic threshold decision system for stock trading signal detection. Applied Soft Computing, 11: 3998~4010.

Chang P, Wang D, Zhou C. 2012. A novel model by evolving partially connected neural network for stock price trend forecasting. Expert Systems with Applications, 39: 611~620.

Chatrath A, Adrangi B, Shank T. 2001. Nonlinear dependence in gold and silver future: is it chaos? The American Economist, 45(2): 25~32.

Cheikhrouhou N, Marmier F, Ayadi O, et al. 2011. A collaborative demand forecasting process with event-based fuzzy judgements. Computers and Industrial Engineering, 61: 409~421.

Chen C. 2008. Application of the novel nonlinear grey Bernoulli model for forecasting unemployment rate. Chaos, Solitons and Fractals, 37: 278~287.

Chen H, Chiang R H L, Storey V C. 2012. Business intelligence and analytics from big data to big impact. MIS Quarterly, 36(4): 1165~1188.

Chen S L, Chou C C, Chen N J. 2013. A wavelet transform analysis of the relationship between unexpected macroeconomic news and foreign exchange rates. Applied Economics Letters, 20: 292~296.

Chen Y L, Gau Y F. 2010. News announcements and price discovery in foreign exchange spot and futures markets. Journal of Banking and Finance, 34: 1628~1636.

Chiu D, Chen P. 2009. Dynamically exploring internal mechanism of stock market by fuzzy-based support vector machines with high dimension input space and genetic algorithm. Expert Systems with Applications, 36: 1240~1248.

Choi H, Varian H. 2009a. Predicting the present with Google trends. Google Technical Report.

Choi H, Varian H. 2009b. Predicting initial claims for unemployment benefits. Google Technical Report.

Christie D R, Chaudhry M, Koch T W. 2000. Do macroeconomic news releases affect gold and silver prices? Journal of Economics and Business, 52: 405~421.

Conesa D, Lopez-Quilez A, Martinez-Beneito M A, et al. 2009. FluDetWeb: an interactive web-based system for the early detection of the onset of influenza epidemics. BMC Medical Informatics and Decision Making, 9(1): 36.

Corinna C, Vapnik V. 1995. Support-vector networks. Machine Learning, 20(3): 273~297.

Cui G, Wong M L, Lui H K. 2006. Machine learning for direct marketing response models: Bayesian networks with evolutionary programming. Management Science, 52(4): 597~612.

Czyz J, Kittler L, Vandendorpe L. 2004. Multiple classifier combination for face-based identity verification. Pattern Recognition, 37: 1459~1469.

Dahl M C, Hylleberg S. 2004. Flexible regression models and relative forecast performance. International Journal of Forecasting, 20: 201~217.

Dang Y, Zhang Y, Chen H. 2010. A lexicon-enhanced method for sentiment classification: an experiment on online product reviews. Intelligent Systems, IEEE, 25(4): 46~53.

Das R S, Chen Y M. 2007. Yahoo! for Amazon: sentiment extraction from small talk on the web. Management Science, 53(9): 1375~1388.

Dave K, Lawrence S, Pennock D M. 2003. Mining the peanut gallery: opinion extraction and semantic classification of production reviews. Proceedings of 12th International Conference on the World Wide Web: 519~528.

Davidov D, Tsur O, Rappoport A. 2010. Enhanced sentiment learning using Twitter hashtags and smileys. Proceedings of the 23th International Conference on Computational Linguistics: Posters: 241~249.

de Menezes L M, Bunn D W, Taylor J W. 2000. Review of guidelines for the use of combined forecasts. European Journal of Operational Research, 120: 190~204.

Deng Z H, Luo K H, Yu H L. 2014. A study of supervised term weighting scheme for sentiment analysis. Expert Systems with Applications, 41(7): 3506~3513.

Devenow A, Welch I. 1996. Rational herding in financial economics. European Economic Review, 40(3): 603~615.

Du J, Xu H, Huang X. 2013. Box office prediction based on microblog. Expert Systems with Applications, Online.

Dumais S T. 1991. Improving the retrieval of information from external sources: behavior research methods. Instruments&Computers, 23(2): 229~236.

Dumais S T. 2004. Latent semantic analysis. Annual Review of Information Science and Technology, 38(1): 190~230.

Dumais S T, Furnas G W, Landauer T K, et al. 1988. Using latent semantic analysis to improve access to textual information. Proceedings of the SIGCHI Conference on Human Factors in Computing Systems, ACM: 281~285.

Dunning T. 1993. Accurate methods for the statistics of surprise and coincidence. Computational Linguistics, 19(1): 61~74.

Dyck A, Zingales L. 2003. Asset prices and the media. Working Paper, National Association of Realtors.

D'Amuri F. 2009. Predicting unemployment in short samples with internet job search query data. MPRA Paper, No. 18403: 1~17.

D'Amuri F, Marcucci J. 2010. "Google it!" Forecasting the US unemployment rate with a

Google job search index. FEEM Working Paper, No. 31.

Ederington L H, Lee J H. 1993. How markets process information: news releases and volatility. Journal of Finance, 48: 1161~1191.

Ehrmann M, Fratzscher M. 2005. Exchange rates and fundamentals: new evidence from real-time data. Journal of International Money and Finance, 24: 317~341.

Elder E, Miao H M, Ramchander S. 2012. Impact of macroeconomic news on metal futures. Journal of Banking & Finance, 36: 51~65.

Engle R F. 1982. Autoregressive conditional heteroscedasticity with estimator of the variance of United Kingdom inflation. Econometrica, 50: 987~1008.

Espino J U, Wagner M M. 2001. Accuracy of ICD-9-coded chief complaints and diagnoses for the detection of acute respiratory illness. AMIA 2001 Symposium Proceedings: 164~168.

Espino J U, Hogan W R, Wagner M M. 2003. Telephone triage: a timely data source for surveillance of influenza-like diseases. AMIA 2003 Symposium Proceedings: 215~219.

Evans M, Lyons R. 2002. Order flow and exchange rate dynamics. Journal of Political Economy, 110: 170~180.

Fama E F. 1965. Source, random walks in stock market prices. Financial Analysts Journal, 21(5): 55~59.

Fand L, Peress J. 2009. Media coverage and the cross-section of stock returns. Journal of Finance, 64(5): 2023~2052.

Faust J, Rogers J H, Wang S B, et al. 2003. The high-frequency response of exchange rates and interest rates to macroeconomic announcements. Board of Governors of the Federal Reserve System International Finance Discussion Paper, No. 784.

Ferguson N M, Cummings D A T, Cauchemez S, et al. 2005. Strategies for containing an emerging influenza pandemic in Southeast Asia. Nature, 437(8): 209~214.

Fernandez-Rodriguez F, Gonzalez-Martel C, Sosvilla-Rivero S. 2000. On the profitability of technical trading based on artificial neural network: evidence from the madrid stock market. Economic Letters, 69(1): 89~94.

Frank E, Bouckaert R R. 2006. Naive Bayes for text classification with unbalanced classes. In: Rnkranz J, Scheffer T, Spiliopoulou M. Proceedings of the loth European Conference on Prinlciple and Praltice of Knowledge Discovery in Databases. Berlin: Springer Berlin Heidelberg: 503~510.

Frey G, Manera M, Markandya A, et al. 2009. Econometric models for oil price forecasting: a critical survey. CESinfo Forum 2009, 10(1): 29--44.

Fung G P C, Yu J X, Lu H J. 2005. The predicting power of textual information on financial markets. IEEE Intelligent Informatics Bulletin, 5(1): 1~10.

Galati G, Ho C. 2001. Macroeconomic news and the euro/dollar exchange rate. Bank for International Settlements, Working Papers.

Gencay R. 1996. A statistical framework for testing chaotic dynamics via Lyapunov exponents. Physica D, 89: 261~266.

Gilbert E, Karahalios K. 2010. Widespread worry and the stock market. ICWSM 2010 Proceedings: 59~65.

Ginsberg J, Mohebbi M H, Patel R S, et al. 2009. Detecting influenza epidemics using search engine query data. Nature, 457(19): 1012~1015.

Gobble M M. 2013. Big data: the next big thing in innovation. Research-Technology Management, 56(1): 64~66.

Goh A T C. 1995. Back-propagation neural networks for modeling complex systems. Artificial Intelligence in Engineering, 9(3): 143~151.

Goldenberg A, Shemueli G, Caruana R A, et al. 2002. Early statistical detection of anthrax outbreaks by tracking over-the-counter medication sales. PNAS, 99(8): 5237~5240.

Golinelli R, Parigi G. 2008. Real-time squared: a real-time data set for real-time GDP forecasting. International Journal of Forecasting, 24: 368~385.

Goodwin P. 2002. Integrating management judgment and statistical methods to improve short-term forecasts. Omega, 30: 127~135.

Graff M. 2010. Does a multi-sectoral design improve indicator-based forecasts of the GDP growth rate? Evidence from Switzerland. Applied Economics, 42: 2759~2781.

Griffiths T. 2002. Gibbs sampling in the generative model of latent dirichlet allocation.

Guo Z, Wong W, Li M. 2013. A multivariate intelligent decision-making model for retail sales forecasting. Decision Support Systems, 55(1): 247~255.

Guyon I, Elisseeff A. 2003. An introduction to variable and feature selection. The Journal of Machine Learning Research, (3): 1157~1182.

Hagenau M, Liebmann M, Hedwig M, et al. 2012. Automated news reading: stock price prediction based on financial news using context-specific features. HICSS 2012 Proceedings: 1040~1049.

Han J W, Kamber M, Pei J. 2011. Data Mining: Concepts and Techniques(3rd ed.). San Francisco: Morgan Kaufmann Publishers.

Hansson J, Jansson P, Lof M. 2005. Business survey data: do they help in forecasting GDP growth? International Journal of Forecasting, 21: 377~389.

Hao C Y, Wang J Q, Xu W, et al. 2013. Prediction-based portfolio selection model using support vector machines. International Conference on Computational Science and Optimization: 1~5.

Harvill L J, Ray K B. 2005. A note on multi-step forecasting with functional coefficient autoregressive models. International Journal of Forecasting, 21: 717~727.

Hassan R M, Nath B, Kirley M. 2007. A fusion model of HMM, ANN and GA for stock market forecasting. Expert Systems with Applications, 33: 171~180.

Haykin S. 1994. Neural Networks: A Comprehensive Foundation. New York: MacMillian.

Heinrich G. 2005. Parameter estimation for text analysis. Technical Report.

Hiederhoffer V. 1971. The analysis of world events and stock prices. Journal of Business, 44(2):

193~219.

Ho T K. 1998. The random subspace method for constructing decision forests. IEEE Transactions on Pattern Analysis & Machine Intelligence, 20: 832~844.

Hofmann T. 1999. Probabilistic latent semantic indexing. Proceedings of the Twenty-Second Annual International SIGIR Conference on Research and Development in Information Retrieval.

Hornik K, Stinchcombe W H. 1990. Muti-layered feed forword neural network are university approximations. Neural Networks, 2: 359~366.

Hotelling H A. 1931. Economics of exhaustible resource. Journal of Political Economy, 39: 137~175.

Hsu S, Hsieh P J, Chih T, et al. 2009. A two-stage architecture for stock price forecasting by integrating self-organizing map and support vector regression. Expert Systems with Applications, 36: 7947~7951.

Hu M Q, Liu B. 2004a. Mining and summarizing customer reviews. The ACM SIGKDD International Conference on Knowledge Discovery and Data Mining (KDD-2004), Seattle.

Hu M Q, Liu B. 2004b. Mining opinion features in customer reviews. Proceedings of the 19th National Conference on Artifical Intelligence.

Huang C L, Chen M C, Wang C J. 2007. Credit scoring with a data mining approach based on support vector machines. Expert Systems with Application, 33: 847~856.

Huberman G, Regev T. 2001. Contagious speculation and a cure for cancer: a nonevent that made stock prices soar. Journal of Finance, 56(1): 387~396.

Hulth A, Rydevik G, Linde A. 2009. Web queries as a source for syndromic surveillance. PloS ONE, 4(2): 2~10.

Hung J C. 2009. A fuzzy GARCH model applied to stock market scenario using a genetic algorithm. Expert Systems with Applications, 36: 11710~11717.

Ibarra R. 2012. Do disaggregated CPI data improve the accuracy of inflation forecasts? Economic Modeling, 29: 1305~1313.

James D T, Sycara K. 2000. Integrating genetic algorithms and text learning for financial prediction. Proceedings of the GECCO-2000 Workshop on Data Mining with Evolutionary Algorithms.

Johnson H A, Wagner M M, Hogan W R, et al. 2004. Analysis of web access logs for surveillance of influenza. MEDINFO, 107(2): 1202~1206.

Joseph K, Wintoki B M, Zhang Z. 2011. Forecasting abnormal stock returns and trading volume using investor sentiment: evidence from online search. International Journal of Forecasting, 27(4): 1116~1127.

Josseran L, Nicolau J, Caillere N, et al. 2005. Syndromic surveillance based on emergency department activity and crude mortality: two examples. Eurosurveillance, 11(12): 225~229.

Kamijo K, Tanigawa T. 1990. Stock price pattern recognition: a recurrent neural network approach. Proceedings of the International Joint Conference on Neural Network(IJCNN): 672~674.

Kanas A, Yannopoulos A. 2001. Comparing linear and nonlinear forecasts for stock returns. International Review of Economics and Finance, 10: 383~398.

Kantz H, Thomas S. 2004. Nonlinear Time Series Analysis. Cambridge: Cambridge University Press.

Kaufman R, Dees S, Karudeloglou P, et al. 2004. Dose OPEC matter? An econometric analysis of oil futures prices. The Energy Journal, 25(4): 67~90.

Keilis-Borok I V, Soloviev A A, Allegre B C, et al. 2005. Patterns of macroeconomic indicators preceding the unemployment rise in Western Europe and the USA. Pattern Recognition, 38: 423~435.

Keown A J, Pinkerton J M. 1981. Merger announcements and insider trading activity: an empirical investigation. Journal of Finance, 36(4): 855~869.

Kettani O, Oral M, Siskos Y. 1998. A multiple criteria analysis model for real estate evaluation. Journal of Global Optimization, 12: 197~214.

Khalafallah A. 2008. Neural network based model for predicting housing market performance. Tsinghua Science and Technology, 13(1): 325~328.

Khashei M, Hejazi S R, Bijari M. 2008. A new hybrid artificial neural networks and fuzzy regression model for time series forecasting. Fuzzy Sets and Systems, 159(7): 769~786.

Khashei M, Bijari M. 2012. A new class of hybrid models for time series forecasting. Expert Systems with Applications, 39(4): 4344~4357.

Kim K. 2006. Artificial neural networks with evolutionary instance selection for financial forecasting. Expert Systems with Applications, 30: 519~526.

Kim S M, Hovy E. 2004. Determining the sentiment of opinions. Proceedings of the 20th International Conference on Computational Linguistics, Association for Computational Linguistics.

Klibanoff P, Lamout O, Wizman T. 1998. Investor reaction to salient news in closed-end country funds. Journal of Finance, 53(2): 673~699.

Kotler P. 2009. Marketing Management. Upper Saddle River: Pearson Education Inc.

Krolzig H M, Marcellino M, Mizon G E. 2002. A Markov-switching vector equilibrium correction model of the UK labour market. Empirical Economics, 27: 233~254.

Kummerow M, Lun J C. 2005. Information and communication technology in the real estate industry: productivity structure and market efficiency. Telecommunications Policy, 29(2~3): 173~190.

Kuo R J, Chen C H, Hwang Y C. 2001. An intelligent stock trading decision support system through integration of genetic algorithm based fuzzy neural network and artificial neural network. Fuzzy Sets and Systems, 118: 21~45.

Lahiani A, Scaillet O. 2009. Testing for threshold effect in ARFIMA models: application to US unemployment rate data. International Journal of Forecasting, 25: 418~428.

Lan K C, Ho K S, Luk R W P, et al. 2005. FNDS: a dialogue-based system for accessing digested financial news. The Journal of Systems and Software, 78: 180~193.

Lau R Y K, Zhang W, Bruza P D, et al. 2011. Learning domain-specific sentiment lexicons for predicting product sales. IEEE 8th International Conference on E-Business Engineering.

Lawrence M, Goodwin P, O'Connor M, et al. 2006. Judgmental forecasting: a review of progress over the last 25 years. International Journal of Forecasting, 22: 493~518.

Lee C, Shleifer A, Thaler R. 1991. Investor sentiment and the closed-end fund puzzle. Journal of Finance, 46(1): 75~109.

Lee L, Isa D. 2010. Automatically computed document dependent weighting factor facility for naive Bayes classification. Expert Systems with Applications, 37: 8471~8478.

Leigh W, Puivis R, Ragnsa J M. 2002. Forecasting the NYSE composite index with technique analysis, pattern recognizer, neural network, and genetic algorithm: a case study in romantic decision support. Decision Support Systems, 32: 361~377.

Lewis D D. 1992. Feature selection and feature extraction for text categorization. In: Defense Advanced Research Projects Agency. Proceeding of Speech and Natural Language Workshop. San Francisco: Morgan Kaufmann: 212~217.

Li D, Shuai X, Sun G, et al. 2012. Mining topic-level opinion influence in microblog. Proceedings of the 21st ACM International Conference on Information and Knowledge Management.

Li D Y, Xu W, Zhao H, et al. 2009. A SVR based forecasting approach for real estate price prediction. Proceeding of ICMLC 2009 Conference, Baoding, July: 970~974.

Li N, Wu D D. 2010. Using text mining and sentiment analysis for online forums hotspot detection and forecast. Decision Support Systems, 48(2): 354~368.

Li S, Xia R, Zong C, et al. 2009. A framework of feature selection methods for text categorization. Proceedings of the Joint Conference of the 47th Annual Meeting of the ACL and the 4th International Joint Conference on Natural Language Processing of the AFNLP: 692~700.

Li X, Deng X, Wang F, et al. 2010. Empirical analysis: news impact on stock prices based on news density. IEEE ICDMW 2010 Proceedings: 585~592.

Li X Q, Deng Z D, Luo J. 2009. Trading strategy design in financial investment through a turning points prediction scheme. Expert Systems with Applications, 36: 7818~7826.

Li Y M, Li T Y. 2013. Deriving market intelligence from microblogs. Decision Support Systems, 55(1): 206~217.

Liao Z, Wang J. 2010. Forecasting model of global stock index by stochastic time effective neural network. Expert Systems with Applications, 37(1): 834~841.

Liu J, Gong Q, Wang T, et al. 2013. Looking for gold in the sands: stock prediction using financial news and social media. Pacifica Asia Conference on Information Systems.

Liu Q, Li T, Xu W. 2009. A subjective and objective integrated approach for fraud detection in financial systems. Proceeding of ICMLC 2009 Conference, Baoding, July.

Longini Jr I M, Nizam A, Xu S, et al. 2005. Containing pandemic influenza at the source. Science,

309: 1083~1087.

Lu C J, Lee T S, Chiu C C. 2009. Financial time series forecasting using independent component analysis and support vector regression. Decision Support System, (47): 115~125.

Luo L K, Chen X. 2013. Integrating piecewise linear representation and weighted support vector machine for stock trading signal prediction. Applied Soft Computing, 13: 806~816.

Mabu S, Hirasawa K, Obayashi M, et al. 2013. Enhanced decision making mechanism of rule-based genetic network programming for creating stock trading signals. Expert Systems with Application, 40: 6311~6320.

Maines L A. 1996. An experimental examination of subjective forecast combination. International Journal of Forecasting, 12: 223~233.

Mangold W G, Faulds D J. 2009. Social media: the new hybrid element of the promotion mix. Business Horizons, 52(4): 357~365.

Mao J. 1998. A case study on bagging, boosting and basic ensembles of neural networks for OCR. Proceeding of IEEE International Joint Conference on Neural Networks: 1828~1833.

Matsuba I. 1991. Neural sequential association and its application to stock price prediction. International Conference on Industrial Electronics, Control, and Instrumentation.

McDuff D, El K R, Picard R. 2011. Crowdsourced data collection of facial responses. Proceedings of the 13th International Conference on Multimodal Interfaces: 11~18.

McDuff D, Kaliouby R E, Picard R W. 2012. Crowdsourcing facial responses to online videos. IEEE Transactions on Affective Computing, 3(4): 456~468.

Meese R, Rogoff K. 1983. Empirical exchange rate models of the seventies: do they it out of sample? Journal of International Economics, 14: 3~24.

Mehra R, Sah R. 2002. Mood fluctuations, projection bias and volatility of equity prices. Journal of Economic Dynamics and Control, 26: 869~887.

Mei J, Liu C. 1994. The predictability of real estate returns and market timing. Journal of Real Estate and Economics, 8: 115~135.

Melville P, Gryc W, Lawrence R D. 2009. Sentiment analysis of blogs by combining lexical knowledge with text classification. 15th ACM SIGKDD International Conference: 1275~1284.

Merino A, Ortiz A. 2005. Explaining the so-called "price premium" in oil markets. OPEC Review, 29 (2): 133~152.

Milas C, Rothman P. 2008. Out-of-sample forecasting of unemployment rates with pooled STVECM forecasts. International Journal of Forecasting, 24: 101~121.

Mirchandani G, Cao W. 1989. On hidden nodes for neural nets. IEEE Transactions on Circuits and Systems, 36(5): 661~664.

Mishne G, Rijke M D. 2006. Capturing global mood levels using blog posts. In: Nicolov N, Salvetti F, Liberman M, et al. AAAI 2006 Spring Symposium on Computational Approaches to Analysing Weblogs. Menlo Park: The AAAI Press: 145~152.

Mittermayer M. 2004. Forecasting intraday stock price trends with text mining techniques.

HICSS 2004 Proceedings: 10~19.

Mostafa M M. 2013. More than words: social networks' text mining for consumer brand sentiments. Expert Systems with Applications, 40(10): 4241~4251.

Nair B B, Mohandas P V, Sakthivel R N. 2010. A decision tree-rough set hybrid system for stock market trend prediction. International Journal of Computer Applications, 5(9): 1~6.

National Association of Realtors. 2011. Profile of home buyers and sellers. National Association of Realtors Industry Reports.

Notsu A, Kawakami K, Tezuka Y, et al. 2013. Intergration of information based on the similarity in AHP. 17th International Conference in Knowledge Based and Intelligent Information and Engineering Systems.

Nowak S, Andritzky J, Jobst T. 2011. Macroeconomic fundamentals, price discovery, and volatility dynamics in emerging bond markets. Journal of Banking and Finance, 35: 2584~2579.

Oh C, Sheng O. 2011. Investigating predictive power of stock micro blog sentiment in forecasting future stock price directional movement. ICIS 2011 Proceedings.

Onkal D, Sayim K Z, Lawrence M. 2012. Wisdom of group forecasts: does role-playing play a role? Omega, 40(6): 693~702.

O'Reilly F W, Stevens A B. 2002. Sickness absence due to influenza. Occupational Medicine, 52(5): 265~269.

Pace K R, Barry R, Gilley W O, et al. 2000. A method for spatial-temporal forecasting with an application to real estate prices. International Journal of Forecasting, 16: 229~246.

Pai P F, Lin C S. 2005. A hybrid ARIMA and support vector machines model in stock price forecasting. Omega, 33: 497~505.

Panagiotidis T, Pélloni G. 2003. Testing for non-linearity in labour markets: the case of Germany and the UK. Journal of Policy Modeling, 25: 275~286.

Pang B, Lee L. 2004. A sentimental education: sentiment analysis using subjectivity summarization based on minimum cuts. Proceedings of the 42th Annual Meeting on Association for Computional Lingnistics.

Pang B, Lee L, Vaithyanathan S. 2002. Thumbs up? Sentiment classification using machine learning techniques. 2002 Conference on Empirical Methods in Natural Language Processing, Philadelphia.

Parameswaran M, Whinston A B. 2007. Research issues in social computing. Journal of the Association for Information Systems, 8(6): 336~350.

Pelaez F R. 2006. Using neural nets to forecast the unemployment rate—a promising application of an emerging quantitative method. Business Economics, 41(1): 37~44.

Pesaran H M, Schuermann T, Smith V L. 2009. Forecasting economic and financial variables with global VARs. International Journal of Forecasting, 25: 642~675.

Peterson S, Flanagan B A. 2009. Neural network hedonic pricing models in a mass real estate appraisal. The Journal of Real Estate Research, 31(2): 147~164.

Pilepic L, Simunic M, Car T. 2013. Online hotel's sales strategies with emphases on web booking. http://www.aabri.com/No2013Manuscripts/No13037.pdf.

Prabowo R, Thelwall M. 2009. Sentiment analysis: a combined approach. Journal of Informetrics, 3(2): 143~157.

Proietti T. 2003. Forecasting the U.S. unemployment rate. Computational Statistics & Data Analysis, 42(3): 451~476.

Qin D, Cagas A M, Ducanes G, et al. 2008. Automatic leading indicators versus macroeconometric structural models: a comparison of inflation and GDP growth forecasting. International Journal of Forecasting, 24: 399~413.

Qin F, Ma T, Wang J. 2010. The CPI forecast based on GA-SVM. Information Networking and Automation, 1: 142~147.

Qiu L, Rui H, Whinston A. 2013. Social network-embedded prediction markets: the effects of information acquisition and communication on predictions. Decision Support Systems, 55(4): 978~987.

Rao T, Srivastava S. 2012. Tweet smart: hedging in markets through Twitter. Emerging Applications of Information Technology (EAIT), 2012 Third International Conference on IEEE: 193~196.

Rebelo D E, Andrade H, Zambon M C. 2000. Different diagnostic methods for detection of influenza epidemics. Epidemiology and Infection, 124(3): 515~522.

Refenes A P N, Holt W P. 2001. Forecasting volatility with neural regression: a contribution to model adequacy. IEEE Transactions on Neural Networks, 12(4): 850~864.

Remus W, O'Connor M, Girrggs K. 1995. Does reliable information improve the accuracy of judgmental forecasts? International Journal of Forecasting, 11: 285~293.

Roache S K, Rossi M. 2010. The effects of economic news on commodity prices: is gold just another commodity. The Quarterly Review of Economics and Finance, 50: 377~385.

Robertson C S, Geva S, Wolff R C. 2007. News aware volatility forecasting: is the content of news important? Proceedings of 6th Australasian Data Mining Conference: 161~170.

Roh T H. 2007. Forecasting the volatility of stock price index. Expert Systems with Applications, 33: 916~922.

Rumelhart D E, Hinton G E, Williams R J. 1986. Learning internal representation by error propagation. *In*: Rumelhart D E, McClelland J L. Parallel Distributel Processing. Cambridge: MIT Press: 318~362.

Saaty T L. 1977. A scaling method for priorities in hierarchical structures. Journal of Mathematical Psychology, 15: 234~281.

Salton G, McGill M J. 1983. Introduction to Modern Information Retrieval. New York: McGraw-Hill.

Salton G, Wong A, Yang C S. 1975. A vector space model for automatic indexing. Communications of the ACM, 18(11): 613~620.

Sanders N R, Ritzman L P. 1995. Bringing judgment into combination forecasts. Journal of Operations Management, 13: 311~321.

Schanne N, Waple R, Weyh A. 2010. Regional unemployment forecasts with spatial interdependencies. International Journal of Forecasting, 26: 908~926.

Schmeling M. 2009. Investor sentiment and stock returns: some international evidence. Journal of Empirical Finance, 16: 394~408.

Schniederjans D, Cao S E, Schniederjans M. 2013. Enhancing financial performance with social media: an impression management perspective. Decision Support Systems, 55(4): 911~918.

Schumacher C, Breitung J. 2008. Real-time forecasting of German GDP based on a large factor model with monthly and quarterly data. International Journal of Forecasting, 24: 386~398.

Schumaker R P, Chen H. 2009a. A quantitative stock prediction system based on financial news. Information Processing and Management, (45): 571~583.

Schumaker R P, Chen H. 2009b. Textual analysis of stock market prediction using breaking financial news: the AZFinText system. ACM Transactions on Information Systems, 27(2): 1~19.

Schumaker R P, Chen H. 2010. A discrete stock price prediction engine based on financial news. IEEE Computer, 43(1): 51~56.

Schumaker R P, Zhang Y, Huang C N, et al. 2012. Evaluating sentiment in financial news articles. Decision Support Systems, 53(3): 458~464.

Schölkopf B, Smola A J, Williamson R C, et al. 2000. New support vector algorithms. Neural Computation, (12): 1207~1245.

Sehgal V, Song C. 2007. SOPS: stock prediction using web sentiment. Seventh IEEE International Conference on Data Mining: 21~26.

Shan L, Gong S X. 2012. Investor sentiment and stock returns: Wenchuan Earthquake. Finance Research Letter, 9: 36~47.

Shazly R M, Shazly E E H. 1999. Forecasting currency prices using a genetically evolved neural network architecture. International Review of Financial Analysis, 8(1): 67~82.

Shi S, Weigend A. 1997. Taking time seriously: hidden Markov experts applied to financial engineering. Proceedings of IEEE on Computational Intelligence for Financial Engineering.

Shiller R J. 2000. Irrational Exuberance. Princeton: Princeton University Press.

Sinha A P, Zhao H M. 2008. Incorporating domain knowledge into data mining classifiers: an application to indirect lending. Decision Support Systems, 46: 287~299.

Smola A J, Schölkopf B. 2004. A tutorial on support vector regression. Statistics and Computing, 14(3): 199~222.

Suhoy T. 2009. Query indices and a 2008 downturn: Israeli data. Bank of Israel Discussion Paper.

Tan A H. 1999. Text mining: the state of the art and the challenges. Proceedings of the PAKDD 1999 Workshop on Knowledge Discovery from Advanced Databases: 65~70.

Tandon K, Urich T. 1987. International market response to announcements of US macroeconomic data. Journal of International Money and Finance, 6: 71~84.

Tang X Y, Yang C Y, Zhou J. 2009. Stock price forecasting by combining news mining and time series analysis. 2009 IEEE/WIC/ACM International Conference on Web Intelligence and Intelligent Agent Technology-Workshops.

Tashman L J. 2000. Out-of-sample tests of forecast accuracy: an analysis review. International Journal of Forecasting, 16: 437~450.

Terui N, van Dijk H K. 2002. Combined forecasts from linear and nonlinear time series models. International Journal of Forecasting, 18: 421~438.

Tetlock P C. 2007. Giving content to investor sentiment: the role of media in the stock market. Journal of Finance, (62): 1139~1168.

Thomakos D D, Guerard Jr J. 2004. Naive, ARIMA, nonparametric, transfer function, and VAR models: a comparison of forecasting performance. International Journal of Forecasting, 20: 53~67.

Thomas J D, Sycara K. 2000. Integrating genetic algorithms and text learning for financial prediction. Proceedings of the Genetic and Evolutionary Computation Conference Workshop on Data Mining with Evolutionary Algorithms.

Thomesett M C. 2006. Getting Started in Fundamental Analysis. New York: John Wiley & Sons.

Tkacz G. 2001. Neural network forecasting of Canadian GDP growth. International Journal of Forecasting, 17: 57~69.

Tong S, Koller D. 2001. Support vector machine active learning with applications to text classification. Journal of Machine Learning Research, (2): 45~66.

Toutanova K, Klein D, Manning C D, et al. 2003. Feature-rich part-of-speech tagging with a cyclic dependency network. Proceeding of the 2003 Conference of the North American Chapter of the Association Computational Linguistics on Human Language Technology, 1: 173~180.

Tsay R S. 2005. Analysis of Financial Time Series. New York: Wiley.

Tschoegl A E. 1980. Efficiency in the gold market: a note. Journal of Bank & Finance, 4(4): 371~379.

Tung S L, Tang S L. 1998. A comparison of the Saaty's AHP and modified AHP for right and left eigenvector inconsistency. European Journal of Operational Research, 106: 123~128.

Turney P D. 2002. Thumbs up or thumbs down? Semantic orientation applied to unsupervised classification of reviews. Proceedings of the 40th Annual Meeting on Association for Computational Linguistics: 417~424.

Turney P D, Littman M L. 2003. Measuring praise and criticism: inference of semantic orientation from association. Computer Science, 21(4): 315~346.

Vapnik V, Lerner A. 1963. Pattern recognition using generalized portrait method. Automation and Remote Control, 24: 774~780.

Vapnik V N, Chervonenkis A. 1964. A note on one class of perceptrons. Automation and Remote

Control, 25: 821~837.

Vapnik V N. 1995. The Nature of Statistical Learning Theory. New York: Spring-Verlag.

Vapnik V N. 1999. An overview of statistical learning theory. IEEE Transaction on Neural Networks, 10(5): 988~999.

Vijverberg C C. 2009. A time deformation model and its time-varying autocorrelation: an application to US unemployment data. International Journal of Forecasting, 25: 128~145.

von Ahn L, Dabbish L. 2004. Labeling images with a computer game. Proceeding of the SIGCHI Conference on Human Factors in Computing System: 319~326.

von Ahn L, Maurer B, Mcmillen C, et al. 2008. reCAPTCHA: human-based character recognition via web security measures. Science, 321(5895): 1465~1468.

Wahab M, Lashgari M. 1993. Price dynamics and error correction in stock index and stock index future markets: a cointegration approach. Journal of Futures Markets, 13(7): 711~742.

Wang H, Fan G. 2010. Study on the model of CPI prediction based on BP neural network. The Second International Conference on Information Technology and Computer Science: 573~576.

Wang J C, Chiu C C, Tang J. 2005. The correlation study of eWOM and product sales predictions through SNA perspectives: an exploratory investigation by Taiwan's cellular phone market. Proceedings of the 7th International Conference on Electronic Commerce, ACM: 666~673.

Wang W, Wang T, Shi Y. 2009. Factor analysis on consumer price index rising in China from 2005 to 2008. International Conference on Management and Service Science: 1~4.

Wang Y, Wang B, Zhang X. 2012. A new application of the support vector regression on the construction of financial conditions index to CPI prediction. Procedia Computer Science, 9: 1263~1272.

Webby R, O'Connor M. 1996. Judgemental and statistical time series forecasting: a review of the literature. International Journal of Forecasting, 12: 91~118.

Weng D D. 2010. The consumer price index forecast based on ARIMA model. WASE International Conference on Information Engineering: 307~310.

Werner A, Murray Z F. 2004. Is all that talk just noise? The information content of internet stock message boards. The Journal of Finance, 59(3): 1259~1294.

Wessman A E, Ricks D F. 1966. Mood and Personality. New York: Holt.

Wilkie E M, Pollock C A. 1996. An application of probability judgment accuracy measures to currency forecasting. International Journal of Forecasting, 12: 25~40.

Wilson D I, Paris D S, Ware A J, et al. 2002. Residential property price time series forecasting with neural networks. Knowledge-Based Systems, 15: 335~341.

Wilson K, Brownstein J S. 2009. Early detection of disease out breaks using internet. CMAJ, 180(8): 829~831.

Wooldridge J. 2012. Introductory Econometrics: A modern Approach. Boston: Cengage Learning.

Wright G, Lawrence M J, Collopy F. 1996. The role and validity of judgment in forecasting. International Journal of Forecasting, 12: 1~8.

Wright G, Rowe G. 2011. Group-based judgmental forecasting: an integration of extant knowledge and the development of priorities for a new research agenda. International Journal of Forecasting, 27: 1~13.

Wu C C. 2004. Information flow, volatility and spreads of infrequently traded NASDAQ stocks. The Quarterly Review of Economics and Finance, 44(1): 20~43.

Wu C H, Tzeng G H, Lin R H. 2009. A Novel hybrid genetic algorithm for kernel function and parameter optimization in support vector regression. Expert System with Application, (36): 4725~4735.

Wu D, Fung G P C, Yu J X, et al. 2008. Integrating multiple data sources for stock prediction. In: Bailey J, et al. WISE. Berlin: Springer Berlin Heidelberg: 77~89.

Wu L, Brynjolfsson E. 2009. The future of prediction: how google searches foreshadow housing prices and quantities. International Conference on Information Systems (ICIS) 2009.

Wuthrich B, Cho V, Leung S, et al. 2000. Daily stock market forecast from textual web data. The Ninth International Conference on Information and Knowledge Management.

Wysocki P D. 1999. Cheap talk on the web: the determinants of postings on stock message boards. Working Paper, University of Michigan.

Xie H, Yu Z, Wu J. 2011. Research on the sustainability of China's real estate market. Procedia Engineering, (21): 243~251.

Xie P Y. 2008. Development ranking in real estate strategy management in China based on TOPSIS method. International Colloquium on Computing, Communication, Control, and Management: 259~268.

Xie W, Yu L, Xu S, et al. 2006. A new method for crude oil price forecasting based on support vector machines. International Conference on Computational Science(Part Ⅳ): 444~451.

Xu W, Pang Y, Ma J, et al. 2008. Fraud detection in telecommunication: a rough fuzzy set based approach. Proceeding of ICMLC 2008 Conference, Kunming.

Xu W, Han Z, Ma J. 2010. A neural network based approach to detect influenza epidemics using search engine query data. The Ninth International Conference on Machine Learning and Cybernetics: 1408~1412.

Xu W, Zheng T, Li Z. 2011. A neural network based forecasting method for the unemployment rate prediction using the search engine query data. The Eighth IEEE International Conference on e-Business Engineering.

Xu W, Li T, Jiang B, et al. 2012a. Web mining for financial market prediction based on online sentiments. PACIS 2012 Proceedings.

Xu W, Li Z, Chen Q. 2012b. Forecasting the unemployment rate by neural networks using search engine query data. The 45th Hawaii International Conference on System Sciences: 3591~3599.

Xu W, Li Z, Cheng C, et al. 2012c. Data mining for unemployment rate prediction using search engine query data. Service Oriented Computing and Applications, 7(1): 33~42.

Xu W, Sun D Y, Meng Z H, et al. 2012d. Financial market prediction based on online opinion ensemble. Pacific Asia Conference on Information System (PACIS) 2012 Proceedings: 137.

Xu X E, Fung H G. 2005. Crossmarket linkages between US and Japanese precious metals futures trading. Journal of Market, Institutions and Money, 15(2): 107~124.

Yan Y, Xu W, Bu H, et al. 2007. Method for housing price forecasting based on TEI@I Methodology. Systems Engineering-Theory&Practice, 27(7): 1~9.

Yang H Q, King I. 2011. Efficient sparse generalized multiple kernel learning. IEEE Transactioins on Neural Networks, 22(3): 433~446.

Yang Y. 1995. Noise reduction in a statistical approach to text categorization. Proceedings of ACM SIGIR Special Interest Group on Information Retrieval: 256~263.

Yang Y. 1997. A comparative study on feature selection in text categorization. Proceedings of the 14th International Conference on Machine Learning (ICML-97).

Yao J, Herbert J. 2009. Financial time-series analysis with rough sets. Applied Soft Computing, 9: 1000~1007.

Ye M, Zyren J, Shore J. 2002. Forecasting crude oil spot price using OECD petroleum inventory levels. International Advances in Economic Research, 8(4): 324~333.

Ye M, Zyren J, Shore J. 2005. A monthly crude oil spot price forecasting model using relative inventories. International Journal of Forecasting, 21(3): 491~501.

Ye M, Zyren J, Shore J. 2006. Forecasting short-run crude oil price using high-and low-inventory variables. Energy Policy, 34 (17): 2736~2743.

Yeh C, Huang C, Lee S. 2011. A multiple-kernel support vector regression approach for stock market price forecasting. Expert Systems with Applications, 38: 2177~2186.

Yoo P D, Kim M H, Jan T. 2005. Machine learning techniques and use of event information for stock market prediction: a survey and evaluation. Proceedings of the 2005 International Conference on Computational Intelligence for Modeling, Control and Automation 2005, and International Conference on Intelligernt Agent, Web Technologies and Internet Commerce.

Yu L, Wang S, Lai K K. 2005. A novel nonlinear ensemble forecasting model incorporating GLAR and ANN for foreign exchange rates. Computers&Operations Research, 32: 2523~2541.

Yu L, Chen H, Wang S, et al. 2009. Evolving least squares support vector machines for stock market trend mining. IEEE Trans, Evolutionary Computation, 13(1): 87~102.

Yu T H E, Tokgoz S, Wailes E, et al. 2011. A quantitative analysis of trade policy responses to higher world agricultural commodity prices. Food Policy, 36(5): 545~561.

Yu W, Li X D. 2009. Prediction and analysis of Chinese CPI based on RBF neural network. Information Technology and Applications, 3: 530~533.

Yu X, Liu Y, Huang X. 2012. Mining online reviews for predicting sales performance: a case study in the movie domain. Knowledge and Data Engineering, 24(4): 720~734.

Zevon M A, Tellegen A. 1982. The structure of mood change: an idiographic/nomothetic analysis. Journal of Personality and Social Psychology, 43(1): 111~122.

Zhang H P, Yu H K, Xiong D Y, et al. 2003. HHMM-based Chinese Lexical Analyzer ICT-CLAS. Proceedings of the 2nd SIGHAN wordshop on Chinese Language Processing.

Zhang J, Peng Q K. 2012. Constructing Chinese domain lexicon with improved entropy formula for sentiment analysis. International Conference on IEEE on Information and Automation (ICIA): 850~855.

Zhang S, Luo J, Liu Y, et al. 2012. Hotspots detection on microblog. Multimedia Information Networking and Security (MINES), 2012 Fourth International Conference on IEEE: 922~925.

Zhang X, Lai K K, Wang S Y. 2008. A new approach for crude oil price analysis based on empirical mode decomposition. Energy Economics, 30: 905~918.

Zhang X, Yu L, Wang S, et al. 2009. Estimating the impact of extreme events on crude oil price: an EMD-based event analysis method. Energy Economics, 31: 768~778.

Zhang Y. 2004. Prediction of financial time series with hidden markov models. Doctoral Dissertation, Simon Fraser University.

Zhang Z Q, Ye Q, Law R, et al. 2010. The impact of e-world-of-mouth on the online popularity of restaurant: a comparison of consumer reviews and editor reviews. International Journal of Hospitality Management, 29: 694~700.

Zhao Y P, Sun J G. 2009. Rough-support vector regression. Expert System with Applications, 36(6): 9793~9798.

Zhen D, Feng S. 2009. A novel DGM (1, 1) model for consumer price index forecasting. Grey Systems and Intelligent Services IEEE International Conference.

Zhou W X, Sornette D. 2006. Is there a real estate bubble in the US. Physica A: Statistical Mechanics and Its Applications, 361(1): 297~308.